LE PLUS BEAU VILLAGE DE FRANCE

DU MÊME AUTEUR

COMMUNIQUEZ EFFICACEMENT AVEC LES AUTRES, Marwanny Corporation, 2010.
VERMINE !, L'Arbre vengeur, 2022.
QUI VA À LA CHASSE PERD SES CHAUSSETTES, Les Fourmis rouges, 2024 *(à paraître)*.

L'auteur a bénéficié pour ce livre d'une aide à l'écriture de la Région Nouvelle-Aquitaine.

ISBN 978-2-330-18952-5

Ivan Péault

Le plus beau village de France

•••

roman

Gaïa

Pour Élise et Michel Péault.

I

Tout commença là, à la fin d'un match épuisant, dans l'épaisse brume des douches envahissant les vestiaires, quand Titi prit la parole. Ou peut-être tout commença-t-il juste avant, sur le terrain de foot de Lassègue, un champ à pâquerettes à l'image de ses habitants, percé de creux et boursouflé de bosses. Les plus anciens prétendaient qu'ils avaient connu un temps où sa pelouse était verte, grasse et si lisse que le ballon glissait sans effort d'un bout à l'autre du terrain. Ce temps datait sans doute des vieilles réclames rouillées crissant sur les barrières qui l'encerclaient. Il suffisait de les compter pour savoir combien de commerces et d'entreprises avaient fermé depuis. Peut-être n'avaient-elles pas été retirées pour cette raison : se souvenir. À défaut d'avoir un musée, le petit village de Lassègue exposait les vestiges de son passé au grand jour, autour d'une pelouse dégarnie et roussie par le soleil, ressemblant à bien des égards au crâne pelé du maire.

Des années que les joueurs réclamaient à l'édile la réfection du terrain et qu'il la refusait. "Si on ne peut plus accuser le terrain, comment on expliquera nos défaites ?" répondait-il invariablement. Cette obstination aurait pu lui coûter son mandat s'il n'avait été, d'élection en élection, le seul candidat. Lassègue ne connaissait d'autre opposition que celle des taupes qui s'évertuaient à parachever le travail de ruine entamé par ce que l'on persistait à appeler la crise, faute de lui trouver un autre nom. La crise, avait-on jamais connu autre chose ?

Le village tombait en lambeaux, cela ne datait pas d'hier. Plus personne ne s'arrêtait pour se regarder dans les vitrines à l'abandon badigeonnées de blanc ou couvertes de poussière. Les fils électriques pendouillaient d'un côté à l'autre de la rue, se balançant mollement au moindre coup de vent. L'humidité pourrissait le bois des poteaux qui les soutenaient. Les façades du bourg penchaient dangereusement en avant comme si elles attendaient le bon moment pour s'écrouler sur les passants.

Dans les sols pierreux des jardins, seul le chardon prospérait. Parce que cette plante résistait à tout, la commune en avait fait son emblème. On avait beau la couper, l'écraser, l'arracher, elle repartait de plus belle. Elle s'était imposée par sa ténacité. Les habitants n'avaient qu'à faire de même.

Les idées pour remettre le village d'aplomb avaient fait long feu. Tout manquait, le maire n'avait de cesse de le répéter. Le maire – Christian sur le terrain – jouait au centre. Il en bougeait peu, se contentant le plus souvent d'appeler un ballon qui ne venait pas ou qui lui échappait sitôt arrivé, son jeu de jambes tenant plus du yéyé que du football. Le jour de leur rencontre avec l'équipe des péteux de Brunois, comme ils les appelaient entre eux, tout au plus le maire parvint-il à distraire un court instant l'adversaire qui avançait balle au pied, avant de se faire immanquablement passer. L'enthousiasme de l'équipe des vétérans de Lassègue, pourtant copieusement nourri par les harangues de leur unique supportrice, tomba dès la première minute quand l'attaquant adverse frappa magnifiquement le ballon depuis le milieu de terrain vers des buts abandonnés par leur gardien, occupé à se soulager dans le pré voisin. On entendit son jet dru fouetter les herbes hautes et sa voix marmonner "Merde merde merde" avant que le ballon ne fende l'air humide de ce dimanche matin pour se blottir dans les frêles filets de la cage. Adrien, le gardien, revint penaud vers son but, resserrant le lacet de son short autour de sa large taille, avant de jeter un coup de pied vengeur dans le cuir du ballon. Le front barré d'un trait contrarié, il se tourna vers ses coéquipiers :

— Je n'ai pas entendu le coup d'envoi.

Tu aurais été là, mon gros bonhomme, le résultat aurait été le même. Cette pensée qu'il devina dans le regard agacé de ses défenseurs le blessa. Il cacha sa honte dans un long dégagement approximatif vers le centre. Sur les abords du terrain, quelques rares spectateurs applaudirent pendant que les joueurs reprenaient leur place. Fulminant derrière la rambarde, la voix de l'épouse de Titi couvrit les claquements de main :

— C'est pas possible, vous êtes venus pour jouer ou pour brouter l'herbe ?

Ces paroles seraient venues d'une autre que Sandrine, les vétérans s'en seraient offusqués. Mais elle était, avec ses manières franches de fille à qui on ne la fait pas, la première de leur supportrice, et souvent la seule. Un match sans les engueulades de Sandrine n'avait pas la même saveur. Les rares fois où elle ne venait pas, ils ne pouvaient s'empêcher de la chercher du regard derrière les rambardes.

— Bougez-vous, en avant Lassègue !

Une seule minute de jeu et les jambes des vétérans pesaient déjà le double de celles de ces enfoirés de Brunois (comme ils les surnommaient également) occupés à se congratuler bruyamment. Didier, l'entraîneur, arpentait la zone du banc de touche que ses allées et venues avaient rendue boueuse. En bon général d'une armée en déroute, il masqua son affliction, pesant de toute sa volonté pour ne pas sortir son paquet de Lucky Strike de sa poche de jogging. Ses hommes avaient besoin de lui, ce n'était pas le moment de s'en griller une. Il mit ses mains en porte-voix et beugla :

— C'est pas fini, les gars, c'est pas fini !

— Hélas, lui renvoya le capitaine.

Cette répartie le décida, il sortit son paquet et fit gicler d'une secousse une cigarette de l'emballage. Il tâta ses poches avant de se retourner vers le banc des remplaçants :

— Quelqu'un a du feu ?

Un briquet sortit d'un short, il l'attrapa au vol. Le ciel clouté de nuages gris fit tomber quelques grosses gouttes. Perchés dans les arbres alentour, des oiseaux s'envolèrent au moment où l'arbitre siffla la remise en jeu.

Au fond, Didier savait le match plié. Il l'avait su avant même le coup d'envoi. Il lui avait suffi de voir la mine de ses joueurs à l'arrivée de leurs adversaires sur le parking du stade. Battus d'avance. Il suffisait aux gars de Brunois de débarquer en conquérants pour que les armes tombent. Peu importe qu'ils ne soient pas même dans le haut du tableau. La différence ne se faisait pas là. D'autres classements, moins officiels, diffus, pesaient plus lourd, ils faisaient sentir leur ordonnancement dans une simple poignée de main, dans des joggings sans un pli, dans une démarche assurée. Didier lui-même n'avait pu s'empêcher d'ajuster le haut de son survêtement quand son homologue brunois s'était approché. Ce geste était son propre aveu de faiblesse. Il avait parlé plus fort pour le masquer et avait remarqué que ses hommes faisaient de même, leurs voix crevaient le plafond. Tout juste si Christian n'avait pas sorti l'écharpe tricolore de sa poche pour accompagner les Brunois jusqu'à leur vestiaire. Une déférence dont il n'était pas coutumier. Il les avait devancés dans les couloirs suintant d'humidité en affabulant sur une rénovation prochaine, faisant mine de s'indigner de la vétusté des lieux pourtant savamment entretenue sous son mandat. Quand il avait rejoint ses coéquipiers sur le banc des vestiaires, les commentaires avaient fusé :

— Tu as l'intention de te présenter à Brunois aussi ?

Christian avait répondu d'un sourire faussement dédaigneux :

— Vous ne comprenez rien à la politique, les gars.

— Une chance pour toi !

Les rires avaient rempli le vestiaire. Didier avait sauté sur l'occasion pour prendre la parole, c'était son moment. Au diable le paperboard, ce match ne se jouerait pas sur des schémas tactiques mais au mental et, à ce petit jeu-là, ses joueurs partaient avec un handicap dont il avait pleinement conscience.

— Ne laissez pas l'adversaire venir en maître sur votre propre terrain. Pas question de s'écarter pour le laisser passer. On ne baisse ni la tête ni les yeux.

Titi l'avait interrompu :

— On est bien obligés de baisser les yeux si on veut pas se prendre les pieds dans un de ces putains de trous.

Didier ne s'était pas laissé déstabiliser :

— Arrête, Titi, tes crampons la connaissent par cœur, cette pelouse, tes chaussures pourraient presque jouer sans toi. On a cet avantage sur eux, on sait où le ballon rebondit et où il s'écrase. On connaît les ornières et les taupinières comme notre poche. Ce n'est pas là que ça se joue, mais ici, avait-il fait en frappant du doigt son front barré d'une mèche grasse. C'est là que le bât blesse, les gars, là qu'il faudra puiser si vous ne voulez pas repartir la queue basse. Taper dans le ballon ce n'est rien, le premier venu en est capable. Le mental, elle est là la différence. À nous de les faire douter. À l'attaque, les Chardons !

Des applaudissements modérés avaient résonné dans le vestiaire. Un joueur s'était plaint que ces fichus maillots grattaient terriblement. D'autres avaient renchéri, la fibre était de mauvaise qualité, certains avaient relevé un pan de tissu pour dévoiler les rougeurs provoquées par le frottement. Didier avait aussitôt su le match perdu.

Il ne s'attendait pas pour autant à une entame de match si singulière. Pour l'instant, de musique il n'avait entendu que celle du jet du gardien des Chardons. Sur le bord du terrain, il songea que si un jour Lassègue devait avoir un hymne, ce serait probablement celui-là. Il remplit ses poumons en tirant une dernière bouffée de sa cigarette et l'envoya d'une pichenette vers une poubelle en métal.

— Allez, du rythme, de la percussion !

Les Chardons paraissaient embourbés dans le sol. Le ballon circulait sans conviction, à peine arrivait-il dans leurs pieds qu'ils s'en débarrassaient vers le joueur le plus proche. De passe mal assurée en contrôle approximatif, le jeu ne tarda pas à leur échapper. Brunois menait la danse pendant que Lassègue s'épuisait dans une chorégraphie absurde autour du ballon.

L'agacement s'ajouta à la fatigue. Ils se faisaient balader. Le ballon s'éloignait dès qu'ils en étaient à portée, ils couraient pour rien. L'absurdité de cette course les accablait. Ils allaient perdre, encore, cette certitude leur nouait les jambes.

La tension monta, Titi faucha un attaquant qui n'avait pas même le ballon. L'arbitre mit la main à la poche. En temps normal, Mouss, le capitaine des Chardons, se serait précipité pour défendre la cause de son coéquipier. Il ne leva pas le petit doigt. Il n'aurait pas pu, le souffle lui manquait. Il l'avait perdu en allers-retours inutiles sur le terrain. L'arbitre expulsa Titi. Didier ne put s'empêcher de remarquer que son arrière-central quittait la pelouse avec plus d'allant qu'il n'en avait mis dans le jeu. Derrière la rambarde, Sandrine s'égosilla, elle invectiva tout autant son crétin de mari que l'arbitre, vendu à Brunois.

Toute honte bue, l'entièreté des vétérans de Lassègue se retira en défense pour empêcher toute attaque. Ce n'était plus un match mais un siège. Qu'un pan du mur de joueurs cède et ce serait le massacre. Dans ses buts, Adrien allait d'un poteau à l'autre comme s'il vérifiait leur solidité.

Leurs efforts payèrent. À la mi-temps, Brunois ne menait que deux buts à zéro. Dans ces circonstances, un miracle. Les Chardons revinrent vers les vestiaires, blêmes et terreux. Mouss, le capitaine, décocha un sourire navré au gardien :

— Adrien, la prochaine fois que t'as envie de pisser, vise au moins leur attaquant.

Les joueurs s'engouffrèrent un à un dans le couloir en baissant les yeux devant leur entraîneur et s'écrasèrent sur les bancs en bois sans un regard pour les prénoms que, enfants, ils y avaient gravés. La plupart d'entre eux avaient rejoint le club dès six ans. Ils en comptaient aujourd'hui plus de quarante.

Dans l'intervalle, ils avaient connu quelques ratés, des loupés mémorables, des fiascos complets et de rares moments de grâce qui rattrapaient tout le reste. Les trophées poussiéreux exposés dans la vitrine du hall témoignaient de ce passé aussi glorieux que lointain. Un temps où une foule d'habitants se pressait derrière les rambardes pour soutenir son équipe. Les joueurs étaient des héros qu'on célébrait à la buvette jusqu'à la troisième mi-temps. Qui venait aujourd'hui assister aux matchs, à part quelques chiens s'infiltrant sur l'herbe pour déposer leur obole ?

Didier ne se sentait pas la force d'un nouveau discours. D'une pression sur l'épaule, il fit comprendre à Mouss qu'il lui revenait de trouver les mots pour remobiliser l'équipe. Le capitaine s'avança au milieu du vestiaire en jouant nerveusement avec son brassard.

— Il reste quarante-cinq minutes à jouer, on n'est plus que dix. Soit on se prend une dérouillée dont on se souviendra longtemps, soit on tente un exploit.

— L'exploit serait qu'Adrien arrive à se retenir de pisser plus de quarante-cinq minutes.

Cette intervention d'un attaquant coupa Mouss dans son élan. Il était déjà trop tard pour seulement sauver l'honneur. Ce match était une plaie qui saignerait jusqu'au bout, ne restait qu'à serrer les dents.

Quand ils retournèrent sur le terrain, le vent s'était levé, charriant au-dessus d'eux tous les nuages des environs. À croire que, là-haut, des spectateurs ne voulaient pas en perdre une miette. Les Brunois les attendaient, plantés sur le terrain comme s'ils y avaient poussé, indifférents aux grincements sinistres des panneaux publicitaires balancés sur les barrières par de violentes bourrasques. Le clocher de l'église Sainte-Madeleine sonna onze heures au moment même où l'équipe des Chardons foulait la ligne de démarcation. Onze coups, onze joueurs, Didier voulut y voir un signe. Puis il se rappela que le onzième de ses joueurs avait été exclu du terrain. Les augures ne leur seraient peut-être pas si favorables. Après tout, les combats perdus d'avance n'étaient-ils pas les plus beaux ?

L'arbitre souffla dans son sifflet comme si son bifteck du midi en dépendait.

Le miracle n'eut pas lieu.

L'équipe des Chardons s'inclina si bien qu'elle ne put se relever. Ils se firent piétiner quarante-cinq minutes durant. Gagné par le sauve-qui-peut, le collectif céda en un rien de temps. Une déroute qui, à la fin du match, se lisait sur le cuir usé des visages. La voix de Sandrine s'était tue. Sous le couvercle de son crâne la colère bouillonnait. *Ils n'ont même pas essayé.* C'était cette pensée qui la déroutait. Son mari, d'habitude si combatif, s'était couché. Le chardon avait été fauché, il ne repousserait pas de sitôt.

Didier attendait ses joueurs à la sortie du terrain, tapotant l'épaule de l'un, réconfortant l'autre d'un mot. Sur le chemin des vestiaires, on n'entendit que le cliquetis des crampons sur le carrelage. Didier referma la porte derrière eux pour étouffer les éclats de voix des vainqueurs.

Il inspira l'odeur, sueur et pieds sales, relents d'égout et d'humidité des douches, terre collée aux crampons. Tout Lassègue et ce qu'il comportait de renoncements dans un parfum. Fiasco, pour nous les hommes. Une fragrance dont chacun de ses joueurs aurait pu être l'égérie.

Didier avait pour eux la même tendresse que pour Lassègue. Il en connaissait les faiblesses mais ne l'en aimait pas moins. Il pensa à son fils, à qui il n'avait pas davantage su faire apprécier le foot que sa terre natale. À seize ans, Nathan ne parlait que du jour où il quitterait ce bled pourri, cette verrue boueuse que son père s'évertuait à aimer envers et contre tout.

Le vestiaire s'emplit des vapeurs chaudes des douches collectives. On n'entendit plus que les couinements métalliques et souffreteux des boutons-pressoirs enfoncés à intervalles réguliers et le crépitement des gouttes sur le sol carrelé. La défaite s'appréciait en silence. L'amertume infusait lentement les corps fatigués. Cinq à zéro, un KO debout, mais ce n'était pas ce score pitoyable qui nourrissait tant l'humiliation. Elle se repaissait d'autre chose, de plus profond, de moins avouable et que les vétérans, engourdis par les jets brûlants des pommeaux, ne parvenaient pas encore à formuler clairement. Pourquoi s'étaient-ils laissé tailler en pièces ? Là où leur orgueil aurait dû les pousser sinon à vaincre, du moins à résister, ils avaient cédé. Ils s'étaient fait déposséder de bien plus qu'un simple ballon.

Ces pensées se lisaient dans les plis que dessinait la bouche de Didier quand il était contrarié. L'entraîneur ne remarqua pas les lorgnades d'Adrien. Le gardien, convaincu d'avoir provoqué la déroute de toute l'équipe, attendait un sermon qui ne venait pas.

La peau rougie par la cuisson douce de l'eau, les derniers joueurs sortirent des douches, nimbés d'arabesques vaporeuses. La taille enveloppée dans une serviette au tissu râpé, Christian, en sa qualité de maire, se crut obligé de prendre la parole le premier. Le joueur avait failli, à l'élu de le relever. Mouss le devança :

— Qu'est-ce qu'on a foutu bordel ?

Les vétérans échangèrent des regards gênés où s'exprimait la même interrogation.

— Qu'est le petit Lassègue face à Brunois la Grande ? ironisa Titi.

Brunois la Belle, Brunois la Grande, telles étaient les formules que l'on employait ailleurs qu'ici pour mentionner le joyau du département. À Brunois, courbettes et ronds de jambe, à eux les coups de pied au cul. Qu'était Lassègue à côté avec ses façades grises, ses rues borgnes, son centre édenté et ses tronches en biais ? Celui qu'on pousse en dehors du cadre des photos de famille.

Avait-on jamais vu un touriste s'aventurer jusqu'à Lassègue, s'extasier devant la géographie de son grand corps maigre dont on devinait partout le squelette et que l'on supputait atteint d'une maladie incurable ?

Les seuls à s'arrêter à Lassègue y vivaient. Les autres le traversaient sans accorder d'importance à ce dos-d'âne géant dont une route départementale dessinait la colonne. À une dizaine de kilomètres de là trônait Brunois, l'enfant chérie, bénie, gâtée, désirée. Lassègue était l'enfant du déni, celui dont aucun parent n'aurait voulu accoucher. Il avait grandi de travers, sans pouvoir tout à fait se départir de la honte qui l'enveloppait comme une seconde peau.

Depuis que le panonceau "Plus Beau Village de France" avait été planté à son entrée, Brunois était devenue le point de passage obligé des touristes écumant la région. Des hordes de camping-cars, des cohortes de voitures, des meutes de cars défilaient pour débarquer les curieux. Le doigt sur le déclencheur, ils capturaient les images de carte postale qu'ils déversaient sur les réseaux sociaux et disparaissaient tout aussi soudainement.

L'été, Lassègue était dérangé en permanence par le flux coulant jusqu'à Brunois. On roulait sur sa bosse sans guère plus de considération pour le village que pour un hérisson aplati sur le bitume. Impossible d'échapper au vrombissement continu des moteurs. La bourgade ne profitait que des émanations d'essence, c'était l'unique retombée. En août, l'air y était plus irrespirable que jamais. Les habitants de la départementale laissaient leurs fenêtres fermées, les rideaux tirés. Certains n'ouvraient plus les volets. Ces maisons-là ne valaient plus rien, pas même le prix de la peinture pour refaire les façades noircies par la pollution.

Les habitants ne goûtaient pas une miette du gâteau dont les Brunois se repaissaient jusqu'à l'écœurement. Ils n'en sentaient que le parfum lointain. De quoi attiser l'appétit, jamais de le satisfaire.

Christian troua le silence :

— Pour gagner, il faudrait déjà être fiers de nos couleurs.

— De quoi tu parles, ce n'est pas le problème.

— Bien sûr que si.

Titi attrapa son maillot et le tint à bout de bras devant le nez de Christian. Au niveau de la poitrine, une poule clamait : *"Œufs de Lassègue, toujours frais"*.

— Fier de nos couleurs ou de notre sponsor ?

Christian leva les yeux au ciel. Plus de dix ans qu'il finançait les maillots du club avec son élevage. Si ça ne plaisait pas à Thierry, qu'il joue à poil. On temporisa :

— Arrêtez de vous bouffer le nez tous les deux, ce n'est pas le sujet.

Alors que la vapeur s'échappait par les lucarnes entrebâillées, les joueurs s'accusèrent comme s'accuse l'élève en difficulté face à son maître. Ils avaient été en dessous de tout, incapables, mauvais. Ce déballage désola Didier. Où était donc la mauvaise foi proverbiale des vétérans ? Qu'ils incriminent donc plutôt, comme à l'accoutumée, les nids-de-poule, la météo, l'arbitre. Eux, les champions de l'excuse, ne s'en trouvaient plus aucune.

Que des élèves se dénigrent avait toujours consterné Didier. À l'école municipale de Lassègue, où il enseignait depuis plus de vingt ans, la pratique était courante. "Je ne peux pas", "Je suis nul", il entendait ça tous les jours. À peine assis à leur table, les enfants renonçaient. L'à-quoi-bon régnait en classe, c'était lui le véritable maître.

Didier n'était arrivé à l'enseignement que par accident. Il préférait le stade à la salle de classe. On ne pouvait rien apprendre en restant six heures par jour les fesses sur une chaise. À l'école, il doublait les heures d'EPS, les gamins l'adoraient pour ça. Les parents le critiquaient pour les mêmes raisons. À cause de son sempiternel jogging et ses tennis hors d'âge, ses élèves l'appelaient entre eux "le coach". On ne l'avait jamais vu courir mais on disait qu'autrefois, quand il était lancé, personne ne pouvait le rattraper. Son fils ne manquait pas une occasion de lui rappeler que ce temps était révolu.

Avec son survêt qui lui donnait des allures de clochard, son père était dépassé et de loin.

Pour l'heure, les vétérans de Lassègue baissaient trop le front pour s'inquiéter de sa tenue. Titi s'en voulait. Il tournait en rond dans le vestiaire, la serviette coincée autour de la taille. Il avait été une merde, sa voix le répétait : "J'ai été une merde, les gars." Le fils de Titi lui ressemblait terriblement, Didier l'avait vu un jour lacérer la page de son cahier après une dictée truffée de fautes. Il était nul, tout était nul, l'école ne servait à rien de toute façon. Les vétérans n'étaient pas si différents.

— J'ai même pas été foutu de lui niquer la cheville en plus.

Quelques rires montèrent, c'était toujours ça de pris.

— C'est pourtant ce qu'ils ont de plus gros à Brunois, lança Mouss.

C'est d'ici, allumé par une réflexion anodine, que le coup partit. Titi interrompit enfin ses tours de vestiaire :

— Si on le voulait, nous aussi on pourrait planter notre petit panneau "Plus Beau Village de France" à l'entrée de Lassègue.

Les esprits n'attendaient rien de mieux que cette diversion. Aussi saugrenue soit-elle, on sauta sur l'idée.

— Les touristes débarqueraient à Lassègue pour voir quoi, Titi, le cimetière ?

D'autres voix renchérirent :

— C'est pas con remarque, "Visitez un village fantôme, frissons garantis".

— Dis, Christian, les électeurs fantômes, c'est quelque chose qui doit te parler, non ?

Les vétérans éclatèrent de rire.

— Mais lâchez-moi donc, prenez-le le mandat si vous le voulez.

Les Chardons ne relevèrent pas. Qu'on évoque la fermeture des magasins, l'éclairage des rues ou la réfection d'un trottoir, Christian répondait à toutes les critiques par cette pirouette : qu'ils le remplacent à la mairie, ils verraient bien. À force, on n'osait plus rien lui dire.

— Je ne vois pas pourquoi Lassègue ne serait pas élu Plus Beau Village de France. Si Brunois l'a fait, pourquoi pas nous ?

Toutes les têtes se tournèrent vers Titi. Était-il possible qu'il soit sérieux ? Son sourire en coin ne permettait pas de le savoir. Christian reprit la parole :

— Tu crois qu'ils l'ont eu comme ça leur label ? Il n'est pas tombé du ciel, il faut un patrimoine, des monuments historiques, des sites touristiques, et tout un tas d'autres choses dont tu n'as pas idée. On a quoi nous ?

— Des chardons, souffla Adrien.

— Exactement, des chardons.

Finalement, une voix rompit le silence qui s'installait.

— On n'a pas que ça, dit Didier en se redressant sur le banc qu'il n'avait pas quitté depuis leur retour aux vestiaires. Vous oubliez le principal, on a une équipe.

Les joueurs regardèrent leur entraîneur. Une petite lumière s'alluma. Elle était faible encore mais ne demandait qu'à croître. Et voilà de quelle belle manière les ennuis commencèrent.

2

Et la palme de la connerie revient à… Titi ! Crépitements des flashs, applaudissements, sifflets admiratifs. *Merci, merci à tous de votre présence.* La culotte noire de la nuit était tombée depuis longtemps sur les pieds veineux de Lassègue et Titi ne dormait pas. Impossible de s'enlever cette idée stupide de la tête. Plus beau village mon cul. À peine le sommeil faisait-il papillonner ses paupières qu'elle revenait de plus belle.

Je dédie cette palme à ma femme qui m'a encouragé à me dépasser. "Je suis sûre que tu peux faire pire, me dit-elle toujours, c'est de famille, tu as ça dans le sang." Elle a raison. Prenez mon père, un imbécile parfaitement heureux, toujours embarqué dans des galères improbables sans perdre le sourire. On sait d'avance que s'il y a un endroit où il ne faut pas poser le pied, il y sautera à pieds joints. Il va au-devant des problèmes avec l'instinct de ceux qui sont habitués à tomber. Il n'a jamais rien eu, tant pis, il donne en s'excusant de ne pas pouvoir faire davantage. Il est allé jusqu'à donner deux doigts dans une scierie et il s'excuse encore d'avoir abîmé la lame.

Et ma mère, tu sais comme je t'aime, maman, mais ma sainte mère, pas une flèche non plus. La vue basse en plus, pas pris garde aux petites lignes des crédits à la consommation qu'elle s'est offerts coup sur coup, et pourquoi ? Pas pour un écran plat ou un nouveau lave-vaisselle, non messieurs dames, juste pour continuer à croquer la vie à pleines dents avec ses nouvelles couronnes 100 % aluminium. Rires du public. *Le plus beau, c'est de l'entendre répondre au téléphone, elle n'est pas capable de laisser sonner, faut qu'elle décroche même si elle sait qu'à l'autre bout ça va encore être un type impatient de refourguer sa camelote. Elle est comme mon père, elle sait pas dire non, maman, elle écoute, patiente, appliquée, jamais elle ne raccrocherait au nez du gars. Elle essaie bien de refuser poliment, mais le gars a entendu la brèche dans sa voix, il s'y engouffre et elle se retrouve le combiné collé à l'oreille, acquiesçant gentiment, osant à peine un timide "oui mais". Le blabla de l'autre est déjà reparti et elle se retrouve là, debout dans la cuisine, sans plus savoir quoi faire, dépassée par les mots du type. Ils ne font pas que lui couler dans l'oreille, ils la remplissent comme un poison. Elle voudrait l'arrêter mais c'est trop tard déjà, elle le sait, c'est ce qui la fige. Elle s'enfonce lentement, ce n'est plus le carrelage de la cuisine sous ses pieds, c'est de la vase. Si elle ne raccroche pas, la vase lui remplira bientôt la bouche et alors elle aura vraiment fait changer ses couronnes pour rien.* Rire isolé. *Le type parle, est-ce qu'il sait que c'est lui qui l'enfonce, qu'il lui appuie des deux mains sur la tête ? Parce qu'elle est prête à céder maintenant. Elle sombre mais c'est presque doux. La voix a quelque chose de rassurant, elle sait des choses qu'elle ne sait pas sûrement, comprend des choses qu'elle ne comprendra jamais. Les autres comprennent mieux qu'elle, elle se l'est toujours dit, la preuve, elle se fait tout le temps avoir. C'est tout un drame après, on lui fait la leçon. Elle a honte, elle est donc si bête ?*

La fois suivante, quand la sonnerie retentit, elle tressaille, sa bouche s'empâte, c'est comme le saut du bouchon pour l'alcoolique. Ses mains se tiennent fermement l'une à l'autre pour s'empêcher de répondre, mais allez savoir si ce n'est pas l'un de ses fils qui appelle ? C'est fichu d'avance, son cœur cogne un peu plus fort, son bras se tend, elle ne devrait pas mais déjà elle répond et la vase couvre ses chaussons. Silence dans la salle, raclements de gorges. Titi ajuste le col de sa chemise et conclut. *Dans mes pires moments de doute, quand je n'étais plus sûr d'être à la hauteur, ma femme a toujours su me rappeler mon pedigree de champion : "Ne t'inquiète pas tant, Titi, tu es un con fini, personne ne t'arrive à la cheville." Alors ma chérie, mon tendre amour, parce que tu as accepté de prolonger cette longue lignée d'abrutis avec moi, je te dédie cette palme !* Public en liesse, standing ovation.

— Qu'est-ce que tu fous, Titi ?
— Moi, rien, je dors.
— Alors tu parles en dormant.
— C'est pas impossible, je me sens inspiré en ce moment.
Sandrine redressa la tête. 5 h 30. C'était fichu maintenant, elle ne dormirait plus. Titi colla son visage en haut de sa poitrine, sa main trouva son ventre chaud, il se blottit contre elle en soupirant et s'endormit sans même s'en rendre compte.

Le glouglou de la cafetière et les bruits de vaisselle le réveillèrent. Il se sentait éteint, à sec, désossé. La journée serait longue. Il se traîna jusqu'à la cuisine, embrassa ses deux enfants sur le sommet du crâne et Sandrine dans le cou en lorgnant son corsage.
— Papa, c'est vrai que vous vous êtes fait écrabouiller hier ?
— Pas du tout, qui a dit ça ?
Léa, sept ans, pointa sa maman du doigt.
— Il paraît même que tu t'es pris un carton.
Voilà que le plus grand s'y mettait lui aussi.
— Ça ne s'est pas vraiment passé comme ça.
Sandrine fit mine de lever les yeux au ciel.
— Je n'aime pas dire du mal des autres, mais les Brunois n'ont pas été honnêtes. J'avais déjà entendu parler de cette astuce, mais je ne pensais pas vraiment que c'était possible.
— Quelle astuce ?
Titi prit son temps pour se servir un grand bol de café noir et se napper le gosier d'une longue gorgée.
— Le ballon. Votre mère a vu comment il s'échappait de nos pieds dès qu'on voulait le toucher.
— Ça, je vous confirme que papa et ses copains n'en ont pas touché une.
— Exactement. Alors qu'il paraissait collé aux chaussures des Brunois. Ce qui m'a mis la puce à l'oreille, c'est de voir par moments le ballon partir alors qu'ils ne l'avaient même pas touché. Comme ça, paf ! Non seulement il filait tout seul,

mais en plus il zigzaguait sur le terrain, en évitant miraculeusement les trous et les bosses.

Léa et Timéo échangèrent un regard amusé.

— Vous auriez dû voir ça, les enfants, le ballon se déplaçait comme s'il menait sa propre vie. À un moment, il a foncé vers nos buts, j'ai mis mon pied dessus pour le bloquer, il m'a carrément soulevé du sol. Impossible de l'arrêter ! Il ne restait plus qu'Adrien dans les cages et vous savez qu'avec son ventre il en occupe déjà la moitié. Eh bien ça n'a pas manqué, alors qu'Adrien avait fermé toutes les ouvertures, le ballon a bifurqué tout d'un coup pour lui glisser entre les pattes. Là, autant vous dire que je n'avais plus aucun doute. J'ai plongé sur le ballon en appelant du renfort. Avec une grosse pierre, je l'ai ouvert en deux pendant que les Brunois hurlaient tout autour. Rien à faire, je l'ai éventré et c'était exactement comme je l'avais imaginé. Il y avait un petit moteur dedans. Et devinez qui le dirigeait tranquillement depuis son banc ?

Léa fronça le nez :

— L'entraîneur de Brunois ?

— Tout juste, ma chérie ! L'entraîneur de Brunois pouvait lui faire faire ce qu'il voulait, le ballon était télécommandé, voilà le fin mot de l'histoire. Et j'étais en train de me demander si toute l'équipe de Brunois n'était pas télécommandée elle aussi quand l'arbitre est venu me coller son carton rouge sous le nez.

Timéo secoua la tête et reprit sa mastication :

— N'importe quoi…

— Je n'invente rien. Je ne pensais pas que les gars de Brunois pouvaient être aussi malhonnêtes. Ces types sont de vrais truqueurs, il n'y a qu'à voir leur village en carton-pâte. Sans leur bidouillage, on leur aurait mis une de ces raclées ! Allez, dépêchez-vous un peu maintenant, vous allez être en retard.

Titi accompagna les enfants jusqu'à l'école. Impossible de faire cent mètres sans croiser un voisin. Il n'était pas d'humeur. Il serra rapidement quelques paluches et pria les enfants d'accélérer. Didier fumait devant le portail, une main dans la poche de son jogging, l'œil éteint. Comme tous ceux qui passent leurs nuits à chahuter avec les rêves, le coach n'était pas du matin. Il le salua de loin avant de rebrousser chemin.

Sandrine était déjà partie pour sa tournée. Il consulta le planning tenu sur la porte du frigo par des magnets. À cette heure-là, elle devait être en train de briquer la robinetterie de sa bourgeoise du lundi. Ce n'était pas rien d'être riche et de perdre l'usage de la serpillière, ça vous rendait dépendant des femmes comme Sandrine qui agitaient le manche pour vous. Il l'avait aperçue une fois, sa bourgeoise, en déposant Sandrine sur le seuil de sa porte, tout à fait le genre à se convaincre de vous faire trimer pour votre bien. Elle devait dire ça à ses amies : "Je pourrais faire le ménage moi-même bien sûr, mais au moins ça crée de l'emploi." Voilà où le fameux ruissellement terminait sa course, dans le seau à serpillière. À partir de combien de fric par mois on estimait normal de faire nettoyer sa crasse par un autre, de lui réserver les moutons de poussière, les peaux mortes, les sols tachés, les joints piqués, quand ce n'étaient pas ses culottes sales ? C'était quoi l'étape d'après, le chauffeur ? La cuisinière ? Et pourquoi pas quelqu'un aussi pour appuyer sur le bouton de la chasse ?

Sandrine n'aimait pas qu'il s'emporte comme ça. Avant de donner des leçons à tout le monde, que Titi commence par s'asseoir pour pisser. C'était trop demander peut-être ? Parce que chez eux, le gros du ménage, c'était aussi elle qui se le coltinait. Elle courait chaque semaine d'une maison à l'autre, cinq clients en tout. Deux heures ici, trois heures là-bas, la route à ses frais entre les deux et des clopinettes à l'arrivée, pas même un Smic. Et il fallait tenir bon sur son salaire horaire avec ça, ne pas transiger. Pour ses clientes, c'était toujours trop. "Avec les charges en plus, ça fait tout de même une somme." Sandrine ne s'excusait pas, c'était son tarif. À moins que ça, ça n'en valait pas la peine. Elle attendait la fin de la première année pour négocier à la hausse, gratter un euro supplémentaire. Quand on avait vu de quoi elle était capable, comme elle ne rechignait devant rien. Les clientes finissaient toujours par céder, elles ne supportaient pas qu'on leur renvoie leur pingrerie. Elles lâchaient l'augmentation comme une obole.

Titi voyait les mains de Sandrine s'abîmer. Il l'entendait surtout se retourner dans le lit, son dos ne supportait pas longtemps la même position. Combien de temps elle tiendrait comme ça ? "Au moins autant que toi avec tes biscottes", lui répondait Sandrine.

Il rangea les affaires du petit-déjeuner, poussa les jouets des enfants vers des meubles dont ils s'obstinaient à ignorer l'existence et s'assit sur le canapé. Avant l'embauche, il avait le temps. Il allait en profiter pour enfin fixer l'étagère qu'ils avaient achetée un mois plus tôt pour la chambre de Timéo.

Il se réveilla la tête sur l'accoudoir, la nuque raide, le bras ankylosé. Une matinée perdue. Il ne se ferait jamais à ce rythme. Les trois-huit le déglinguaient. Il avait trouvé ça bien au début, enfin, la prime de nuit surtout. Sur la fiche de paie, ça faisait une sacrée différence. Mais sur son corps aussi. La biscotte aurait sa peau. Il tituba jusqu'au frigo, sortit un reste de pâtes, le fit chauffer au micro-ondes et l'avala rapidement sans penser à rien.

Midi et demi, assez traîné. Titi sauta dans sa voiture et se dépêcha de gagner la départementale. Les panneaux publicitaires pullulaient le long de la route. On leur balisait le terrain jusqu'aux centres commerciaux de Chaulet, la grande ville voisine, à vingt kilomètres de là. Il n'y avait qu'à les suivre, prendre un caddie et pousser.

Combien de fois s'était-il imaginé réduire en miettes ces horreurs ? On ne voyait plus que ça dès la sortie du village, les cuisines neuves, les parfums, les grands sourires à la con, impossible de poser le regard ailleurs. Un bon coup de meuleuse et qu'on n'en parle plus. Il commencerait par le panneau des brioches Pasquot qui avait le défaut supplémentaire de lui rappeler le boulot. Rien que les voir en photo lui donnait la nausée. Il en avait plein le nez de leur odeur doucereuse qui empuantissait l'usine et ses alentours. Les gamins en rêvaient, eux, ils le tannaient pour une visite depuis qu'il avait rapporté de pleins cartons de pains au lait emballés en sachets individuels et de paquets de biscottes. Leurs yeux comme des soucoupes la première fois, Noël avant l'heure. "T'as un boulot en or", avait lancé Timéo avec un enthousiasme déconcertant. Le gamin avait raison, pilote de machine sur une ligne de biscottes, le rêve total.

Titi avait été fier au début. Qui ne l'était pas de rentrer chez Pasquot ? Ce n'était pas n'importe quelle entreprise. Impossible de louper la marque dans les rayons, elle était partout. Les gamins chantaient même les pubs à la télé. Et tout se fabriquait là, à quelques kilomètres de Lassègue. Entrer dans une boîte pareille, ça l'avait flatté. Avant ça, les vaches maigres, des contrats courts, pas mal d'intérim, un peu de tout, beaucoup d'emmerdes. Au moins un boulot qu'il n'avait pas honte de placer dans les discussions. Il était chez Pasquot, tout le monde connaissait. Dans l'usine, cette fierté se sentait, on appartenait à une grande famille. Son enthousiasme s'était éteint peu à peu dans le ronronnement des machines quand il avait compris qu'il n'en était pas le maître mais l'assistant. Il n'était le pilote de rien, la machine avançait toute seule, il n'y avait qu'à se laisser porter. Elle ne conduisait nulle part en particulier. La route était droite et interminable, l'horizon inexistant. Derrière sa machine, le temps ne s'écoulait pas normalement, on sentait chaque seconde. Le travail à la chaîne fait vite passer les envies d'infini.

Titi bougonna dans sa voiture :

— Allez, ça avance pas bordel…

Ouais, il se ferait bien le panneau des brioches Pasquot, rien que pour dégager la vue. La route départementale débouchait aux abords de Chaulet sur une zone commerciale coulée dans le béton sur des kilomètres carrés. Une de plus. Ils l'avaient tous dit que cette nouvelle zone finirait le travail, qu'elle tuerait les derniers commerces de Lassègue déjà à l'agonie. Les habitants le savaient d'autant mieux qu'ils avaient été les premiers à s'y précipiter pour faire leurs courses. Toutes ces boutiques à vingt minutes du village, comment résister ?

Avant, il y avait eu là un petit bois dont il ne restait que quelques arbres isolés. Des rescapés des tronçonneuses qu'on avait gardés pour l'ombre sur le parking. Tant pis pour les écureuils. C'était tout de même beau, la modernité. On débourrait des millions d'hectolitres de béton sur toute la plaine sans aucune honte, sans même se cacher. Tout le monde trouvait ça très bien. Ça faisait plus propre. Même les morts, on leur faisait une fosse tout à fait convenable avec ça, lisse, bien soignée, sans toute cette terre pas nette dans laquelle on n'allait quand même pas s'enterrer. Titi visualisa le slogan, "Le béton, c'est tout bon", au-dessus d'un grand trou surmonté d'une petite croix avec, juste à côté, la bétonnière. Son rire sec résonna dans l'habitacle. Il aurait dû devenir publicitaire, il avait des idées.

Il s'engouffra dans la fosse bétonnée de Chaulet que le ciel gris s'apprêtait à fermer avec son interminable couvercle. Il continua à divaguer jusqu'à son arrivée sur le parking de l'usine. La portière claqua, il se hâta de rejoindre les vestiaires. Il enfila la tenue réglementaire avec, sur la poitrine, le logo : un petit clocher d'église dépassant de la cime d'un arbre. Une manière comme une autre de faire oublier l'usine et les ouvriers. Une vieille affiche électorale revint à la mémoire de Titi. Mitterrand en 1981, "La force tranquille", il posait devant la même sorte de petit clocher miteux. Il était gamin à l'époque mais tout le monde en parlait, du Tonton. Tout allait changer en tellement bien que ce serait même mieux qu'avant. La preuve que le gars était honnête, il posait devant une église. À la campagne électorale précédente, il avait tenté le coup devant un pylône électrique, mais ça ne lui avait pas trop réussi. L'authentique, le rustique, c'étaient des valeurs sûres.

En période d'élections, on l'aimait bien, le campagnard. Le bon sens, la solidité, la fierté, et brave avec ça. Après, ça marchait moins, on le trouvait finalement un peu rustre, primitif, inculte que ça frisait l'insulte, ou passablement con. Non, c'était bien le temps de la photo, mais ensuite il fallait disparaître du cadre, et fissa. Allez mon petit, tu es gentil, mais maintenant tu reprends ta fourche et tu dégages.

Le bruit des machines engourdissait Titi tout entier, il vibrait avec elles. Penser à Mitterrand ou autre chose, juste une cale sous le pied pour ne pas tomber. *Rien à foutre de la politique. La biscotte, voilà l'essentiel. Vous ne connaîtrez pas le véritable goût de la vie avant d'avoir croqué dedans. Ouais c'est pâteux, ouais ça colle aux dents, ouais tu vas devoir y aller un sacré coup sur la brosse après. Mais pense à tout ce que ça t'apporte, les acides gras saturés, le sodium, le magnésium, les vitamines A, B, C, jusqu'à Z, on les a toutes, mon petit pote, y a qu'à demander. Trois clics sur la machine et je te fais ça aux petits oignons. Tu voudrais pas que je te la beurre non plus ?* Titi secoua la tête, il fallait qu'il se concentre un peu. On n'achetait pas sa force de travail pour qu'il rêvasse mais pour que les biscottes ne manquent jamais en rayon. Il était au début d'une longue chaîne qui terminait sa course dans le caddie d'un client inconscient de tous les efforts qu'il avait fallu déployer pour en arriver à ces huit grammes de tranche dorée.

Un œil à la pendule lui suffit à vérifier le théorème de l'ouvrier à la chaîne : fixez l'aiguille de la trotteuse et elle ralentira immanquablement sa course. Il n'y a que l'usine pour faire éprouver l'éternité. Le responsable faisait sa ronde, ils échangèrent quelques mots. Rien à signaler, les indicateurs aux verts, la productivité maximale, la farine fluide, les biscottes heureuses. Sur la blouse de son responsable, le logo de la marque le ramena vers les clochers, plus précisément sous celui de l'église Sainte-Madeleine de Lassègue qui n'avait rien à envier à celle de Brunois, la fière Sainte-Marie. Madeleine et Marie, la prostituée et la vierge. Les deux faces irréconciliables de la même foi. Ça lui parlait. Titi n'avait jamais prié, mais si ça l'avait pris, il aurait plutôt mis un genou à terre devant la putain. Il n'y avait plus de curé à Lassègue depuis longtemps. Ils avaient eu du nez. C'étaient les premiers à avoir déserté, avant les commerçants, les artisans, les médecins. À croire qu'ils s'étaient tous passé le mot pour faire du village un désert. Un prêtre venait encore dire la messe un dimanche par mois, agiter quelques reliques, dépoussiérer l'autel. Une sorte d'intérimaire lui aussi, obligé de courir après des bouts de contrat dans les bourgades alentour. Sans grand succès, les bancs de l'église restaient vides. Coincée sur son socle, la statue de Madeleine endurait seule les sermons. Dans la commune de quelques centaines d'âmes, pas une ne venait se confier à elle. À quoi bon être une sainte si c'était pour s'emmerder à ce point ? Mieux valait le grand air du trottoir.

Quand il était môme, Titi avait suivi la catéchèse, comme les gosses du coin. Juste le temps d'apprendre les bases : ouvrir la mer en deux et multiplier les pains. La crucifixion lui avait bien plu aussi, c'était son truc le bricolage, et il s'était fabriqué sa propre croix avec du bois récupéré dans l'atelier du père. Attention, pas deux bouts de palette plantés vite fait l'un dans l'autre. Non, il avait soigné le travail, raboté, poncé, peint, verni. La croix devait encore traîner quelque part dans la remise de ses parents. Il l'avait apportée à l'école pour la montrer aux copains. Elle n'avait pas eu le succès attendu. La maîtresse y était allée de sa petite vanne : "C'est plutôt en français que j'espérais ta résurrection." La croix avait failli terminer dans le barbecue mais sa mère l'en avait empêché *in extremis*. Elle n'était pas plus croyante que ça mais, quand même, on ne savait jamais. On lui ressortait encore l'anecdote à chaque Noël. "Alors Titi, tu ne sors pas ta croix ?"

Chez lui, on invoquait Dieu dans les jurons, pas autrement. Dieu ou les hommes, l'œuf ou la poule, c'était pareil. Qui avait inventé l'autre, allez savoir. En tout cas, s'il voyait le désastre, Dieu devait se demander pourquoi les hommes l'avaient créé. Lui foutre un tel bordel sur le dos, c'était tout de même gonflé.

Les enfants de Titi ne savaient même pas à quoi ressemblait l'intérieur d'une église. Aux poumons d'un fumeur, voilà ce qu'il leur avait dit en montrant la photo de son paquet de clopes : "C'est noir, suintant et poisseux." C'était pas malin d'y penser, voilà qu'il avait envie d'une cigarette. Il mordilla l'ongle de son pouce. Il fallait qu'il se ressaisisse, le petit-déjeuner de millions de personnes en dépendait. Les machines ne crachaient pas leurs deux cent mille biscottes à l'heure toutes seules, il ne suffisait pas d'appuyer sur deux ou trois boutons en attendant que ça passe. Il fallait alimenter la bête, lui déverser dans la gueule des milliers de tonnes de farine, des mètres cubes de flotte, des centaines de litres d'huile et des kilos d'autres choses pour que la magie opère. Ça en faisait, des champs cultivés, pour sortir toutes ces boîtes de pain grillé, presque un département entier couvert de blé qu'on arrosait copieusement de tout ce qu'il faut pour qu'il rende un max. Le rendement partout, au champ comme à l'usine. On pressait la terre tout aussi bien que l'ouvrier. Les deux donnaient, alors pourquoi se priver. Il n'y avait qu'à voir comment d'un bout de pain frais on avait fait naître toute une industrie de la biscotte pour comprendre que quelque chose clochait.

Près de Titi, les transpalettes défilaient en permanence pour livrer des sacs de cinquante kilos que des bras solides, les siens, soulevaient jusqu'au ventre. Pour le reste, du beau travail, d'une précision redoutable, entièrement mécanisé d'un bout à l'autre de la chaîne. Pas de place au hasard, au doute, à l'incertitude. Tout déboulait sur les tapis roulants au moment voulu, débité au milligramme près, cuit, refroidi, tranché, grillé, empaqueté, filmé. *C'est si beau qu'on voudrait être une machine soi-même. La première fois, ça m'a soufflé, ces tonnes d'acier pour une biscotte de huit grammes. Il a fallu en réunir, des cerveaux, pour parvenir à cet exploit. Des types se sont arraché les cheveux pour qu'un gars comme moi n'ait plus à penser.*

Ils se sont posé la seule question qui vaille : comment réduire au strict nécessaire l'intervention de gugusses de mon acabit ? Merci les gars, gros cœur sur vous. Encore un effort et le grand rêve sera atteint, l'usine sans ouvrier. Brave machine, c'est elle qu'on devrait dessiner au-dessus du logo de Pasquot. Je ne suis que son humble serviteur, moins qu'un écrou sur sa carrosserie. Qu'elle râle et j'accours. Qu'elle toussote et je me précipite. Ô très sainte Madeleine de Lassègue, préservez-nous d'une pénurie de biscottes. Personne n'entendit le petit rire fatigué de Titi, caché par le roulement continu des tapis.

La pause, enfin. Il rejoignit dehors la troupe des fumeurs. Une charlotte rose pâle dont plus personne ne remarquait le ridicule les couronnait. Un vent vicieux soufflait, ils tenaient fermement les pans de leur blouse blanche pour s'en protéger. Les têtes étaient encore sonnées par le bruit des machines, les mots rares. Dix petites minutes arrachées à l'usine, la moitié pour pisser, l'autre pour tirer quelques bouffées à la va-vite. "Tu as fait quoi ce week-end ? – J'étais de mariage, à Brunois." Sifflements admiratifs. "On était comme des rois." Hochements de tête approbateurs. "Difficile de faire mieux." Titi empêcha l'arrivée des superlatifs :

— Au foot, c'est pas trop ça par contre. On leur a mis une bonne branlée hier.

— T'as gagné un match, toi ?

— Et sans forcer.

— Lassègue se rebiffe ?

— Exactement, la roue tourne.

Les autres sourirent avant d'écraser leur mégot dans un bac en ciment. Titi ne put se retenir :

— Vous allez voir qu'avant la fin de l'année, Lassègue attirera au moins autant de monde que Brunois. Je vous le dis en avant-première, on est en piste pour devenir l'un des Plus Beaux Villages de France. Votre prochain mariage, ça sera chez nous !

Ses collègues rirent pour de bon :

— Bien sûr, Titi, et c'est toi qui tiendras la traîne.

Titi n'eut pas la possibilité de s'embourber davantage, le ventre de la machine grognait, le moindre de ses rivets brinquebalait, gémissant pour le rappeler à son poste.

Qu'est-ce qui lui avait pris de sortir une énormité pareille ? Décidément, cette idée stupide ne le lâchait plus, ça tournait à l'obsession. *Leurs tronches de béni-oui-oui m'ont gonflé. Un mariage à Brunois, tu parles d'une affaire.* Si la salle des fêtes de Lassègue végétait, celle de Brunois ne désemplissait pas. On était prêt à patienter longtemps pour s'y marier. Les roses trémières le long des rues pavées, les places bucoliques, les remparts et leur vue sur la vallée, tant pis pour la facture, ça faisait de jolies photos. Christian avait baissé le prix de location de la salle des fêtes pour désengorger Brunois, une fois, deux fois, il avait même changé les tapisseries, rien n'y avait fait. On ne voulait pas s'unir à Lassègue. Même Sandrine avait refusé au début. Épouser Titi oui, mais pas là. Les journées de mariage étaient faites pour rêver, sinon ça n'en valait pas la peine. Elle avait dû s'y résoudre pourtant. Brunois n'était pas pour leur bourse. Ils y avaient posé avant le mariage, elle avait obtenu au moins ça, avant de filer vers Lassègue dans un concert de klaxons.

Titi repensa à cette cheville si tentante qu'il avait manquée de peu. Ce n'était pas son genre de rater un coup pareil. Un moment de faiblesse sans doute. La prochaine fois, il viserait mieux.

3

Après le match calamiteux contre Brunois, Didier ne rentra pas tout de suite chez lui. Il ne sut ce qu'il attendait que lorsque tout le monde eut quitté le stade et qu'il se retrouva seul dans les vestiaires. Ses yeux balayèrent les bancs, furetant sur les lattes de bois. Son prénom était là, dans l'angle, sur la lame la plus proche du mur, recouvert d'une couche de vernis.

Didier.

Gamin, il avait commencé à graver autour de son prénom une étoile qu'il n'avait pas terminée. Il ne se souvenait plus pourquoi. Trop long peut-être. À moins qu'il n'ait été surpris par son entraîneur, un grand type au teint rougeaud que personne ne voyait jamais sourire.

Didier était un bon attaquant, agile, vif, capable de se glisser dans la moindre ouverture. Quand le ballon lui atterrissait dans les pieds, il cavalait vers les buts, ignorant les appels de ses coéquipiers, aussi bien placés soient-ils. Tactiquement, une erreur. Mais à dix ans, il se fichait qu'on lui reproche de jouer perso. Ce qu'il voulait, c'était que le visage du grand type au teint rougeaud s'éclaire. Mais, debout derrière la ligne blanche qu'il mordait constamment pour invectiver ses joueurs, l'entraîneur ne desserrait pas les dents.

Que Didier dribble deux adversaires d'affilée et s'impose face au gardien en lui glissant le ballon entre les jambes n'y changeait rien. Figé devant le banc, l'entraîneur affichait le même visage éternellement insatisfait. Didier s'étonnait que cette figure qui lui était si étrangère puisse être celle de son père. Il y avait là une anomalie. Il regagnait sa place en trottant, d'un pas moins léger, la joie retombée dans les talons.

À la mi-temps, les directives tombaient, des phrases courtes, sèches, brusques. Les coups pleuvaient. Son père reprenait l'un sur son marquage, reprochait sa lenteur à un autre. S'il avait trouvé un joueur nul, il ne se privait pas de l'enfoncer. Ses joues rosissaient, les tendons de son cou saillaient, il lançait des assauts de postillons. On encaissait sans pleurnicher. À Didier, il ne disait rien. Jamais. Seulement, il retroussait les lèvres sur des dents jaunies par le tabac et lui désignait le terrain d'un grand coup de menton agacé, geste que son fils ne savait comment interpréter.

En plus de l'entraînement et des matchs, Didier s'était mis à courir deux fois par semaine. Qu'il pleuve à verse n'y changeait rien. Il se fichait d'être trempé. C'était mieux, même. Seul contre les éléments. Ses chaussures avalaient l'asphalte, il sautait par-dessus les torrents dévalant les caniveaux. Plus le cœur lui cognait aux tempes, plus il se sentait vivant. En rentrant chez lui dégoulinant, les poumons brûlants, il traînait autour de son père et s'étirait bruyamment.

— Tu attends quoi ?

Il haussait les épaules, submergé par un sentiment d'impuissance sur lequel il était impossible de mettre des mots. Loin du stade, l'assurance de son père retombait. Il s'enveloppait de silences qu'il valait mieux ne pas interrompre. La colère lui tenait lieu de langage.

Didier sortit son trousseau de clés de la poche de son jogging. Il choisit celle dont la pointe était la plus fine et termina l'étoile gravée autour de son nom. Il souffla sur les copeaux et alluma une cigarette, le regard perdu dans les vestiaires.

Il avait une autre raison de s'attarder.

Il soupira et se releva, les jointures de ses genoux craquèrent. Le ciel baignait dans sa crasse, il referma son col sans presser le pas. Au loin, le clocher de Lassègue sonna. Treize heures, il était tard déjà mais il fit un détour par la rue de la Garenne en surplomb de la commune. D'ici, on avait l'impression qu'une main géante avait balayé le sol, éparpillant de petites mottes de terre poudreuse, avant d'y placer la maquette d'un village. Avachi sur une plaine entourée de champs, le ventre de la commune était tranché net par la route principale. Un lointain vrombissement sortait de ses entrailles béantes et s'insinuait dans les jardins. Didier sourit en repensant à l'emballement de Titi. Lassègue, plus beau village de France. Une diversion pour faire oublier le rouge de son carton. Mais peut-être un beau sujet de rédaction pour ses élèves.

Didier reprit son chemin jusqu'à un pavillon des années 1980 dont il promettait depuis des lustres de repeindre la façade. Le lotissement avait été construit sur le terrain d'une ancienne ferme qu'il avait connue enfant et que personne n'avait voulu reprendre. Un promoteur avait bâti à la va-vite. Les parpaings avaient jailli sur l'ancien champ de blé. Aujourd'hui, ces maisons paraissaient avoir le double de leur âge. Elles ne survivraient pas à leurs propriétaires.

Cécile terminait la vaisselle dans l'évier, elle se retourna à peine quand elle l'entendit pousser la porte de la cuisine :

— Tu es rentré ?

Quelle question, pensa Didier. Elle avait mis dans sa voix un peu de cette fausse gaieté qu'ils affectaient l'un et l'autre depuis des mois. Il posa à son tour une question dont il connaissait la réponse.

— Vous avez mangé ?

Elle replongea la tête vers l'évier.

— Oui, Nathan avait faim.

— Vous avez bien fait.

Didier souleva le couvercle des gamelles posées sur la gazinière. Un reste de poulet, des pommes de terre sautées. Il se composa une assiette et l'emporta avec lui dans le salon. Il avala son repas devant l'émission d'une chaîne sportive, l'esprit ailleurs. Il ne remarqua pas que Cécile l'observait.

— Je pensais aller me promener, fit-elle en se massant la nuque.

Était-ce une invite ? Il décida que non et acquiesça de manière trop ostensible.

— Et Nathan ?

Elle pointa le doigt en direction du couloir.

— Tu n'entends pas ?

Maintenant qu'elle le disait, il entendait les basses traverser les murs de la chambre de leur fils. Il hocha la tête à nouveau et leva la main droite en relevant l'auriculaire et l'index. Elle esquissa un sourire contrefait, de ceux que l'on sert à un importun pour s'en débarrasser. Il y avait tant de mésestime dans ce sourire, il disait tant de leur lente agonie que le visage de Didier se contracta. Cécile jeta un œil à l'écran où les commentateurs conjecturaient sur les raisons d'un match perdu. Ses doigts se crispèrent sur la poignée, elle sembla hésiter et partit, soudainement résolue. Quand la porte se referma derrière elle, Didier se laissa tomber en arrière contre l'assise du canapé. À quoi jouaient-ils tous les deux ? Cela ne rimait à rien, à rien du tout. Les pas de Nathan descendant l'escalier à toute vitesse l'avertirent de son arrivée. Son fils glissa la tête dans l'entrebâillement de la porte en soufflant sur la mèche qui lui tombait devant les yeux.

— Maman est sortie ?

Didier acquiesça.

— Je voulais lui demander de me déposer en ville.

Son père laissa le silence se déployer, il voyait presque la pensée de son fils circuler dans les méandres de son cerveau pour aboutir à l'inévitable formulation qui suivit :

— Tu ne pourrais pas m'amener, toi ?

Quarante kilomètres aller-retour. Didier soupira :

— J'ai des cahiers à corriger.

Nathan haussa les sourcils en direction de la télé restée allumée.

— C'est bon papa, laisse tomber.

Son attitude faussement désinvolte agaça Didier.

— On a perdu aujourd'hui.

Nathan leva deux yeux inexpressifs.

— Ah ouais ?

— Cinq à zéro.

En temps normal, Nathan aurait décoché une pique, "Il faut croire que tu es aussi bon entraîneur que père", mais il ne voulait pas gâcher son unique chance d'être conduit à Chaulet. Il rassembla ce qu'il pouvait de compassion :

— Au moins, vous ne pourrez pas faire pire.

Il attendit quelques secondes avant d'ajouter :

— Tu ne m'emmènes pas alors ?

C'était sa façon de dire : "Tu veux vraiment me laisser crever là, un dimanche à Lassègue, à supporter ta face triste et tes matchs à la con ?"

Didier se leva :

— Allez viens, on y va.

Ils n'échangèrent pas plus de trois mots sur la route. Didier conduisit en silence. Cela faisait trop longtemps qu'il ne savait plus parler à son fils. Il n'était plus qu'un mauvais ventriloque agitant la marionnette du père.

Il déposa Nathan, la portière claqua, son fils lui adressa un rapide salut à travers la vitre. Didier reprit la route en sens inverse. Quand n'avait-il plus considéré son propre père comme un géant ?

Les jeunes Chardons venaient de remporter le tournoi intercommunal au nez de Chaulet, largement favori. Le petit avait mangé le gros. Le village n'était pas habitué à cet ordre des choses. Le but de la victoire, une magnifique reprise de volée de Didier. Une frappe pure, puissante, inarrêtable, on lui en avait parlé pendant des années. La balle avait ricoché sur la barre transversale avant de plonger dans le dos du gardien. Didier avait exulté. Il avait couru jusqu'au poteau de corner qu'il avait jeté à plat, en un geste triomphateur. Ça n'avait pas plu à son père, qui avait tiré à vue quand il était passé à sa portée : “Remercie plutôt le poteau !” Didier s’était senti envahi par une vague furieuse que le sifflet de l’arbitre avait endiguée.

Après la remise de la coupe, l’entraîneur du Stade olympique chauletais l’avait abordé. “Ce sont des joueurs comme toi qu’on recherche.” Didier n’avait pas su quoi dire. Balayant les alentours, ses yeux avaient parlé pour lui. L’entraîneur s’était faufilé jusqu’à son père et avait posé familièrement la main sur son épaule. Didier l’avait vu aussitôt se raidir.

— Alors comme ça tu veux aller à Chaulet ?

L’euphorie était retombée. Tassé sur le siège de la voiture, Didier avait haussé les épaules.

— Lassègue, ce n’est plus assez bien pour toi peut-être ?

Didier s’était rembruni :

— J’ai jamais dit ça.

— Tu trouves ça normal de laisser tomber l’équipe.

— J’ai pas dit que je voulais y aller.

Son père s’était tourné vers lui, cramoisi :

— T’as pas dit le contraire non plus.

Didier passa le restant de l’après-midi sur les copies de ses élèves. La promenade de Cécile se prolongeait, il guettait son arrivée, à l’affût du bruit de ses pas dans l’allée, du cliquetis de ses clés dans la serrure. Ses yeux s’échappaient des pages trop facilement, son attention s’évaporait dans des pensées dont il peinait à suivre le fil. Et puis corriger les cahiers l’ennuyait. La gifle du stylo rouge, les phrases barrées rageusement, pas son style. Trop de sympathie pour les fautes. Les parents ne le trouvaient pas assez à cheval sur l’orthographe, ils se plaignaient des cahiers truffés d’erreurs. Didier n’aimait pas plus la bride que la cravache. La langue est vivante, alors qu’elle galope. Il était convaincu d’une chose : l’usage fait le mot, pas l’académicien. Il citait volontiers des fautes grossières rentrées dans le langage courant, des entrées dans le dictionnaire par effraction, à la barbe des vieux sages de l’Académie. Qu’un parent insiste et il lui apprenait que fromage se disait autrefois formage, il lui citait même l'origine latine en gage de sérieux, *forma*, former ou mouler. Et le mousquitte, devenu moustique à la faveur d'une prononciation fautive, on en parlait ? Alors qui sait si l'aréoport de Timéo ne remplacerait pas bientôt l'aéroport ? Pas de quoi en faire un infractus, pas plus qu'un formage.

Didier repoussa le tas de cahiers et attrapa son ordinateur portable. L'idée lui trottait dans la tête depuis son retour. Il tapa *"Plus beau village de France"* sur un moteur de recherche et trouva la page d'accueil de l'association délivrant le précieux label. Brunois y apparaissait en panoramique à côté d'autres villages classés. *"Comment devient-on l'un des plus beaux villages de France ?"* Il cliqua sur le lien et passa l'heure suivante à lire la documentation disponible sur le site.

Sa lecture terminée, il claqua l'écran de son ordinateur. Aucune chance. Il serait moins difficile de faire entrer le dessin de l'un de ses élèves au Louvre. Pourtant, l'idée lui plaisait. Maintenant qu'elle s'était logée dans son esprit, il sentait qu'elle n'en sortirait pas. La porte d'entrée grinça. Cécile ne le rejoignit pas tout de suite, elle fit un détour par la cuisine pour se servir un verre d'eau avant d'apparaître dans le salon, les cheveux en bataille, les joues légèrement rosies par l'effort. Didier la trouva belle et cette pensée lui étreignit le cœur.

— Nathan n'est pas là ?

— Je l'ai déposé à Chaulet, chez un ami.

Ils se regardèrent vraiment pour la première fois depuis son arrivée. Ils étaient donc seuls, tous les deux, à la maison. Une situation qu'ils évitaient depuis des mois. Chacun sonda l'autre avec une acuité douloureuse. Les yeux de Cécile se brouillèrent. Didier aurait dû se lever, la prendre dans ses bras, une partie de lui le voulait, mais il ne bougea pas. Ils coulaient tous les deux et ne faisaient pas un geste pour se sauver.

4

Un silence inhabituel régnait en classe. Le crayon suspendu au-dessus de la feuille, les élèves réfléchissaient. Leur maître avait noté le sujet de la rédaction en faisant crisser le feutre sur le tableau blanc : "Pourquoi Lassègue est-il le plus beau village de France ?" Les enfants s'étaient regardés, à moitié hilares, avant que Didier ne reprenne :

— Attention, je ne vous demande pas si Lassègue est le plus beau village de France, nous savons tous que c'est le cas, je vous demande pourquoi, à vos yeux, il l'est.

Les élèves avaient ri avant que l'un d'eux ne lance :

— Monsieur, il y a quand même plus beau…

D'autres avaient bruyamment approuvé, le fils de Titi avait profité d'un début de cohue pour ajouter :

— Le terrain de foot est pourri !

Didier avait levé les mains en signe d'apaisement :

— C'est une question de point de vue, Timéo. Nous avons la chance d'avoir le terrain le plus naturel des environs. Vous en connaissez d'autres, vous, des terrains de foot sur lesquels on peut cueillir des fleurs ou croiser une taupe ?

Les élèves s'en étaient donné à cœur joie :

— Non !

— Ce que je vous invite à faire, c'est à changer de regard. Aujourd'hui, nous vivons dans le plus beau village de France et c'est à vous de me dire pourquoi.

Depuis, les stylos glissaient en silence dans le secret des cahiers. Celui de Timéo stationnait sur le bord de la page. Changer de regard, le coach en avait de bonnes. Il fallait carrément se crever les yeux pour trouver Lassègue beau. Même au toucher, un aveugle ne se ferait pas avoir.

Didier s'approcha :

— Qu'est-ce qu'il y a ?

La lèvre boudeuse de l'enfant se souleva :

— Je n'ai rien à dire.

— Écris ce qui te passe par la tête.

L'enfant haussa les épaules. Dans sa tête, il n'y avait rien, voilà, le grand vide. Et plus il y pensait, moins ça venait. Timéo se trémoussa sur sa chaise. Sur son cahier, la page blanche l'accusait. Didier regagna son bureau, pris par ses propres pensées. Son regard se porta sur la cour qu'il avait lui-même connue enfant. De l'immense érable sous lequel il jouait, il ne restait que la souche. On l'avait abattu, trop dangereux. Finis les hélicoptères à propulser vers le ciel. La roue de tracteur sur laquelle ils sautaient des récrés entières avait disparu pour les mêmes raisons. La cage à écureuil avait suivi. On avait fait place nette. La sécurité avant tout. Des murs, des grillages, du goudron.

— Encore cinq minutes, les enfants.

Il avait pensé leur laisser davantage de temps, mais maintenant il avait trop besoin d'une cigarette. Il rongea l'ongle légèrement jauni de son pouce et poussa la rognure vers la corbeille.

— C'est fini, on ramasse.

Les enfants poussèrent des cris de protestation avant de venir déposer leur copie sur son bureau. Timéo tendit une feuille chiffonnée. Didier visa les quelques lignes d'écriture brouillonne. Ce n'était pas une rédaction mais une scène de crime. Les lettres semblaient avoir été ficelées les unes aux autres contre leur gré. Les petits corps noirs des mots agonisaient dans une flaque d'encre. Il emporta le paquet de feuilles avec lui en récréation et, une cigarette allumée au coin de la bouche, s'assit sur la vieille souche de l'érable prisonnière du bitume.

"Mon grand-père a un corps ridé, deux doigts en moins, des trous dans les dents. Il s'habille toujours pareil, il dit que comme ça on est sûr de le reconnaître. Il se plaint jamais mais tout le monde sait qu'il n'a pas eu une vie marrante. Il parle fort parce qu'il entend mal, il nous fait tout répéter et, un coup sur deux, il oublie de tirer la chasse dans les toilettes. Dans sa maison, plein de choses sont cassées mais il ne les répare plus. Il pourrait mais il n'a plus envie. Quand il ne sera plus là, et papa dit que s'il continue à fumer comme ça c'est pour bientôt, il me manquera beaucoup. Pour moi, Lassègue et mon grand-père, c'est pareil. Ils ont le droit d'être moches, je les aime quand même. Timéo."

Didier observa du coin de l'œil le fils de Titi gambader après le ballon dans la cour de récréation. Une grande feuille tournoya dans l'air au-dessus de lui avant de tomber à ses pieds. Une feuille d'érable jaunie et craquelée. Alors qu'il connaissait la réponse, il regarda autour. Pas un seul arbre dans les environs. Il ramassa la feuille, en scruta les veines séchées avant de décider d'y voir les coutures du passé.

5

La farce se jouait ce soir dans les vestiaires du stade de Lassègue et Christian avait le sentiment d'en être le dindon. Il n'en revenait pas, comment les vétérans pouvaient-ils se monter la tête de cette façon ? Qu'est-ce qu'ils y connaissaient ? Rien ! Lui en était à son troisième mandat, seize ans à faire tourner la boutique sept jours sur sept, à tout gérer, du choix des lampadaires au plan local d'urbanisme, des problèmes de photocopieur aux arrêtés municipaux. Avec quoi à la clé ? Des nuits blanches, une tension de chiotte et le droit de se faire baver dessus vingt-quatre heures sur vingt-quatre pour la moindre broutille par ses concitoyens. Que certains s'enflamment pour rien, ce n'était pas une nouveauté, mais qu'est-ce qui prenait à Didier de jeter de l'huile sur le feu de cette façon ?

— C'est du grand n'importe quoi, répéta Christian pour la troisième fois.

Déjà une demi-heure qu'ils en parlaient, il en avait assez et une vilaine faim le tiraillait. Une salade de patates aux échalotes l'attendait. La plaisanterie avait assez duré. Qu'est-ce qu'ils faisaient encore dans les vestiaires à cette heure ? Un bail que l'entraînement était terminé et le soleil planqué de l'autre côté du monde, grand bien lui fasse.

— Alors Didier, t'es en panne de sujet ou quoi ? C'est quoi ces rédactions sur Lassègue ?

Ça avait commencé de manière anodine, comme toutes les plus remarquables catastrophes. L'entraîneur avait souri :

— Je ne fais que stimuler leur imagination.

— Ça ressemble plutôt à de l'endoctrinement. Méfie-toi, les enfants seraient capables d'y croire.

Le problème, c'était que Thierry – Christian était le seul à ne jamais employer le diminutif de Titi – ne raisonnait pas différemment qu'un enfant de dix ans. Il avait redémarré au quart de tour :

— Si les autres crevures ont accompli le miracle de transformer leur gros caillou en pépite, pourquoi pas nous ? Il n'y a qu'à faire reluire, les gars.

Christian avait secoué la tête de désolation. Autant de bêtise dans un seul homme, aucun élu ne méritait un tel électeur. Il avait pris la chose à la légère d'abord, en bon père de famille semonçant gentiment des enfants turbulents. Mais Didier s'était mis à dérailler lui aussi, pas qu'un peu, et ces deux-là voulaient embarquer tout le monde dans un train fou. Ils paraissaient bien décidés à ne pas s'écraser sans emporter avec eux la moitié du village.

— Je me suis renseigné, avait lancé Didier, il y a tout un dossier à monter pour obtenir le label des Plus Beaux Villages, c'est assez lourd, c'est vrai mais…

— Assez lourd ? s'était étranglé Christian.

Il connaissait le sujet, le maire de Brunois l'avait assez bassiné avec sa candidature : le long parcours du combattant, la part de génie et de folie qu'il avait fallu pour que Brunois triomphe. Cause toujours. Le seul combat que le maire de Brunois ait jamais livré, c'était celui contre le cholestérol. Et il l'avait perdu. Pour le reste, pas besoin de lever le bras, le coude lui suffisait. L'ivrognerie étant la première des diplomaties, il lui avait fallu remplir quantité de verres sans doute, et en vider tout autant, pour emporter la victoire. L'édile avait fait mine de s'en plaindre, c'était beaucoup de tracasseries, non vraiment il ne le souhaitait à personne. Quelle tête à claque ! Le cas typique de l'élève qui pleurniche après un contrôle et ramasse la meilleure note. Lassègue, lui, redoublait d'année en année. Plus personne ne remarquait qu'il traînait à la même place dans le fond de la classe. Ce n'était tout de même pas la faute de Christian s'il avait hérité de cancres.

— Le dossier est très lourd, avait concédé Didier, mais la présélection est à notre portée, ils demandent trois fois rien.

Christian s'était emporté pour de bon :

— Trois fois rien c'est exactement trois fois plus que ce qu'a Lassègue !

— Voilà un maire qui sait défendre sa commune.

— Oui je la défends, Thierry, avec lucidité, c'est tout.

— Mais on est tous très lucides, Christian. On vivra bientôt sur un cadavre, la commune est en train de crever ! On fait quoi, on attend tranquillement le dernier soupir du moribond ou on lui souffle un bon coup dans les bronches pour voir s'il peut encore marcher ?

— Surtout, prenez des notes, les gars, je suis sûr que le jury sera sensible à la métaphore de Thierry.

Didier était intervenu pour les calmer. Derrière sa voix de basse, Christian avait reconnu la tranquille détermination des imbéciles. Le maire connaissait bien les habitants de Lassègue. Inoffensifs tant qu'ils en restaient aux mots, et c'était ce qu'ils faisaient le plus souvent. Il suffisait d'acquiescer en les laissant divaguer. Le danger ne survenait que quand ils se prenaient au sérieux.

Didier reprit :

— Pour la présélection, il y a seulement trois critères et ils sont à notre portée. Si on passe le premier tour, il sera toujours temps de penser à la suite, non ?

— Non, objecta Christian. Avec cette première étape, on aura juste fait assez pour se couvrir de ridicule, pas davantage.

Didier ne releva pas :

— Le premier critère, c'est le nombre d'habitants : pas de candidature au-delà de deux mille habitants.

— À moins que tu aies inscrit en douce un bon millier d'électeurs sur les listes, on a de la marge.

Christian força son sourire, il en avait marre que Thierry le confonde avec les boîtes de conserve d'un chamboule-tout.

— Deuxième critère : que le village possède au moins deux monuments historiques ou sites classés…

Christian lança un "ah !" victorieux.

— C'est vrai, ce n'est pas le plus simple.

— Et l'église Sainte-Madeleine, rétorqua Titi, elle n'est pas classée peut-être ?

— Cette vieille croûte qui s'effrite ?

— Une vieille croûte classée, approuva Didier.

Christian n'en pouvait plus, c'était ridicule. Didier se croyait-il en classe ? Les vétérans l'écoutaient tranquillement, les fesses bien calées sur le banc du vestiaire, pas un pour lui signaler le grotesque de tout ceci. L'histoire de Lassègue tenait sur une page, deux au plus en allongeant la sauce, pas de quoi prétendre rejoindre le patrimoine de l'humanité. Il attrapa le regard des joueurs :

— Adrien, Aziz, les gars, y en a pas un qui trouve tout ça un peu…

Il laissa sa phrase en suspens. Sans même relever la tête, Mouss répondit :

— On réfléchit, Christian, c'est tout, ça coûte rien d'y réfléchir.

— Le vieux pont ! lança Adrien avec une mine réjouie, il n'est pas classé, le vieux pont ?

Tous les regards se tournèrent vers Christian, en attente de son approbation. Leur naïveté l'accablait :

— Le moindre empilement de pierres ne fait pas un monument historique.

— Et l'ancien lavoir ?

Christian secoua la tête et, alors qu'il avait enfilé son sac de sport en bandoulière, se rassit, résigné. Des ânes têtus, sabots plantés dans le vestiaire, rien à faire, ils n'en bougeraient plus.

— Et ça changerait quoi qu'on ait deux monuments ou plus sur la commune, vous croyez que ça ferait une différence pour les gens qui la traversent ? Chaque village a son église, son vieux pont, son ancien lavoir, et alors ? Ça ne suffit pas à le transformer en nombril du monde. Didier, tu t'es renseigné, parfait. Tu sais très bien qu'on ne pourra jamais aller au bout de tout ça. Lassègue, ce n'est ni Collonges-la-Rouge, ni Les Baux-de-Provence ou Brunois.

Le regard de Didier croisa son étoile gravée sur le banc :

— En tout cas, ce sera impossible sans toi. La candidature doit être soutenue par une délibération du conseil municipal, c'est le troisième critère.

Pourquoi Didier faisait-il à ce point l'idiot ? Ça ne lui ressemblait pas. Christian se gratta la joue. La tournure des événements ne lui plaisait pas, et moins encore que l'on se tourne vers lui de cette manière. Que lui reprochait-on au juste, de ne pas faire assez pour sa commune ? Quand il n'était pas dans son élevage de poules, il se consacrait à Lassègue. Après les poules, les veaux, et ceux qui l'entouraient voulaient le mener lui, l'éleveur, à l'abattage.

Comme s'il devinait ses pensées, Mouss intervint :

— On sait que tu fais déjà beaucoup, on n'est pas aveugles. Mais on voit aussi tous que Lassègue se vide.

— Plus de médecin, plus de bureau de poste, plus de boulangerie, ajouta Titi. Même la supérette n'est pas loin d'y passer. Le bourg est devenu un cimetière.

C'en était trop, Christian se releva brusquement et se dirigea vers la sortie.

— Vous croyez que je ne le sais pas. Je ne me suis pas battu pour qu'on garde l'école, peut-être ?

Mouss esquissa le geste de le retenir.

— C'est bon, j'ai ma dose et ma journée n'est pas finie, on en reparlera une autre fois.

Dehors, la lune, pièce en cuivre tombée des poches percées du ciel, roussissait l'herbe du terrain. Christian s'engouffra dans sa voiture stationnée sous un lampadaire dont la lumière grésillait. Une ampoule de plus à changer. *Fait chier.* Sa portière claqua. La commune était rapiécée de toutes parts, il était bien placé pour le savoir. On n'en finissait plus de rafistoler par ici, colmater par là. Toujours parer au plus pressé, la fuite d'un toit, les conduites de gaz, les problèmes de voirie, c'était ça l'essentiel. S'abîmer les yeux avec de grands projets, voilà un luxe qu'il n'avait pas. Alors s'ils voulaient la mairie, qu'ils la prennent ! Entre les coupes budgétaires, les coups de sang de la secrétaire et les arrêts à répétition du cantonnier, il ne leur donnait pas deux mois. Ils verraient bien ce que c'était de vivre sous les ors de la république de Lassègue : un plafond décrépi, une chasse d'eau qui fuit et la tension à surveiller de près.

L'État se tirait en douce du lit, laissant la commune à poil, avec à peine de quoi s'offrir un slip. L'écharpe tricolore du maire ne servait plus que de cache-sexe. Si ça continuait, le conseil municipal en serait réduit à poser nu dans un calendrier pour boucler son budget. Les rugbymen, les pompiers, les agriculteurs s'y étaient mis. Ce serait bientôt leur tour. *Mes chers concitoyens, elle est là la réalité, vous me fatiguez avec une liste de doléances longue comme le bras alors que je n'ai qu'un marteau et trois clous rouillés en réserve ! Vous voulez plus ? Mais pas de problème, il n'y a qu'à se faire avaler par la plus grosse commune à côté. Chaulet ne demande qu'à nous croquer. Et quand on se sera bien fait sucer jusqu'au noyau, ils nous recracheront. Il n'y a plus de communauté d'agglomération, que des grands machins : Grand Paris, Grand Chaulet. C'est l'époque. Fini l'esprit de communauté. Chacun fait la course seul. Et nous, parmi ces grands, on est les petits. Manger ou être mangé, c'est la règle et ça l'a toujours été, ils devraient la connaître sur le bout des doigts ! Le père de Thierry ne lui a pas appris ça, lui qui s'est fait avaler les siens par la lame ? Thierry saute toujours sur la première connerie à faire de toute façon. C'était quoi avant ça ? Ah, la fameuse occupation du rond-point. Des semaines à se geler les miches à l'entrée de Lassègue pour récolter trois coups de klaxon. Le pouvoir a dû en mouiller sa culotte.*

Christian se gara à distance du couvoir et attrapa son téléphone dans la poche de son pantalon. Les chiffres étaient bons, rien à signaler. Il referma l'appli qui lui transmettait les données de l'élevage en temps réel, avant de rejoindre l'ombre du long bâtiment gris. Quinze mille poules couvaient là, bien au chaud, à l'abri, libres d'aller et venir comme bon leur semblait sur six hectares plantés d'arbres et de haies. Une idée de Maude et Delphine, ses filles, qui l'avaient poussé à abandonner les cages pour le plein air. Un emprunt de plus, il n'était pas chaud, et puis la mortalité des poules était bien moins élevée en captivité, c'était donc qu'elles ne s'y sentaient pas si mal, non ? Ses filles ne l'avaient pas convaincu, mais elles reprendraient l'exploitation alors il avait suivi, non sans mal. Elles étaient aux manettes depuis un an, il ne donnait plus que des coups de main, une semi-retraite avant l'heure. "Je veille au grain", se plaisait-il à répéter en assurant sa ronde. Il connaissait Maude et Delphine, elles préféraient qu'il reste à l'écart. Ça avait toujours été. Il n'avait jamais son mot à dire. Tout juste ouvrait-il la bouche qu'elles coupaient court, pas moyen d'en placer une. On n'attendait de lui ni son assentiment ni son avis. Cela ne l'avait jamais empêché de le donner. Depuis que leur mère n'était plus là, ses filles le sollicitaient davantage, souvent pour des bricoles. Il se demandait si ce n'était pas leur façon de s'assurer qu'il tenait bon.

Christian avait aussi un fils, sur lequel il s'étalait moins. Martin, le petit dernier, qui avait fait des études si brillantes qu'il n'avait rien trouvé de mieux que revenir à Lassègue. Pour y faire quoi ? La question restait entière. Il avait repris son ancienne chambre sans même en changer une affiche et s'y claquemurait. Christian préférait ne pas y penser. Sa fierté, c'étaient ses filles. Elles ne perdaient pas leur temps en parlotes, elles, des bosseuses ! Un peu têtues seulement. L'emprunt n'était pas fini de rembourser qu'elles projetaient de passer au bio. Mauvaise idée. Ce n'était pas en les dorlotant que les poules pondraient davantage. Christian le savait parfaitement. Il avait construit à part un petit poulailler pour sa propre consommation. Il y avait mis ses poules de luxe, le nom l'amusait, bien rondes, bien nourries, bien dodues. Il les laissait se promener librement dans la cour. Résultat, elles n'en foutaient pas une. Le confort leur faisait oublier le travail, elles ne donnaient rien. Tout juste s'il ne fallait pas leur tirer soi-même les œufs du croupion. Comment leur en vouloir ? Les poules n'étaient pas si différentes des hommes. Quand tout tombe tout cuit dans le bec, on perd le goût de l'effort. Ses poules ouvrières étaient certes moins belles, mais elles produisaient davantage. C'étaient elles qui rapportaient ! Le bio rendait fainéant, c'était une évidence. Et puis, il connaissait ses filles, elles ne s'arrêteraient pas là. "Ce sera quoi la prochaine étape, leur avait-il lancé, des œufs sans poules ?"

Quand ils étaient passés au plein air, ç'avait été toute une affaire de les sortir de leurs cages. Les poules n'aiment pas le changement, elles ont ça en commun avec les électeurs. Il avait fallu ouvrir les trappes progressivement, jour après jour, pour qu'elles s'accoutument à la lumière. Au bout de deux semaines, alors que les trappes étaient grandes ouvertes sur un pré verdoyant, les poules s'étaient tassées à l'intérieur, sur le gisoir. Christian avait regardé ses filles avec un air mêlé de triomphe et de désolation. Tout ce chambard pour rien. Les poules préféraient la sécurité à une liberté trop incertaine. C'était ça que Maude et Delphine ne comprenaient pas, on pouvait se sentir tout aussi bien entre quatre murs. L'une des poules, une pionnière, s'était finalement aventurée dehors, les autres avaient suivi.

Christian longea le bâtiment d'élevage pour rentrer chez lui. Lassègue se devinait en contrebas, bouche noire édentée à l'haleine chargée de l'humidité du sol. *Dormez, paisibles concitoyens, vous n'imaginez pas quelles idées saugrenues roulent dans la caboche de vos voisins.*

Une fois dans la cuisine, il alluma le poste de radio. Il ne s'habituait pas au silence. Ce n'était pas Martin qui l'aiderait à le rompre, il ne descendait presque jamais dîner avec lui. Christian se servit le reste de salade préparée la veille, puis laissa tomber. Les patates trempées de vinaigrette à l'échalote qui lui avaient tant fait envie le déprimaient maintenant. Il les repoussa du bout de la fourchette et se contenta d'un morceau de pain arrosé de deux verres de rouge. Il regarda autour de lui. Parfois, un froid inexplicable venait lui caresser la peau. S'il fermait les yeux, il sentait la pression de doigts sur son bras. Il aimait mieux ne pas y penser. Il attrapa son ordinateur portable et passa l'heure suivante à répondre aux messages transmis par la secrétaire de mairie. Des dépenses à valider, des études à lire, des rapports, diagnostics, bilans, comptes rendus. Il n'en voyait jamais le bout.

Christian avait tout appris sur le tas, comme conseiller municipal d'abord. Quand l'ancien maire s'était arrêté, personne ne s'était bousculé pour prendre la suite. On avait pensé à lui, il avait des prédispositions, ça l'avait flatté. L'élevage, la commune, les enfants, il avait tout mené de front. Ses nuits étaient courtes, et alors ? Il tenait, il avait toujours tenu. Dès son premier mandat, il avait foncé : réfection des trottoirs du bourg, plantation d'arbres et de haies, relance d'un petit marché de producteurs, création d'une aire de jeux. La fête de l'Omelette, une idée à lui encore, en réponse à la crise du secteur avicole. Un événement fédérateur, unique en son genre. Et il y était de sa poche, les œufs, il les donnait, quatre mille à la dernière édition pour confectionner l'omelette géante.

S'emballer pour de belles idées, c'était facile. La réalité, il la connaissait, lui, il se la cognait depuis des années. Dure, implacable. Depuis des décennies on fuyait la campagne pour les emplois de la ville. Le nombre d'habitants avait chuté et le reste avec. Le tissu local s'était effiloché, il n'y avait eu qu'à tirer sur la maille pour que le reste suive. Lassègue, déjà fragile, s'enrhumait dans les courants d'air. Combien d'heures passées pour ramener un médecin dans la commune, trouver un repreneur à la boulangerie ? En pure perte. Sur la souche de Lassègue, la greffe ne prenait pas. Ce n'était pas faute pourtant d'offrir des avantages, de promettre du soutien, d'y mettre même les deniers de la commune. Christian se pliait en quatre, en huit même si on voulait. La poussière ? Sous le tapis. Il faisait l'article en vantant l'air pur de la campagne, l'environnement calme, le charme pittoresque. Plus d'une fois il avait harponné des candidats, professionnels de santé ou commerçants, mais leur visage s'allongeait quand ils découvraient le village et les rideaux tirés des anciennes boutiques, les vitrines ébréchées, les façades grises du bourg, les herbes hautes des terrains à l'abandon. La poussière remontait d'un coup, un bon gros nuage qui coupait court à son discours sur le dynamisme de la commune. Il insistait alors sur la chaleur des habitants, leur sens de l'hospitalité. Son interlocuteur acquiesçait, le regard ailleurs, se remémorant sans doute l'accueil revêche de la secrétaire de mairie qui paraissait prendre un malin plaisir à décourager les rares prétendants.

Plus de quinze ans qu'il était pris dans cet engrenage, impossible d'en retirer la main sans se faire arracher la moitié des phalanges. Les commerces se cassaient la gueule, les vieux mouraient, les jeunes décampaient. Une hémorragie lente, sournoise mais visible partout. Les enfants de Christian étaient l'exception. Mais il n'était pas dupe, si leur mère n'avait pas été emportée par la maladie, les filles seraient parties elles aussi. Quant à Martin, il vivrait dans une grande ville, loin des poules, là où ses diplômes ne seraient pas qu'un bout de papier collé au mur. Les filles étaient restées pour leur père parce que, même s'il s'épanchait rarement, elles voyaient bien qu'il buvait la tasse.

Christian repoussa le moment de se mettre au lit. Il savait qu'il ne dormirait pas de toute façon. Ce ne fut que lorsqu'il sentit le sommeil le tirer par la manche qu'une pensée le traversa. Et s'il laissait faire Thierry et les autres ? Lassègue, plus beau village de France… Oui, ça le faisait marrer maintenant. Une bonne blague, voilà comment prendre la chose. Pas de quoi se miner avec ça, il avait déjà bien assez à penser.

Qu'ils la fassent, leur candidature. De toute manière, jamais le conseil municipal ne donnerait son aval. Il voyait d'ici la gueule des élus, trois mètres de long. Pour une fois, Christian s'endormit en souriant.

6

— Pourquoi tu t'arrêtes ?

Sur la taie froissée de l'oreiller, les cheveux hérissés de Julia lui dessinaient la couronne d'épines noires d'une sainte. Adrien ne bougeait plus. Un faux mouvement et le plaisir qu'il tentait de contenir risquait de déborder.

— Pour rien, je réfléchis.

— Tu as toute la semaine pour ça.

Adrien aurait pu mal le prendre si, repartie de plus belle, la danse des seins sous son nez ne l'avait distrait. L'aréole pourpre du mamelon accaparait trop son attention. *Fixe le cadre au mur, soleil couchant sur montagne pyrénéenne. Pas d'emballement.* Il cala ses coups de reins sur la foulée du randonneur qu'il imaginait gravir cette montagne. Du rythme, du souffle, de la mesure. Pas à pas, sans se laisser distraire par le paysage. Voilà que cet imbécile de randonneur accélérait le pas. *Non non non.* Il courait maintenant droit devant vers le sommet, incapable de réfréner le mouvement de ses jambes.

Adrien s'arrêta pour de bon, penaud. Il avait atteint, seul, le point culminant et, en contrebas, Julia l'observait. Elle ne verrait rien du panorama magnifique qu'il avait entrevu là-haut. À moins qu'il ne redescende pour l'aider à y monter à son tour.

Adrien craignait toujours que leur rendez-vous soit le dernier. Quand on n'est pas habitué à la chance, on craint toujours qu'elle se retourne contre vous. Ce n'était pas possible qu'une femme pareille le désire. Une femme tout court d'ailleurs. Pas avec sa bedaine et son RSA. Dix ans plus tôt, son ancienne compagne l'avait connu mince et salarié, aucune autre n'avait eu ce privilège. Aussi, quand Julia avait fait le premier pas, Adrien avait fait le suivant à reculons. Cette petite danse aurait duré longtemps si la secrétaire de mairie n'avait pas considérablement accéléré les choses en le convoquant pour un entretien préalable à l'embauche. Au téléphone, Adrien avait bafouillé qu'elle se trompait sans doute, il n'avait candidaté nulle part. S'il l'avait fait, la mairie de Lassègue aurait par ailleurs été le dernier endroit où il se serait avisé de proposer ses services. La secrétaire avait insisté sans que sa voix ne trahisse rien de ses intentions.

Cela venait sûrement de Christian. Il ne manquait pas une occasion de l'informer des offres à pourvoir dans les environs. "Chômage", on osait à peine prononcer le mot devant Adrien, craignant d'ajouter la honte à la peine. Sans emploi depuis plus de deux ans, un drame dont on voulait le sortir. Il fallait qu'il garde confiance, ça s'arrangerait. Impossible d'être tranquille, les gens y mettaient tant de cœur qu'Adrien se sentait obligé d'accuser le coup lui aussi. Il laissait même un peu retomber sa lèvre inférieure pour accentuer son hébétude. Un chômeur heureux, c'est indécent, Adrien le savait bien. Tant qu'ils seraient convaincus de sa déveine, ses concitoyens déborderaient de sollicitude. Qu'il avoue son bonheur d'être libéré du travail et on l'étriperait aussitôt sur la place du village. C'est humain. L'idée que certains s'exemptent des règles que l'on endure est insupportable. Aussi s'était-il plié à l'étrange convocation de la secrétaire de mairie sans plus insister.

Adrien s'était présenté un bon quart d'heure en retard pour décourager toute velléité d'embauche, avec l'air morne et usé qu'il affectait en société pour se concilier les bonnes grâces des habitants. La secrétaire l'avait invité à prendre place en face d'elle dans son bureau, puis elle l'avait encouragé d'un geste qui pouvait signifier tout et son contraire : présentez-moi votre parcours ou enlevez donc votre pantalon. Ils s'étaient longuement dévisagés. Adrien avait craint une nouvelle technique de recrutement. L'entretien sans paroles. À l'épreuve des nerfs. L'homme révélé dans le silence. Devait-il sourire ou rester neutre ? La secrétaire semblait bien disposée à son égard, quelque chose dans son attitude l'avait fait se détendre. Sans qu'il sache très bien comment, ses craintes étaient tombées, ses vêtements avaient fait de même. À la fin de leur entrevue, il aurait signé n'importe quel contrat.

Adrien était reparti tourneboulé, tout occupé déjà à faire de cette rencontre le meilleur de ses souvenirs. Tout ceci tenait du miracle, de l'accident peut-être, du quiproquo très certainement. Dès son retour, il avait tout couché sur le papier pour ne rien en perdre. Il pourrait au moins relire ces lignes jusqu'à ses vieux jours, elles le consoleraient de tout.

Julia ne recrutait pas à la légère. Elle menait ce qu'elle appelait ses "entretiens de débauche" avec le plus grand sérieux. Un second rendez-vous avait suivi, puis bientôt un troisième, il avait fini par ne plus compter. Il fallait l'éprouver sur le terrain, cela risquait de prendre des semaines, sinon des mois. Adrien s'était fait un devoir de lui adresser chaque semaine une lettre de motivation. Jamais il n'avait tant voulu un emploi. On s'étonnait de le voir marcher dans la rue d'un pas si volontaire. Il glissait ses missives dans la boîte aux lettres de la mairie, un sourire rêveur aux lèvres. Dans ses courriers, les courbes du chômage devenaient voluptueuses. Il promettait d'être un employé modèle, de ne bouder aucune tâche, de rogner sur ses congés s'il le fallait. L'écriture l'enhardissait quand le lit l'intimidait. Il était si léger sur le papier et si lourd sur les draps. Son corps l'embarrassait, il aurait voulu le tailler comme il taillait parfois ses phrases, sans aucune pitié : rayer d'un trait le ventre grassouillet, faire suinter le gras des jambes, couper jusqu'à l'os si nécessaire. Julia aimait son corps tout entier, elle le lui disait, il n'en croyait pas un mot. Personne n'aime les gros. Il se demandait même s'il ne l'était pas devenu pour qu'on lui fiche la paix.

Adrien redescendit de sa montagne, de la pénombre dans les yeux. Julia le guida vers d'autres chemins. Adrien apprenait vite, sa sensibilité l'y prédisposait. Des trois candidats qu'elle avait rencontrés, il était le plus prometteur. Son choix, si tant était qu'elle dût en faire un, n'était pas encore arrêté.

Depuis un moment, elle ne se levait plus en maudissant le maire de l'avoir convaincue de s'installer à Lassègue, c'était déjà un début. "Vous verrez, l'air y est pur." Comment avait-elle pu gober ces sottises ? "Et puis dans un petit village comme le nôtre, on ne s'ennuie jamais, il n'y a pas plus vivant." Pouvait-on s'attendre à un semblant de lucidité d'un type vivant avec des poules ? Elle avait du travail, là-dessus il n'avait pas menti, impossible de terminer une phrase sans être interrompue par un appel. Lui-même la sollicitait sans cesse avec un ton paternaliste qui l'excédait. Il se montrait toujours prompt à lui exposer la vie et ses grands principes alors qu'il n'était pas fichu d'assortir ensemble ses chaussettes.

Au début, le silence résolu de Julia avait encouragé Christian, il y avait vu du respect, sinon de l'estime, aussi avait-elle radicalement changé d'attitude. Elle n'en était pas à son premier élu. La condescendance des uns et la concupiscence des autres – les deux faces d'une même pièce – avaient épaissi son blindage. Elle n'hésitait plus à couper court dès qu'elle sentait le maire dériver. Christian appréciait modérément, la franchise avait tout de même ses limites.

— Tu as jeté un œil aux monuments classés ?

Blotti contre elle, Adrien passait un doigt indolent au bord du puits de son nombril. Il ne perdait pas le nord, trois fois qu'il lui en parlait cette semaine. La première, elle avait été prise d'un fou rire. Il avait annoncé leur projet avec tellement de conviction. "Lassègue, plus beau village de France, sérieusement ?" S'il ne s'était pas rembruni, elle ne l'aurait pas cru. Elle avait compris que l'affaire était sérieuse quand Mouss, autre candidat à ses entretiens, l'avait prié de faire les mêmes recherches. Délire collectif, ça arrivait. Pont-Saint-Esprit en

1951, un dixième du village interné à la suite d'hallucinations sans qu'on en comprenne l'origine. Peut-être l'eau du robinet de Lassègue était-elle intoxiquée.

— C'est en cours.

Adrien comprit qu'elle n'en avait rien fait.

— C'est important.

— C'est important que la commune ait son lot de monuments classés dont tout le monde se fout ?

— Exactement.

Si la mairie ne lui avait pas mis à disposition un logement, jamais Julia ne se serait installée à Lassègue. Les faibles loyers maintenaient dans la commune une partie des habitants, les autres partaient. Même les plantes trouvaient la terre plus douce ailleurs, elles dispersaient leurs graines le plus loin possible des environs. Dix ans encore et il ne resterait ici que ronces et chardons. La grisaille des façades gagnait les joues de certains villageois, la peau des visages se lézardait, l'ampoule des yeux semblait grillée. Cette commune transmettait ses stigmates à ses habitants, elle leur gâtait le sang.

Le maire essayait de ralentir l'exode en jetant des cailloux au milieu d'un torrent. Tout juste s'il ne s'y jetait pas lui-même pour tenter de retarder le flot. Il s'agitait en vain, plus aucune famille ne posait ses valises à Lassègue. À ce rythme, l'école serait bientôt fermée. Le reste suivrait. La commune avait dépassé l'âge auquel on peut encore espérer un sursaut. Il ne servait à rien de s'acharner. Il fallait la laisser partir avant qu'elle ne perde complètement la boule.

— Je vais écrire un article !

Julia s'était assoupie.

— Quoi ?

— Je vais écrire un article pour soutenir la candidature de Lassègue.

Elle referma les yeux. Adrien était le correspondant de presse du journal régional. Pas de quoi arrondir ses fins de mois. On ne le sollicitait que pour les fêtes d'école, les résultats sportifs ou les événements locaux, au premier rang desquels la fête de l'Omelette.

Le dernier article d'Adrien remontait à l'anniversaire d'Évelyne, la matriarche du village. Il avait retracé son passé de femme de ménage, puis son expérience ouvrière dans les usines Pasquot. *"Les souvenirs d'Évelyne*, avait-il écrit, *ricochent comme des galets à la surface de sa mémoire sans jamais sombrer."* La rédaction n'en avait pas voulu. Trop littéraire. Au diable la poésie, ils n'avaient conservé que la légende sous la photo de la matriarche soufflant sur son gâteau. Adrien avait eu honte de voir son nom apposé au bas de ce qui ne pouvait décemment pas s'appeler un article. Évelyne lui avait confié sa vie, il ne restait que le cliché attendu de la mamie nonagénaire. Adrien aurait déchiré sa carte de presse sous le nez du rédac chef s'il en avait possédé une. Évelyne l'avait réconforté, elle avait été heureuse de parler avec lui, c'était bien assez.

Depuis, Adrien faisait le mort. Que la rédaction ne compte plus sur lui, il n'écrirait pas une ligne sur les animations de Noël, rien non plus sur la galette des rois de l'école, tant pis pour eux ! Aussi, quand il appela le journal pour proposer un article sur Lassègue, dut-il répéter deux fois son nom avant qu'on ne lui passe les bureaux de la rédaction. Quand il en annonça le sujet, le rédacteur en chef le doucha. Plus beau village de France ? Allons, allons... Le laideron de la campagne ne pouvait se rêver reine du bal. Adrien insista, il énuméra les atouts, gonfla les avantages. La sauce ne prit que quand il joua son va-tout :

— Qu'on y arrive ou pas, on en parlera partout.

Le rédacteur en chef prit le temps d'y réfléchir. Après tout, si Lassègue tenait tant à danser, qu'elle se brise les chevilles dès son entrée en scène n'était pas son problème. L'important, c'était le public rassemblé autour de la piste.

Pour la première fois de l'histoire de la commune, Lassègue s'apprêtait à faire la une.

7

Titi rendit plusieurs fois visite à sainte Madeleine. Ce n'était pas que l'église lui plaisait. Dès qu'il en passait le seuil, elle l'empuantissait tout entier. À chaque coup, il éternuait, pris par le froid et l'humidité des murs grisâtres, assailli par la poussière. Pousser la porte, c'était risquer l'infection, même les murs suintaient de fièvre. La première fois, il avait avancé dans la nef entre deux rangées de bancs, le pas mal assuré, à peine éclairé par les vitraux gardant pour eux toute la lumière. Il n'avait même pas prêté attention aux représentations peintes sur le verre. Il cherchait la statue de Madeleine, elle devait bien être quelque part. Il l'avait trouvée en haut d'un promontoire, nichée derrière une colonne, drapée dans un voile de marbre blanc. Elle semblait fixer le ciel au lieu de le regarder lui, le nouveau converti, en contrebas. Ça ne lui avait pas plu. “Tiens, c'est pour toi.” Il avait délicatement déposé une biscotte à ses pieds et fermé les yeux. Ça ne venait pas. Titi n'avait jamais prié. Il avait entendu plus jeune quelques rares prières de ses parents, ça les avait menés où ? Ce n'était qu'en grandissant qu'il avait vu les traces de coups laissées par le travail. Leur corps gardait la mémoire de tout ce qu'ils avaient dû encaisser. Plus on vieillissait, plus la peau racontait le passé. Il se lisait en taches, plis, creux, rides, dans la marche voûtée de son père, dans les bras ramassés de sa mère.

Le secret des corps qui ne vieillissent pas, c'est qu'ils laissent à d'autres le soin de s'user pour eux. Les clients de Sandrine la paient pour ça : pour qu'elle s'abîme à leur place. Elle souffre pour les autres

Sandrine, comme l'autre gugusse en slip sur sa croix. Jésus, Marie ou Sandrine, tous prolétaires, au service des bourgeois.

Titi avait rouvert les yeux, la statue de Madeleine guettait l'apparition du Grand Tout là-haut. L'espoir, c'était ça l'erreur. Rien ne menace plus le pouvoir que ceux qui n'ont plus rien à espérer. Mais non. On continuait à y croire. Ça ira mieux demain. Ou un autre jour. Jusque-là, tenir, garder foi en la biscotte, briquer les sols, laisser les jours s'avancer les uns à la suite des autres et défiler devant soi comme sur une ligne de production. Tant pis s'ils se ressemblent tous, si on en perd le compte. Le corps, lui, n'en rate pas un seul, il saura vous le rappeler plus tard.

Titi avait regardé autour de lui. Les églises le mettaient mal à l'aise. Celle-ci ne risquait pas de déroger à la règle. Il s'était fait une raison. Monument classé ou pas, aucune chance que des visiteurs accourent à Lassègue pour ce tombeau. Ça manquait de couleurs et il faudrait plus qu'un grand coup de peinture pour appâter le touriste. Toute la déco à revoir. Peut-être même trois ou quatre grandes ouvertures pour faire entrer la lumière.

"T'en penses quoi, Mado ?" Sa voix avait résonné avant de se perdre dans la voûte, emportée vers un au-delà dont elle ne reviendrait sans doute pas. Madeleine, il l'avait deviné, ça ne lui disait trop rien de partager son point de vue avec lui. Ses pensées étaient pour le Très-Haut, le Très-Bas elle s'en contrefichait. Titi s'était senti déçu, on l'est souvent avec la religion, ça tient chaud au début et puis les mailles ne tiennent pas, ça s'effiloche. Il faudrait bien pourtant un jour dérouler toute la pelote, voir au bout qui tient les aiguilles.

Titi avait levé un œil vers l'autel désert et son grand Jésus sanguinolent. Il s'était approché de la croix, juste pour voir l'ouvrage, en connaisseur. Il avait toqué dessus en repliant l'index – pas même du vrai bois, tout se perdait – avant de jeter un regard désolé à Jésus : "T'as été cloué à Taïwan, mon pote." Comment cette église pouvait-elle être classée ? Mystère.

Alors qu'il s'apprêtait à partir, sûr de ne plus jamais y remettre les pieds, un rayon de soleil avait révélé un vitrail sur son passage, le bariolant de couleurs. Ses yeux avaient suivi le rayon lumineux. Une autre Madeleine, incendiaire, brillait là-haut, une main repliée sur sa poitrine nue, l'autre empoignant la longue chevelure qui ne cachait qu'à moitié son corps. Il s'était approché, titillé par un détail en arrière-plan. La lumière du soleil avait changé et, l'espace d'une seconde, il avait cru deviner deux silhouettes enchevêtrées. L'image avait disparu. Au-dessus de lui, sainte Madeleine semblait sourire comme une complice de son hallucination.

8

Bientôt tout le village ne parla plus que de ça. Le murmure s'infiltra sous les toits des maisons, entre les étals de l'épicerie, devant la grille de l'école. Il recouvrit rapidement toute autre discussion. À la mairie, Julia cessa de répondre au téléphone. Un raz-de-marée. Les bouches débordaient depuis que le journal avait affiché en première page une vue mal cadrée de la mairie de Lassègue avec son drapeau tricolore effiloché et son dallage rosâtre piqueté de moisissures. *"Plus Beaux Villages de France : Lassègue y croit."* Le titre avait fait rire jusqu'à Chaulet et bien au-delà de Brunois.

Christian n'en finissait plus de démentir. Rien d'officiel, une démarche isolée, des francs-tireurs, une plaisanterie, il variait les versions. Le comité régional du tourisme, les élus de l'agglomération, le maire de Brunois, il les avait tous sur le dos. Adrien avait foutu un merdier pas possible. Et qui devait ramasser derrière lui ? Jamais Julia ne l'avait vu si remonté, il marchait dans la mairie comme s'il voulait enfoncer les murs. Il ne pouvait plus quitter son bureau sans se faire alpaguer par un habitant. Sommé de s'expliquer à chaque coin de rue, ça n'en finissait pas. C'était donc vrai toute cette histoire ?

Pour couper court, Christian annonça pour la fin de la semaine une grande réunion publique dans la salle des fêtes. Tuer le projet dans l'œuf, c'était ce qu'il y avait de mieux à faire, et écraser d'un bon coup de botte la coquille. On envoya des mails, placarda des affiches, le bouche à oreille ferait le reste.

Le jour de la publication de l'article, Adrien se claquemura chez lui. Il connaissait assez Christian pour savoir qu'invoquer la liberté de la presse ne suffirait pas à garantir son intégrité physique. C'était ainsi, Christian avait davantage de tendresse pour ses poules que pour ses concitoyens. Et pourtant, il les envoyait à l'abattoir.

D'accord, il reconnaissait qu'il s'était un peu avancé mais c'était le principe de l'avant-garde de défricher de nouveaux chemins. Les mots avaient ouvert la voie, le reste suivrait. En attendant que cette évidence s'installe dans les consciences, Julia lui avait conseillé de se faire discret.

Aussi quand on frappa à sa porte, Adrien ne bougea pas du canapé. Titi passa par le rez-de-jardin et fit coulisser la baie :

— Je dérange ?

Adrien se redressa d'un coup :

— Pas du tout, j'allais justement me lever.

— C'est qu'il est déjà quatorze heures, je ne voudrais pas t'empêcher de prendre ton petit-déjeuner.

— Je suppose que tu n'es pas seulement venu pour me calomnier.

— Non. Faut que je te montre un truc.

Adrien fut le premier à qui Titi montra les vitraux licencieux de l'église Sainte-Madeleine. Ils passèrent une heure à en observer les détails, attendant patiemment que les rayons lumineux en dévoilent les mystères.

— Alors, t'en penses quoi ?

Quand il avait vu le vitrail s'illuminer et les formes apparaître, Adrien avait tout de suite songé à Julia. Elle avait eu sur lui le même effet que la lumière sur ce verre terne, ses couleurs s'étaient révélées.

La polissonnerie des vitraux piquerait la curiosité des plus curieux, Adrien n'en doutait pas, mais de là à déplacer les foules… En plus, on ne distinguait pas si clairement les formes. En écoutant Titi, Adrien pensa que ce n'était après tout qu'une question de regard. Il suffisait de trouver le bon angle. Adrien commença à entrevoir les bribes de l'histoire qui pourrait se raconter en creux.

— Ça pourrait faire un argument supplémentaire pour soutenir la candidature de Lassègue mais il est un peu court. Je suis sûr qu'on peut trouver mieux. Ces vitraux ont forcément autre chose à raconter. Si tu veux, je me charge de les faire parler.

Titi arqua les sourcils, quelque chose dans l'attitude d'Adrien l'intriguait.

— Je te conseille de faire vite, la réunion a lieu bientôt et je doute que Christian t'y déroule le tapis rouge.

Le jour dit, la salle des fêtes battit des records de fréquentation. Christian était tendu. La semaine ne lui avait pas suffi à décolérer. Pour ne rien arranger, il faisait dans la salle une chaleur étouffante. On décida d'ouvrir le bar. Cela apaiserait l'humeur de ceux qui s'impatientaient. Titi passa derrière le comptoir. Le tout, c'était de ne pas se servir un verre chaque fois qu'un habitant passait commande. Question de mesure. Il avait soif pourtant. Et le rosé était frais. Rien que voir les gouttelettes perler sur la bouteille donnait des envies d'ivresse. Pas question de flancher, la machine à biscotte l'attendait à vingt et une heures pétantes et ne le recracherait pas avant le lever du jour.

Christian rejoignit l'équipe municipale sur l'estrade, les habitants applaudirent sans raison particulière. Il tapota sur le micro posé devant lui, le brouhaha s'estompa. En fouillant l'assemblée, ses yeux tombèrent sur Adrien en contrebas, l'appareil photo en bandoulière. Le sang lui battit illico aux tempes. Écraser l'œuf et vite. Il prit des détours cependant, rappelant son attachement à la commune, l'engagement des élus et leur long travail de terrain avant d'en venir, dix longues minutes plus tard, aux faits. Entretemps, l'ambiance s'était tiédie, quelques mains dissimulaient un bâillement.

— La presse est allée un peu vite en besogne – il foudroya Adrien du regard en prononçant ces mots – en annonçant la candidature de Lassègue au titre des Plus Beaux Villages de France. Je sais que nombre d'entre vous ont été surpris, voire choqués, par cette information. Je vous rassure tout de suite, elle est fausse !

Un murmure de désapprobation accueillit cette déclaration. Christian tiqua mais il poursuivit :

— C'est une sélection difficile dans laquelle une commune comme la nôtre, et je suis le premier à le regretter, n'a malheureusement pas sa place.

L'indignation des habitants monta d'un cran, des commentaires fusèrent :

— Et pourquoi pas ?

Christian accusa le coup. Il pensait rassurer ses administrés, pas provoquer un début d'émeute. Que s'étaient-ils donc mis dans le crâne ? Il enfonça le clou :

— Écoutez, j'aime notre commune tout autant que vous mais, soyons réalistes, dans toute la France il n'y a qu'une petite centaine de villages qui a obtenu ce label…

— Cent soixante-seize ! interrompit une voix depuis le bar.

Tout le monde se retourna. Accoudé au comptoir, Titi finissait son deuxième verre. Le visage de Christian se tendit, il hocha sèchement la tête :

— D'accord, très bien, cent soixante-seize, admettons. Cela ne change pas la donne. Ces villages ont des châteaux, des sites historiques, des maisons datant du Moyen Âge, des rues pavées, des jardins à chaque coin de rue, des artisans et que sais-je encore. Nous n'avons rien de tout ça !

— On n'a pas de pétrole, mais on a des idées, gueula une voix anonyme dans l'assemblée.

Des rires généreux lui répondirent. Le sourire de Christian se crispa. Pourquoi faisaient-ils tous les imbéciles ? Avaient-ils décidé de se payer sa tête ? Il chercha du soutien du côté des élus. L'un d'eux se recula sur sa chaise pour que sa voix ne porte pas dans le micro, on l'entendit jusqu'au fond de la salle :

— Christian, qu'est-ce que ça coûte d'essayer, faut voir, non ?

Des adjoints acquiescèrent. Avait-il à ce point sous-estimé leur bêtise ? La commune était malade au dernier degré, aucun traitement n'avait d'effet sur elle et on voulait la faire défiler à côté de top-modèles en parfaite santé. Et comment, sur une civière ? En tenant sa perfusion de sang dans une main et sa poche d'urine dans l'autre ?

Un autre élu ajouta benoîtement :

— À Brunois, le chiffre d'affaires des commerçants a bondi de 40 % quand ils ont été classés. Les retombées ont été immédiates, y compris pour le budget de la commune, c'est loin d'être négligeable.

Christian tapa du plat de la main sur la table :

— Mais nous ne sommes pas Brunois ! Soyons sérieux. Savez-vous seulement ce qu'ils ont dû faire pour l'obtenir ce label ? Parce qu'il ne suffit pas de posséder deux ruines et une belle vue, non, vous êtes très loin du compte. Ils ont dû enterrer toutes les lignes téléphoniques et électriques pour ne pas gâcher le panorama, vous réalisez un peu le travail ? Passer tout le centre en piéton, repaver les rues, revoir toute la végétalisation des espaces, contrôler le bâti, harmoniser les toitures et j'en passe, la liste est sans fin. Construire un village de carte postale, ça a un coût ! Même si on le voulait, nous n'en aurions pas les moyens. Désolé de jouer les rabat-joie, mais c'est ma responsabilité de maire de vous rappeler cette réalité.

Le brouhaha gagna le parterre, on discutait avec son voisin. Il ne déplaisait pas à tout le monde que Lassègue passe sur le billard. Une opération à cœur ouvert lui ferait le plus grand bien, un coup de scalpel ici, un nouveau poumon par là, qu'il retrouve sinon sa jeunesse du moins un semblant de vigueur. Sur l'estrade, les élus échangeaient de manière animée. Au milieu, Christian les écoutait, bras repliés sur le ventre, abasourdi. Ce n'était pas la première fois que l'on remettait son autorité en question, mais jamais on ne l'avait fait de cette manière-là. Il dut s'y reprendre à trois fois pour réclamer le silence.

— Je ne pensais pas que ce sujet provoquerait un tel débat.

Ses mots sonnèrent comme un reproche, il les laissa suspendus un moment dans le vide pour que ses concitoyens prennent bien la mesure de leur erreur.

— Vous semblez oublier qu'il y a un préalable à toute demande de labellisation, un critère éliminatoire si vous préférez. Le village doit posséder un patrimoine, au moins deux monuments ou sites classés. Je vous le demande, à part l'église Sainte-Madeleine, qu'avons-nous ?

Le silence pesa sur le parterre de chaises. On cherchait à voix basse quels trésors Lassègue pouvait bien cacher dans le fond de ses entrailles. On cita à nouveau le vieux pont, Christian le balaya d'un revers de main. La mention de l'ancien lavoir le fit ricaner. Le cimetière peut-être, il y avait là des tombes centenaires. Christian haussa les sourcils. Surtout ne pas intervenir, les laisser parler, la coquille se fendillait toute seule, l'enthousiasme retombait, encore un peu et on oublierait cette folie. Au premier rang, une main se leva. Christian se pencha vers elle avec un sourire indulgent.

— Qu'est-ce qu'il y a, ma petite Julia ?

— Je peux dire un mot ?

Christian se troubla, la secrétaire de mairie voulait-elle s'adresser à lui ou à l'assemblée ? La main de l'édile moulina sur elle-même, manière de lui dire que l'on verrait cela plus tard. Julia le prit pour une invitation à s'exprimer, les pieds métalliques de sa chaise crissèrent sur le carrelage. Adrien observa son profil dans le viseur de son appareil photo, un coquelicot au milieu d'un champ de blé.

— J'ai fait une petite recherche dans les archives municipales.

Des plis barrèrent le front de Christian. Il ne lui avait rien demandé. Il avait les idées larges mais tout de même, sa secrétaire sortait complètement du cadre.

— Et alors ?

— J'ai bien trouvé l'arrêté de classification de l'église. Plusieurs statues sont classées, tout comme des éléments du mobilier…

Du haut de l'estrade, Christian haussa les épaules :

— Nous savons tout cela, Julia.

Il soupira, cette réunion s'éternisait pour rien. Julia poursuivit :

— Une façade et une toiture du centre ont également été inscrites en éléments protégés par un arrêté des années 1960.

— Vous parlez, je suppose, de l'ancienne boulangerie qui fait face à l'église.

Julia acquiesça. Il reprit :

— Mais ce n'est rien, ça. Des vieilles maisons à pans de bois, il y en a des milliers comme celle-là. Vous croyez que des touristes feraient le déplacement pour la voir ?

Le bruissement des discussions reprit. On ne prêtait plus attention depuis longtemps à ce vieux pan de mur penchant dangereusement sur la rue, mais on le reconsidérait à l'aune de ces informations. L'église, l'ancienne boulangerie… Lasségue avait ses deux monuments, alors pourquoi ne pas pousser plus loin ?

Après avoir agité le bras en vain, Adrien prit la parole :

— Il y a peut-être une piste plus intéressante.

Christian rassembla ses dernières forces pour paraître aimable.

— Plusieurs écrits mentionnent d'anciens bains publics qui dateraient du Moyen Âge.

Christian afficha une moue dubitative :

— Jamais entendu parler de ça.

Derrière le comptoir, Titi se figea. Il fit aussitôt le lien avec les vitraux de l'église Sainte-Madeleine.

— D'après les actes de la paroisse, ils ont été fermés au XVe siècle, peut-être à cause des épidémies.

Christian s'étrangla. Les actes de la paroisse ? Mais qui diable lui avait demandé de mener l'enquête ?

— Les habitants de Lassègue venaient se baigner dans de grands cuviers en bois remplis d'eau chaude. C'est vite devenu un lieu de détente très prisé.

Titi ne put s'empêcher de sourire. Un lieu de détente. Adrien en avait de bonnes.

— Merci de nous en apprendre autant sur notre petite commune, mais je ne vois pas bien où tout cela nous mène.

Christian était ulcéré, tout le monde le comprit au ton sur lequel il s'était adressé à Adrien. S'il le remarqua, ce dernier n'en montra rien.

— Ce n'était pas courant pour un village d'avoir des bains publics. À l'époque, Lassègue devait compter moins d'une centaine d'habitants, mais la clientèle venait semble-t-il de tous les environs.

— Qu'est-ce que tu nous suggères, de rouvrir des bains publics ?

Adrien haussa les épaules.

— Il se trouve qu'il reste des traces de ces bains. Tout n'a pas disparu.

— On peut savoir d'où tu tiens ça ?

On entendit à nouveau la voix de Titi depuis le fond de la salle :

— C'est sainte Madeleine qui nous l'a dit. Adrien dit vrai, allez à l'église, observez les vitraux un jour de grand soleil, vous verrez bien.

Un tohu-bohu suivit. Titi enfila sa veste, presque moins le quart, il allait être à la bourre. Cette nuit, plus d'un million de biscottes passeraient devant ses yeux. Il vida d'un trait le fond de son verre et embrassa Sandrine.

— Tu vas à l'église, toi, maintenant ?

— Tu sais bien que j'ai le goût des vieilles choses, fit-il en lui tapotant les fesses.

Elle le repoussa du plat de la main. Christian fut soulagé de le voir partir. Un olibrius en moins. Une partie de la salle s'était levée, certains suggéraient de passer dès que possible à l'église pour mettre cette histoire au clair. Christian pensa à ses poules sur leur caillebotis. Il en avait marre tout d'un coup.

— Écoutez, nous sommes tous fatigués, je vous propose de conclure. Merci à tous d'être venus, dans l'immédiat nous n'avons pas suffisamment d'éléments pour…

Des cris montèrent. Comment ça, pas d'éléments suffisants ? Une église classée, l'ancienne boulangerie, et maintenant peut-être les vestiges d'anciens bains publics, est-ce que cela n'était pas amplement suffisant pour concourir au titre des Plus Beaux Villages de France ? La suite n'était qu'affaire de volonté, pourquoi manquer cette occasion d'embellir Lassègue ?

La fierté des habitants s'était redressée d'un coup, tel un râteau oublié sur lequel un maladroit aurait posé le pied et c'est Christian qui se prenait le manche en pleine poire. "Un vote !" proposa quelqu'un. Et d'autres reprirent : "Un vote, un vote, un vote !" C'était absurde, délirant même. Combien fallait-il que leur orgueil soit blessé pour que le premier prédicateur venu le réveille. On leur promettrait de l'or caché dans les sous-sols et ils seraient prêts à retourner la terre entière, dussent-ils pour cela raser leurs propres maisons. Christian n'eut d'autre choix qu'enfiler le costume du démocrate convaincu. Un vote, il n'avait rien contre, mais en temps utile. On le hua. Quelqu'un réclama un vote à main levée, là, maintenant, tout de suite. Des acclamations accueillirent cette proposition. Lassés d'être les cocus de l'histoire, les habitants de Lassègue avaient décidé d'écrire la leur. La première page s'écrirait ici, ce soir, à la salle des fêtes.

— Qui pense que Lassègue peut devenir l'un des Plus Beaux Villages de France ?

Des centaines de mains se levèrent. Déconfit, Christian ajouta lentement sa main aux autres. Des rires et des cris de joies crépitèrent sur la voûte du plafond, on l'acclama.

Au fond de lui, Christian pensa que la défaite de son équipe face à celle de Brunois n'était que l'annonce du massacre à venir.

9

Les curieux affluèrent en si grand nombre à Sainte-Madeleine que l'évêché s'interrogea sur ce regain de foi. En temps normal, les habitants boudaient les lieux, à tel point que l'office ne s'y déroulait plus qu'occasionnellement. La paroisse de Lassègue avait toujours été à part, on n'y goûtait pas plus la soutane que le calice. De mémoire de curé, il en avait toujours été ainsi. Les racines de la foi ne prennent pas dans toutes les terres. Ici, rien ne poussait. Des années que l'on n'avait pas sollicité le curé pour un baptême ou un mariage, à croire qu'on s'y accommodait très bien du péché. Quand il se rendait à Lassègue, les rares pratiquants le dévisageaient d'un air accusateur, comme s'il avait lui-même cloué Jésus sur sa croix. C'était à n'y rien comprendre. Cet enthousiasme soudain pour l'église ne présageait donc rien de bon.

On dépêcha sur place un prêtre auquel pas un habitant ne crut bon d'expliquer les raisons de cet engouement. La lumière n'était pas avec lui, jamais le prêtre ne vit le buisson ardent sous la robe de sainte Madeleine. Il découvrit en revanche un nombre important de biscottes déposées sur l'autel entre deux cierges. Peut-être le curé avait-il manqué d'hosties lors de la dernière eucharistie ? Voyant tant de pèlerins cheminer allégrement dans les allées de l'église et se pousser du coude dans le transept, le prêtre crut bon d'improviser une messe. À peine eut-il enfilé sa robe que son auditoire avait fui. Il prit Jésus à témoin, "Tu vois, moi aussi ils m'ont abandonné" et, parce qu'il avait faim, croqua négligemment dans une biscotte.

Quelque chose ne tournait pas rond dans la paroisse de Lassègue. En plein cœur de l'automne, il y flottait un parfum de printemps. Une sève précoce montait dans les bourgeons. Même les poules de Christian étaient prises d'élans de tendresse. Elles se frottaient à ses jambes dès qu'il mettait les pieds dans le bâtiment, réclamant sa caresse.

Leur chair est tendre parce que les poules sont sensibles. Peut-être sentaient-elles son désarroi. L'élu avait du vague à l'âme, ce mandat sentait à plein nez le mandat de trop. Finir sa carrière sur un tel loupé le désolait. À coup sûr on ne retiendrait que ça, l'imposture absurde à laquelle il se prêtait, poussé par ses concitoyens, un mot qui, lui semblait-il de plus en plus, aurait gagné à être séparé en deux termes distincts. Nul doute que la postérité le tiendrait pour seul responsable de l'échec à venir. Des années pour se dorer d'un vernis respectable et tout allait couler, révélant l'usure.

C'était lui qui était aux avant-postes, lui qui encaissait la morgue et le mépris. On l'avait toujours pris de haut, éleveur de poules et élu d'une commune rurale, deux belles occasions de se payer sa tête. Il s'agitait en vain devant le préfet ou les autres élus pour défendre Lassègue. Le village ne pesait rien. Au mieux, on lui faisait l'aumône. Les sujets qu'il agitait devant le conseil de l'agglomération n'étaient jamais à l'ordre du jour. Le plus souvent, on balayait ses demandes d'un revers de main.

La candidature de Lassègue, voilà par contre qui les intéressait. On lui donnait maintenant la parole à brûle-pourpoint, le sourcil relevé, l'œil goguenard : comment donc la commune allait-elle accomplir ce petit miracle ? "Dites-nous, nous serions très curieux de vous entendre." Christian restait droit dans ses bottes. Pas question de baisser le nez devant eux. Il s'entendait proférer des inepties avec l'aplomb d'un ténor de la politique. Lassègue pourrait créer la surprise, la commune recelait des trésors insoupçonnés, l'élan des habitants était remarquable… Presque du Titi dans le texte.

Tellement convaincant qu'il n'était pas loin d'avoir envie de se gifler. Sans savoir pourquoi, Christian savonnait lui-même la planche sur laquelle on s'empressait de le pousser. Le maire de Brunois le pressait de questions faussement naïves avec le ton que l'on réserve au dernier de la classe. Christian s'entêtait : Lassègue n'avait pas encore abattu son jeu, on allait voir ce qu'on allait voir. Comme si sa commune avait déjà eu en main autre chose que des mauvaises cartes.

Jamais il ne s'était senti si proche de ses poules. Il passait plus de temps que de nécessaire à l'élevage, observant les œufs rouler sur les tapis automatiques devant l'œil rond des poules. Il ne retournait à la mairie que poussé par ses filles qui s'agaçaient de le voir traîner son âme en peine. Elles avaient été mordues elles aussi. Quand il les avait informées de la candidature de Lassègue avec le ton dramatique approprié, Delphine, l'aînée, avait répondu "Pourquoi pas, c'est une bonne idée", avec le même enthousiasme béat que s'il avait annoncé se mettre aux claquettes. *Pourquoi pas, c'était une bonne idée ça aussi, un petit feu de palettes devant la mairie, deux guitares et il danserait devant les flammes comme un beau diable en tapant du talon*. Quant à Martin, difficile de savoir ce qu'il en avait pensé. Il regardait son père comme s'il était un être d'un autre monde et que ce qui lui arrivait lui était étranger. Tout lui semblait égal. Il ne se prononçait déjà pas quand on lui proposait de reprendre du dessert, alors la candidature de Lassègue…

Didier proposa de participer à l'élaboration du dossier avec sa classe. Christian faillit lui demander s'il ne serait pas préférable que ses élèves travaillent le sens logique qui semblait tant faire défaut à leurs parents. Au lieu de quoi, il se contenta d'acquiescer.

En classe, l'attitude des enfants changea. Didier le sentit à des détails : ils y croyaient. Malgré les sarcasmes, les sourires en coin, l'idée était en eux maintenant, elle les tenait. La salle de classe se transforma en scène de crime. L'anatomie du corps maigrichon de Lassègue s'étalait sur le sol, débitée en morceaux sur de grandes feuilles blanches suturées par des morceaux de scotch. On cartographiait le village. L'aire de jeux et le terrain foot pour les poumons, l'école pour la tête, la supérette pour l'estomac, la rue principale pour l'intestin. Pour le cœur, on ne savait pas encore.

Didier avait prévenu ses élèves :

— Les chances que Lassègue passe le premier tour sont faibles.

— Une chance sur combien ? avait demandé Timéo.

Le coach avait réfléchi en se tapotant le menton :

— Une sur dix peut-être.

— Plutôt une sur mille, avait rétorqué Timéo sans que ça ne paraisse le décourager.

Les élèves s'y étaient mis avec cette assurance tout humaine que donnent les nouvelles certitudes. Quand Didier avait-il arrêté d'y croire, lui ? Sa jeunesse s'était résumée au foot. Rien n'existait autour, le monde se réduisait au rectangle du mur de frappe. Chaque fois qu'il partait courir, Didier s'éloignait davantage de Lassègue, il agrandissait sans cesse la distance entre le village et lui. Il tournait en satellite autour sans jamais pouvoir s'en arracher. Il avait refusé d'autres propositions de clubs. Les années passaient, sa chance ferait de même, Didier le savait. Il ne devait rien à personne, c'était sa vie, il se le répétait souvent. Pourtant, il était encore là le lendemain, les jambes comme deux poteaux de but coulés dans le béton de Lassègue.

Un centre de formation l'approcha la veille de ses seize ans, une chance, la dernière. Après deux nuits blanches, Didier se confia à sa mère, à sa manière, à la dérobée. Chez lui, on ne parlait des choses sérieuses que de cette façon, entre deux portes, pour pouvoir s'échapper plus rapidement. "Veux-tu y aller ?" En baissant les yeux, il répondit à sa mère qu'il ne savait pas.

Son père l'attrapa le jour même : "Si t'as envie de partir, tu pars, personne te retient." Cela suffisait, il n'en dit pas davantage. À cette période, Didier avait déjà commencé à prendre le village en horreur. D'où que rayonne le soleil, Lassègue restait dans l'ombre, la lumière n'y perçait pas. Il rumina sa décision, une résolution chassait l'autre, il n'en sortait pas. Son indécision le faisait pleurer de rage. Il attendit le dernier moment pour donner sa réponse. Un "non" douloureux sortit de sa bouche. Au village, personne ne lui demanda pourquoi. On fit semblant de croire qu'il avait fait ce choix pour le club.

Son père ne fit aucun commentaire. À table, le moindre bruit de couvert devint insupportable. La maison sombrait. Les mastications emplissaient le vide pendant que l'eau montait jusqu'à la taille. Didier n'avait pas la force de détester son père, pas encore, il voulait simplement fuir, partir loin de ce village de merde, merde aussi au foot, merde à son père. Il prit le prétexte d'études pour étirer la distance entre Lassègue et lui en espérant que le fil casserait pour de bon. Il revint occasionnellement, puis plus du tout. Le fil cassa. Des années plus tard, la mort de son père le ramena. Un infarctus, le troisième. Des mains inconnues serrèrent les siennes, on le plaignit, compatissant à une peine que lui ne ressentait pas.

Didier était revenu plus souvent ensuite, avait renoué avec des copains perdus de vue. Sa mère était maintenant seule dans une maison vide, arpentant une cuisine qu'elle n'avait jamais fini d'astiquer. Didier la poussait à sortir, marcher, lire, jardiner : "N'importe quoi mais fais quelque chose, maman, tu ne peux pas rester plantée là pendant des heures." Elle le laissait parler comme elle avait toujours laissé les hommes parler pour elle.

Quand un poste se libéra à l'école de Lassègue, Didier le plaça en tête de ses vœux. Pour sa mère, disait-il, sans que cette explication ne le convainque tout à fait lui-même. Le village n'avait pas changé, il avait d'ailleurs le sentiment qu'il ne changerait jamais. À l'école, les enseignants ne faisaient que passer. Aucun d'eux ne voulait s'enterrer là, c'était la formule employée. Avant de rencontrer Cécile, Didier ne parlait pas différemment.

Le fantôme de son père avait ri sans doute en le voyant enfiler des années après lui le survêtement de l'entraîneur de Lassègue. Un retour par la petite porte. Il l'avait ouverte quand leur fils avait commencé à taper dans le ballon. Le club manquait de volontaires, il s'était entendu se proposer. Trop de voix parlaient en lui pour qu'il puisse clairement distinguer la sienne. Il s'était retrouvé sur le bord du terrain, là même où se tenait son père, se demandant ce qu'il venait chercher là. À voir son regard fouiller la pelouse, on aurait pu croire qu'il y cherchait des fantômes.

Cécile ne comprenait pas qu'il y consacre tout ce temps. Les années passant, il ne quittait même plus son fichu jogging. Fallait-il qu'elle enfile à son tour un maillot pour qu'il la regarde à nouveau ? Toutes ces années consacrées à l'école, au foot, et maintenant ça, cette histoire absurde, ce conte pour enfants, Lassègue, plus beau village de France. Même Nathan, du haut de ses seize ans, s'en était mêlé. Perdre son temps avec des trucs pareils, c'était complètement idiot. "Tu ferais mieux de t'occuper de maman", voilà ce qu'il avait failli balancer. Il savait que le coup aurait porté. Son père croyait quoi à la fin, qu'il ne se rendait compte de rien ?

Cécile était revenue à la charge. Savait-il au moins pourquoi il s'embarquait là-dedans ? Didier n'avait pas voulu répondre à cette question et à tout ce qu'elle comportait de sous-entendus. S'il les laissait aller, il savait trop où les mots risquaient de les mener.

10

Depuis qu'il avait écrit un article érudit sur les vitraux de Lassègue, il n'était pas rare qu'on vienne toquer à la porte d'Adrien. Deux articles en un mois, la promotion n'était pas loin. "On pensait faire un tour à l'église, tu nous montrerais ?" Un œil à sa montre, Adrien faisait mine d'hésiter, il était un peu pris mais ça irait. On jetait un regard à ses pantoufles trouées avant de le suivre.

À ceux qui ne voyaient rien, clignant des paupières devant les vitraux, Adrien répondait qu'ils n'avaient pas suffisamment la foi. Lui aurait pu les décrire les yeux fermés. Il avait fait émerger les anciens bains publics de Lassègue des zones marécageuses de l'histoire en comblant les manques par des déductions qui répondaient moins aux règles de la raison qu'aux impératifs du récit. Toute vérité historique n'étant toujours qu'une construction *a posteriori*, Adrien ne voyait pas de raison de ne pas asséner à son tour la sienne. Il avait étoffé son propos en s'appuyant sur des recherches médiévistes. Son salon était plein de vieux livres, personne ne savait ce qu'ils contenaient, mais ça avait l'air sérieux. Devant les plus curieux, Adrien faisait rapidement défiler les pages, s'arrêtant sur une gravure, la commentant, avant de prestement refermer le volume. Sans cette caution scientifique, le premier jury aurait eu tôt fait de balayer d'un revers de main sa thèse aussi bancale qu'audacieuse. La documentation, les références, les notes apporteraient la rigueur qui manquait au dossier de candidature de Lassègue. Le comité de sélection des Plus Beaux Villages de France allait en prendre plein les mirettes. En attendant, c'était au tour des habitants de faire le plein de beauté.

La première visite guidée s'improvisa entre voisins, Adrien en tête de cortège, Titi à la traîne avec Sandrine. D'autres habitants les rejoignirent en chemin, une bonne vingtaine, jusqu'à ce qu'ils s'engouffrent dans la gueule grise de l'église avec dans les yeux une excitation enfantine. Une colonie de vacances dont Adrien était le guide. On avança dans la nef sombre comme on se serait aventuré dans la maison hantée d'un parc d'attractions, prêt aux horreurs les plus réjouissantes. En bas des vitraux, le brouhaha s'estompa de lui-même. Adrien avait le trac. Il n'était pas habitué à ce qu'on en attende tant de lui. Il s'éclaircit la voix avant de commencer un laïus qui ne devait rien à l'improvisation.

— Nos ancêtres du Moyen Âge sont affublés de bien des tares. On les imagine bêtes, crasseux, balourds, des paysans qui n'ont pour seul horizon que le bout de leur champ, pour toute lumière que celle qu'on leur sert lors d'offices religieux. Des ignorants qui croient la Terre plate. Nous les sous-estimons beaucoup. Nos ancêtres savaient la Terre aussi ronde qu'une boule en bois, ils n'avaient rien non plus des malpropres que l'on imagine. Cette erreur d'appréciation ne doit rien au hasard, chaque génération se charge d'enfoncer la précédente et l'on peut prédire que celles à venir ne nous épargneront pas.

À l'époque dont nous parlons, Lassègue n'était qu'une bourgade, une centaine d'âmes à peine, sans notable ni nobliau. De la terre à défricher, ratisser, cultiver, quelques échoppes, deux ou trois maisons offrant leur cuisine en guise de taverne, pour le reste, rien. Aussi, quand une femme a imaginé y ouvrir des bains publics, sans doute lui a-t-on ri au nez comme on rit aujourd'hui au nez de ceux qui pensent que Lassègue pourrait faire partie des Plus Beaux Villages de France.

Les bains de Madeleine Sagnant, c'est le nom de leur tenancière, n'avaient rien de luxueux. Une baraque en pierre et en bois, simple mais robuste, non loin de la rivière pour remplir plus facilement les énormes cuviers faisant office de baignoire. Madeleine ne ménageait pas sa peine pour acheminer l'eau ni pour la faire chauffer dans l'immense cheminée dont elle entretenait constamment le foyer. Voilà que, grâce à ses efforts, un privilège de grand bourgeois devenait pour quelques sous à la portée de tous. Imaginez le plaisir de se plonger dans une eau brûlante dont les volutes parfumées embrumaient toute la pièce après une journée harassante. De quoi mieux supporter l'ordinaire.

L'aura des bains de Lassègue a rapidement atteint les villages alentour. On ne trouvait alors des bains publics que dans les grandes villes, chez les seigneurs, sûrement pas au milieu de la cambrousse. Petit à petit, Madeleine a transformé l'humble cabane en auberge. On parlait d'une baignoire à l'autre, mangeant et trinquant au-dessus de grandes planches posées en travers des cuviers en guise de tables. Comme vous le verrez bientôt sur le premier vitrail, les cuviers accueillaient sans difficulté aucune plusieurs baigneurs. Hommes et femmes n'y faisaient pas secret de leur pudeur. La nudité ne choquait pas davantage l'église qui possédait d'ailleurs elle-même des bains mixtes dans d'autres villes. Après tout, ni Ève ni Adam n'étaient nés habillés et l'on prêtait à leurs descendants la même innocence.

À ce moment du récit d'Adrien, les visiteurs oublièrent l'église sombre dans laquelle le froid les mordait jusqu'à l'os. Ils sentaient la chaleur des bains de Madeleine. Du coin de l'œil, Adrien surveilla l'apparition du soleil pour ne pas gâcher son effet.

— Doit-on le regretter ? L'innocence n'est pas de ce monde. Loin de les amollir, l'eau chaude a réveillé en eux les voluptés endormies.

D'un geste théâtral, Adrien désigna le vitrail au-dessus d'eux :

— Que la lumière soit !

Un rayon de soleil frappa le carreau, révélant à l'arrière-plan du vitrail les formes dessinées par un étonnant jeu de lumière.

Là où un regard furtif n'aurait perçu qu'un intense miroitement, les visiteurs attentifs distinguèrent nettement les contours de silhouettes dont la posture ne pouvait prêter à confusion.

— Cette révélation, nous la devons à la lithophanie, une technique astucieuse qui permet de faire apparaître les images gravées en fonction de la source lumineuse. Dans les bains publics de Madeleine, ce sont les désirs, tout autant que les corps, qui se révélaient. Profitons de l'éclaircie, suivez-moi jusqu'au vitrail suivant.

De telles gravures, dans le sein même de l'église, on n'en revenait pas. Comment de tels détails avaient-ils pu leur échapper ? Tous les visiteurs se posaient la question. Sandrine y avait répondu en serrant le bras de Titi : "Ce qui est sûr, c'est qu'une fois qu'on les a vus, on ne voit plus qu'eux."

— Hélas, reprit Adrien, les bonnes choses ne durent jamais. L'église n'a pas goûté le sens de l'hygiène des habitants de Lassègue. Elle a d'abord tenté de mettre un terme à la mixité des bains. Peine perdue, le pli était pris, pas plus les clients que les clientes ne voulaient renoncer à leurs habitudes. Les épidémies décimant alors des populations entières, on a prétendu que, l'eau chaude dilatant les pores de la peau, la peste s'y infiltrait aisément. Que les bains ferment ou on sévirait ! Madeleine Sagnant a ignoré les prescriptions de ces piètres médecins. L'Église, qui se targue pourtant de guérir les âmes, a toujours été plus proche du mal que de son remède. Elle a été prise d'une de ces crises de vertu qui font chaque fois saigner à blanc l'histoire. Madeleine a été jetée sur le banc des accusés, sommée de justifier l'odieux libertinage dont ses clients faisaient cure avec une indécente liberté. J'ai retrouvé la transcription d'un témoignage lors du procès, écoutez plutôt : *"On oyait crier, hutiner, saulter, tellement qu'on était étonné que les voisins le souffrissent, la justice le dissimulât, et la terre le supportât."* Pouvez-vous imaginer un tel paradis en lieu et place de l'église où nous nous tenons aujourd'hui ? Car oui, les bains publics se tenaient là, à la place de cette église qui en a précipité la fin.

La colère de ses juges s'est abattue sur Madeleine de manière impitoyable. Démolir les bains ne leur a pas suffi. Pour l'Église, l'eau, comme la mort, purifie. Madeleine Sagnant, la tenancière du plus beau lieu qu'ait jamais connu Lassègue, a été condamnée à l'une des pires morts qui soient : la mort par noyade. L'histoire ne dit pas si la sentence a été exécutée mais le dernier vitrail, lui, vous le dira.

À ce stade du récit, Adrien s'avança d'un air grave vers l'autel. Au fond de l'abside, à l'extrémité du chœur, le dernier vitrail rayonnait. À genoux, les yeux tournés vers le ciel qu'elle implorait, une sainte pleurait. Derrière elle, la rivière butait sur une forme sombre qui ralentissait le cours de l'eau.

— Ainsi en va-t-il de l'histoire dont aucun cadavre ne saurait durablement détourner le flot. Allez savoir si ce n'est pas tout le cours de Lassègue qui a été changé…

Il n'échappa à personne que la tenancière des bains publics portait le même prénom que la sainte patronne de l'église de Lassègue.

— C'est exact, confirma Adrien. Quelle meilleure manière d'enterrer la mémoire ? L'église a été construite sur les ruines des anciens bains publics. Pour parachever l'œuvre, on a attribué à l'église le patronage d'une fille de joie repentie, Marie Madeleine. Repentie, Madeleine Sagnant ne l'était sûrement pas. Et si son esprit rayonne encore dans les profondeurs de Lassègue, ne devrions-nous pas tous rendre hommage à son martyre ?

Les visiteurs repartirent de cette visite avec des yeux fripons. Ils ne verraient plus leur église et son haut clocher de la même manière. Adrien pensa que si leur regard pouvait aussi facilement changer, il ne lui restait qu'à récrire toute l'histoire de Lassègue.

11

À la broyeuse ! Voilà la destinée qu'aurait dû connaître la nébuleuse candidature de Lassègue. Telle avait été la première impulsion des membres de la commission quand ils avaient tenu en main ce torchon. Le dossier était vide, deux monuments sans aucun intérêt, pour le reste, des fariboles, de l'encre gâchée pour rien. On leur faisait perdre leur temps. La reconnaissance du label ne valait que par son excellence, son impitoyable sélection était le prix de sa réussite. Hors de question de faire entrer un germe pernicieux sur un corps sain. L'élite devait se méfier de la gangrène, un seul tissu atteint et la contagion putréfierait jusqu'au cœur de l'organisation.

Jamais on n'avait reçu de dossier aussi inconsistant, négligeable, faible. À l'image sans doute des plaisantins qui l'avaient rédigé. Et que dire de cette fable sur d'anciens bains publics dont il ne subsistait pas une seule trace authentique ? À ce train-là, pourquoi ne pas faire entrer au Panthéon des plus beaux villages de France n'importe quel patelin en inventant sous sa couche des trésors cachés, des cités englouties ?

Le plus triste était d'avoir fait tremper les enfants de l'école dans cette misérable combine. Les dessins s'échappaient du dossier par dizaines, vifs, colorés, emplis d'une naïveté confondante sans nul doute inspirée par la bêtise de leurs aînés. Qu'un instituteur ait pu participer à cette mascarade défiait toute logique. N'aurait-il pas dû au contraire, fort de ses qualités de pédagogue, ramener les habitants de Lassègue à la raison ?

On pouvait certes avoir de la sympathie pour un cancre, mais enfin, de là à récompenser une rédaction si brouillonne… La commission n'était pas prête à franchir ce pas. On s'apprêtait à rayer d'un trait définitif cette candidature absconse quand l'un des plus éminents membres de la commission, le maire de Brunois, intervint.

La candidature de Lassègue était iconoclaste, il en convenait, voire tout à fait farfelue. Néanmoins, elle remplissait les trois premiers critères de sélection. Des voix s'élevèrent aussitôt. Ça n'avait aucun sens ! Les trois premiers critères certes, mais tous les autres ? Le maire de Brunois leva les deux mains en signe d'apaisement, un geste qu'un élu de son rang se devait de maîtriser à la perfection.

— Laissez-moi terminer, mes amis, je comprends votre embarras, et je le partage. Une candidature pareille est un affront.

On acquiesça avec fermeté. Un affront, le mot était juste.

— Le plus simple, vous avez raison, serait d'en rester là, de rejeter cette candidature et de classer l'affaire. Mais il me semble que l'on passerait à côté de l'opportunité de rappeler quelle ligne préside à la destinée de nos villages. La rigueur dans l'attribution de notre label contribue à sa notoriété, nous avons la responsabilité d'en protéger l'image de marque. Un patrimoine architectural remarquable au sein d'un espace préservé, voilà l'écrin dans lequel nos communes labellisées prospèrent. Lassègue veut y prétendre ? C'est son droit le plus strict. Laissons-le aller au bout de sa démarche, il se condamnera lui-même au ridicule et la leçon instruira davantage.

La proposition fit débat. C'était une première, nul village ne disposant pas d'un patrimoine et d'un cadre exceptionnels n'avait eu jusque-là l'outrecuidance de candidater. La commune de Lassègue se présentait à un mariage auquel elle n'était pas attendue, dans un costume passablement usé. Pourquoi ne pas la laisser s'humilier ? Qu'elle s'élance donc sur la piste à l'ouverture du bal, on verrait bien alors où son toupet la mènerait. L'idée était tentante, plaisante même. Cela pourrait être cocasse, voire franchement distrayant, édifiant à n'en point douter. Et puis on admit qu'après tout Lassègue avait rempli les trois conditions éliminatoires, la sélection devait suivre son cours. Une expertise suivrait, les membres de la commission profiteraient eux-mêmes de la visite sur place.

Ainsi la candidature de Lassègue échappa-t-elle à la broyeuse, en vertu du fait qu'il existe mille et une autres façons plus originales de broyer.

12

— C'est quoi ces conneries, Didier ?

Christian tenait en main le courrier qu'il venait de leur lire. La douche froide. Aux cris de joie des Chardons avait succédé une expression soucieuse. Le visage rembruni, ils se tournèrent vers leur entraîneur, attendant qu'il s'explique. Titi prit le courrier des mains de Christian pour juger par lui-même. Derrière lui, les autres lurent par-dessus son épaule :

— *"Qualité des abords et des accès du village"*, *"Diversité des cheminements"*, *"Homogénéité du tissu bâti"*, *"Harmonie des couleurs de façades"*, *"Mise en discrétion des réseaux électriques et téléphoniques"*, *"Traitement esthétique de l'éclairage public"*... Tu dis qu'il y a combien de critères comme ça à remplir ?

— Vingt-sept, répondit Christian.

— Mais on n'a rien de tout ça.

— Je te le confirme.

— Et elle a lieu quand, cette visite ?

— Dans six mois.

— Là, on va vraiment passer pour des cons.

Comme si ce n'était pas déjà le cas, pensa Christian. Il aurait pu enfoncer le clou, leur dire à tous qu'il les avait prévenus, qu'une fois de plus, ils n'avaient rien écouté. Il n'en avait pas la force. Il s'était attendu à une lettre de refus poli, la commission allait gentiment les envoyer promener et on passerait enfin à autre chose. Comment aurait-il pu en être autrement ?

Quand Julia avait apporté l'enveloppe décachetée dans son bureau, il avait lu sur son visage la catastrophe. Son intestin s'était serré d'un coup, le sphincter contracté, un vrai couperet. La réponse de la commission l'avait mis dans une colère terrible sur laquelle la secrétaire avait préféré refermer la porte. Il leur en avait voulu à tous de les avoir embarqués dans ce merdier. Ceux qui siégeaient à la commission des Plus Beaux Villages de France se payaient leur tête. Lassègue était à la ramasse, ils ne pouvaient l'ignorer. Alors pourquoi donc le maintenaient-ils en course ? Une vieille carne boiteuse au milieu des étalons, voilà à quoi cela ressemblait. Pourquoi la faire courir si ce n'était pour le plaisir de l'achever ?

"Nous avons l'honneur de vous informer que la candidature de votre village a été retenue. Une expertise sera menée sur place afin d'apprécier en toute objectivité :

– l'importance, la valorisation et l'accessibilité du patrimoine,

– la qualité du village sous le double angle de l'urbanisme et de l'architecture."

Il n'avait pas lu la suite, une tartine indigeste du même tonneau. Il avait voulu décrocher son téléphone pour tout annuler, qu'on en finisse et vite, avant de suspendre son geste. Se dédire après toutes les âneries qu'il avait lui-même débitées, de quoi aurait-il eu l'air ? Des heures étaient passées dans son bureau sans qu'il ne parvienne à la moindre décision. Il se sentait vide et passablement déprimé. Un instant, il avait pensé à sa femme. Son absence lui avait cisaillé le ventre, il avait lutté pour chasser son image de son esprit. Elle aurait ri sûrement du piège dans lequel il s'était laissé prendre, Lise riait de tout, c'était sa manière de conjurer le sort. Elle refusait de s'empoisonner comme lui l'esprit avec des tracasseries. Christian avait entendu le rire de sa femme, franc, éclatant, et refermé aussitôt la porte qui s'était ouverte sur ses souvenirs. Il était passé de la mairie au stade sans prendre la peine de récupérer son sac de sport. Il n'avait aucune intention de s'entraîner et, désormais, il était probable que les Chardons n'en aient pas davantage envie. Les mines étaient défaites. Seul Adrien grattait son calepin dans son coin avec un détachement royal. Christian lui posa une question dont il connaissait d'avance la réponse :

— Qu'est-ce que tu fais ?

— Je prends des notes pour un papier. Tu pourras me donner une copie du courrier ?

Christian mit la lettre en boule et la lui jeta :

— Tu ne crois pas que ça suffit comme ça ? Tu veux qu'on se ridiculise un peu plus ?

— Ils entendent quoi par *"mise en discrétion des réseaux électriques"* ? demanda Mouss.

— Plus aucun câble ne doit être visible, faut tout enterrer, lui répondit Titi. Adieu les poteaux et les fils qui pendouillent entre les maisons.

— Ça ne serait pas un mal, apprécia le capitaine des Chardons.

— Bien sûr, les gars, on n'a qu'à faire ça, ça nous coûtera quoi, un ou deux millions, tout au plus ? On s'en fout, la commune est riche. Et puis après ça, on végétalisera les rues, des fleurs à chaque carrefour, des murs en guimauve, des volets en pain d'épice, même les licornes viendront les brouter.

— Je dis pas ça, Christian, mais il y a sûrement du bon à prendre, faut voir.

— Tout ce qu'il y a à prendre, c'est un bon coup de pied au cul. La visite ne servira qu'à une chose : nous enfiler le bonnet d'âne jusqu'au col. Adrien, tu n'es quand même pas en train de noter ce que je dis ?

Adrien redressa la tête :

— Je n'ai pas eu le temps. Tu as dit quoi après "coup de pied au cul" ?

— Continue comme ça et tu recevras le premier.

Aziz s'approcha de Didier :

— Tu savais qu'il y avait tout ce bazar ensuite ?

L'entraîneur acquiesça sans se départir d'un sourire fatigué.

— Pourquoi tu nous as envoyés au casse-pipe, si tu savais que c'était perdu d'avance ?

Cette question, tous les Chardons se la posaient. Ils allaient dire quoi à leurs gosses ? Parce que les gamins seraient ravis, sûr et certain, on avait passé les éliminatoires et ils s'y verraient déjà, "On est en finale", et rien d'autre ne compterait.

— Comment tu vas expliquer demain à tes élèves, nos gosses, qu'on a passé le premier tour uniquement pour se prendre une rouste au second ?

Didier répondit enfin :

— Si je raisonnais de cette façon, il y a longtemps que je ne serais plus ni entraîneur ni enseignant. Vous connaissez la chanson, des années que je vous la chante avant d'entrer sur le terrain : aucun match n'est perdu avant d'avoir été joué.

Plusieurs joueurs se récrièrent.

— Arrête, Didier !

— Pas à nous !

Le doigt d'Aziz pointa l'entraîneur.

— Là, je ne te suis pas. Les matchs perdus d'avance c'est notre spécialité, ça se voit bien à nos tronches, non ? Sur le terrain, au travail, partout on perd, alors le petit couplet du tout est possible, non merci. Tout n'est pas possible, sûrement pas, et tu le sais très bien.

La colère d'Aziz était sortie d'un coup. Christian lui posa la main sur le bras, il comprenait sa réaction. La semaine passée, Aziz lui avait déclaré sur l'air de la blague que si Lassègue décrochait la timbale, il rouvrirait le restaurant à l'abandon, nappes à carreaux et tout le toutim, ça ne désemplirait pas. Voilà comment, sur la base de trois fois rien, on se prenait au jeu, en espérant. Ils s'étaient monté la tête pour rien.

— Honnêtement, je ne pensais pas qu'on passerait le premier tour, reconnut Didier. Mais ça nous a donné de l'élan et, pour une fois, j'ai vu les enfants un peu fiers de leur commune, un peu fiers de ce qu'ils sont. Ils y croient c'est vrai, et c'est tant mieux. Qu'est-ce que vous voulez ? Que je leur dise que leur village est moche, que peu importe leur envie, leur talent, quoi qu'ils fassent pour eux la route est toute tracée, ils n'iront pas plus loin que leurs parents ?

Didier marqua une pause, ses yeux se perdirent au-dessus des joueurs.

— Je crois que ce que veut dire Didier, intervint Titi, c'est que ce n'est pas parce qu'on a déjà un pied dans la tombe qu'on doit s'y coucher.

Le silence plana un moment dans le vestiaire, s'appesantissant sur les épaules tombantes des joueurs. Ce soir, les taupes dormiraient tranquilles, il n'était plus question de rejoindre la pelouse éclairée inutilement par les projecteurs que Didier avait allumés en arrivant. Un terrain vide gagné par l'obscurité, voilà l'étrange spectacle qu'offrait ce soir le stade de Lassègue. Seul le vent y jouait, soufflant jusqu'aux cages des buts dont il agitait en vain les filets.

— Au point où on en est, autant aller jusqu'au bout, trancha Titi.

Christian secoua la tête, il n'en attendait pas moins de lui. Un seul nid de guêpes à dix kilomètres à la ronde et Thierry serait le premier à y plonger la main.

— On n'a qu'à prendre un à un les points de leur liste à la con et en profiter pour refaire une petite beauté à Lassègue.

— Tu rêves, coupa Christian avec dans la voix moins de colère que de lassitude.

— Repeindre quelques façades, planter des fleurs, ce n'est pas non plus mission impossible.

— Tu ne veux pas arrêter de faire l'idiot ?

— Tu sais bien que chaque village doit avoir le sien. Alors à moins que tu veuilles prendre ma place, je vais continuer encore un peu.

Quelques rires résonnèrent dans les vestiaires. Titi poursuivit :

— On n'a pas grand-chose, d'accord, mais si on s'y met tous, on peut le transformer, le village. Lassègue ne sera peut-être pas la reine du bal, mais au moins elle aura dansé.

— Ça fera une très belle épitaphe, lança Christian.

Titi lui sourit et le maire identifia dans ce sourire la résolution sans faille des imbéciles.

— Même si on se ramasse, on aura au moins fait ça, perdre en beauté.

Le capitaine des Chardons prit les autres joueurs à témoin :

— On a déjà les deux pieds dedans, alors allons-y gaiement, ne serait-ce, comme dit Titi, que pour la beauté du geste. Christian, tu en penses quoi ?

Le maire leva vers eux sa face fatiguée :

— Je n'ai plus envie d'y penser. Allons plutôt boire un verre, je vous invite.

Des acclamations accueillirent sa proposition. Des mois qu'ils n'avaient pas mis le pied chez Christian. Depuis que Lise était partie, il ne recevait plus et il ne répondait pas davantage aux invitations.

Martin était dans le salon à leur arrivée. Didier l'avait eu en classe, un garçon discret, absent, que la perte de sa mère avait renfermé un peu plus. À quoi occupait-il ses journées ? Mystère, Christian n'en parlait jamais. Quand on le croisait au hasard des rues, il paraissait marcher sans but, avec une nonchalance qui tranchait avec le pas énergique, presque militaire, de son père. Les vétérans ne laissèrent pas Martin se défiler. Qu'il ne les abandonne pas entre vieux. Eux étaient revenus de tout, des revenants, voilà à quoi ils ressemblaient, il leur fallait du sang neuf. Il allait quand même bien partager un verre avec eux ?

Ils burent suffisamment pour que les plus fumeuses des idées leur paraissent lumineuses. Et ceux qui n'y croyaient pas n'étaient pas d'humeur à rabattre l'enthousiasme des autres. Martin se laissa prendre à leurs bavardages. La tête lui tournait légèrement. En avait-il, lui, des idées pour faire accourir les touristes à Lassègue ? Les yeux de Martin se posèrent sur une photo de sa mère. Il la fixa assez longtemps pour avoir l'impression qu'elle sortait du cadre. On lui répéta la question. Une idée ? Il promit d'y réfléchir.

Les poules de l'élevage se tassèrent sur le caillebotis, cernées jusque tard dans la nuit par les éclats de voix s'échappant de la maison. Didier partit le premier. Il traversa Lassègue dans l'obscurité, d'un pas moins assuré qu'il ne l'aurait voulu. Sous la couverture pelucheuse de la nuit, son ombre et lui ne faisaient qu'un. Ils arrivèrent ensemble devant la porte de sa maison, hésitant l'un et l'autre. L'ombre le précéda, ce fut elle qui grimpa d'abord les marches qui menaient aux chambres. Elle s'arrêta devant la porte de celle dans laquelle il ne dormait plus depuis des mois. Didier laissa l'ombre là, à ses regrets, il gagna son bureau où il déplia le canapé, avant de s'y affaler.

Après avoir annoncé à plusieurs reprises son départ imminent, Titi fut le dernier à quitter les lieux. Christian insista pour qu'il mange quelque chose avant son embauche de cinq heures, pour éponger. Il fit réchauffer des restes qu'ils partagèrent dans la cuisine en revenant à des banalités. L'usine ? On faisait aller. Et les poules ? Elles se passaient très bien de lui, et Christian s'était demandé sans le formuler si les habitants de Lassègue n'étaient pas en train de faire de même avec leur maire.

Titi arriva à son poste en bâillant. Une nuit blanche, tant pis. Cette couleur collait bien à l'usine. La machine l'attendait, imperturbable, débitant ses biscottes avec une régularité monstrueuse, le ramenant à la réalité de sa vie, de ses choix, à la somme de ce qu'il avait pu et de ce qui lui avait échappé. Il eut pour la millième fois l'envie de lui tourner le dos, de foutre le camp. Mais à quoi bon remuer un couteau qu'il ne pouvait retirer ? Il était trop fatigué pour réfléchir. Il fallait tenir, voilà tout, tenir jusqu'à l'heure de la débauche, comme tenaient des millions d'autres dans les usines, sur les chantiers, dans les exploitations agricoles, debout sans plus savoir ce qui les maintenait encore sur leurs guibolles. C'étaient eux les petites pièces de la machine, curieux rouages qui s'écrasaient les uns dans les autres pour la faire tourner. Pas un n'ignorait qu'elle ne pouvait fonctionner sans eux et c'était peut-être là le drame, rester malgré tout dans l'engrenage qui vous écrase. *Des siècles que ça dure et ça marche encore. Des millions de gens se cassent le cul pour qu'une poignée n'ait pas à bouger le leur, et ça glisse comme de la soie, ça passe, tout passe. Au lieu de saboter la machine, on l'entretient. On l'entretient même si bien qu'elle nous survivra. On peut même lui donner deux doigts comme mon père, c'est le genre d'offrandes qu'elle aime. La bête est gourmande mais pas difficile, elle avale tout. Ouvrier de base ou chef de ligne, c'est toujours de la viande. Alors non, l'avenir, pas plus que le présent, n'appartient à ceux qui se lèvent tôt. Ils ne nous appartiendront que quand nous arrêterons de nous lever. Tous au pieu ! C'est la seule résolution à prendre. Et sieste générale !*

Titi bâilla une nouvelle fois. Tout ça ne faisait pas avancer l'heure plus vite. Pour que la journée coule, ne restait qu'à se faire machine à son tour. Son corps connaissait cette mécanique par cœur, il n'y avait qu'à le laisser faire. Pilotage automatique jusqu'à treize heures, il penserait plus tard. Titi ne tint pas jusque-là, il s'endormit face aux écrans de contrôle, emportant dans son sommeil le vrombissement menaçant des machines.

13

À la lecture de la lettre de la commission des Plus Beaux Villages de France en conseil municipal, le fil qui avait si solidement tenu les paupières rompit : les yeux des élus se dessillèrent. L'enchantement tombé, on ne voyait plus que les vers dans l'appétissante pomme. Par quel sortilège avait-on pu mordre dedans ?

À l'image de ces couples dont l'union doit peu au sentiment, on ne s'attachait à Lassègue que par la force du temps. Si on finissait par lui trouver du charme, ce n'était que par ce singulier amour que forge l'habitude. Parfois, grisé par une joie passagère, on le trouvait unique, admirable. Ce sentiment se dissipait tout aussi rapidement qu'il était venu, remplacé par une gêne inavouable. On n'avait pas fait le bon mariage. Ce n'était pas seulement que ses défauts vous sautaient brusquement aux yeux, ils vous blessaient personnellement. Car, enfin, la laideur de Lassègue était un peu la sienne. Les habitants éprouvaient cette honte, patiemment infusée, lentement assimilée génération après génération : Lassègue n'était rien et on n'était pas davantage. Tant que l'on restait entre soi, la honte passait, mais si on s'avisait de comparer les mérites du village à ceux des voisins, elle revenait, plus violente, vous rougissant des pieds à la tête.

La réponse de la commission à la candidature de Lassègue produisit cet effet-là. La commune n'était plus que ce qu'elle avait toujours été, un alliage malencontreux de poussières et d'hommes. Au conseil municipal, on s'étonna d'avoir pu s'embarquer dans une histoire pareille. Il fallait revenir en arrière pour ne pas ajouter au ridicule, trouver la formule adéquate pour renoncer sans se renier, les habitants comprendraient. Alors qu'on en était à chercher les noms de ceux qui avaient précipité cette candidature, Christian redevint le maire qu'il avait toujours été. Il trancha la question sans se préoccuper de l'avis des uns et des atermoiements des autres : on irait jusqu'au bout, avec nos faibles moyens, mais droit dans nos bottes, pour le pire et, si cette éventualité existait, pour le meilleur.

— Cette candidature, vous ne l'avez pas seulement voulue, vous me l'avez extorquée ! Maintenant que ça se complique, vous voudriez sortir discrètement par la porte du fond ? Je vous le dis solennellement, les habitants nous ont confié une mission, ils ont poussé de toutes leurs forces pour que l'on aille jusqu'au bout. C'était une hérésie ? Très certainement. Une bêtise complète portée par la foi de quelques égarés dont nous avons malheureusement applaudi les divagations. Il sera temps, plus tard, de réfléchir aux responsabilités de chacun. J'assumerai les miennes et je saurai vous rappeler aux vôtres. Pour l'heure, pas de désertion ni de rebuffade, Lassègue avancera, quoi qu'il en coûte ! La commune peut-elle accomplir le prodige de réaliser en six mois ce qu'elle n'a pas pu en vingt ans ? Des châteaux vont-ils lui pousser du fond des entrailles, des jardins merveilleux se mettre à fleurir, des bâtisses pittoresques remplacer les pavillons ? Les rues se rempliront-elles spontanément de touristes enthousiastes à l'idée de dilapider leurs économies dans les petites échoppes typiques que nous ne manquerons pas de créer ? Il semble bien que non. Il faudra faire avec ce que nous avons et avec ce que nous sommes, c'est-à-dire bien peu. Vous avez entendu la liste des exigences, chacun de ces critères sera un caillou dans notre chaussure, une écharde dans notre main. Je mesure autant que vous ce que ces demandes ont d'impossible. On nous met au défi de ressembler à un idéal de village fantasmé. Car c'est bien de cela qu'il s'agit, se conformer à leur norme du beau. Telle qu'elle est, Lassègue ressemble à bien des communes en France et cette banalité afflige trop sans doute pour qu'on l'affiche en une des magazines. Ce ne sont pas des gueules comme les nôtres qui font vendre parfums et pommades. Nous sommes là pour éprouver des désirs, pas pour en susciter. Vous vouliez faire partie du sérail ? Très bien ! L'opération chirurgicale sera longue et douloureuse. Sous ses bandelettes, espérons que le grand corps de Lassègue pardonnera notre inexpérience dans le maniement du bistouri et de la truelle. Car c'est une opération dont nous n'avons pas les moyens. Pas plus de grand chirurgien que de grand architecte, à chacun de se retrousser les manches. Nous n'aurons que l'huile de nos coudes et l'acier des plus belles têtes de pioche que compte la région. Après tout, nous n'avons que notre fierté à perdre, elle a déjà été si malmenée qu'on risque peu à l'exposer une dernière fois. Nous sommes au milieu de l'automne, les dernières feuilles sont à peine tombées, qui sait ce que le printemps nous apportera ? D'ici là, préparons la terre, semons et nous verrons quelles graines lancées à la volée pousseront…

Preuve qu'il avait retrouvé le plein éclat de sa fonction, Christian ne put se retenir de filer abusivement la métaphore de longues minutes encore. À la fin de son intervention, les élus du conseil municipal se regardèrent sans savoir s'il fallait applaudir au désastre.

La nouvelle se répandit dans les foyers de Lassègue, embarrassant chaque habitant. Devait-on se réjouir ou se plaindre ? L'incertitude demeurait. L'article dithyrambique qu'Adrien publia dans le journal régional acheva de mettre la commune en branle. Sous sa plume, Lassègue était aux portes de la victoire, la heurtant tant et si bien de sa volonté que soit la porte soit son crâne finirait par céder. Il était étonnant que personne au sein de la rédaction ne songe à calmer les envolées d'Adrien, à croire que pas un ne jugeait bon de les lire avant de les imprimer. Il y parlait si bien de Lassègue que rares furent les lecteurs qui le reconnurent. "J'ai préféré parler de ce qu'on ne voit pas", expliqua plus tard Adrien à Julia, ce à quoi elle ne put qu'acquiescer. La secrétaire de mairie le savait moins journaliste qu'écrivain, tout comme elle savait où il puisait ce nouvel élan.

La reconnaissance officielle de la presse locale donna l'impulsion qui manquait pour faire tomber la première pièce du domino. Qu'on le veuille ou non, l'histoire était en marche. Débutées sur les pas-de-porte, les discussions se prolongèrent dans les rues. On rouvrit bientôt la salle des fêtes pour qu'elles se déploient pleinement. La commune s'y embrasa. Le deuxième acte commençait. L'énormité de la tâche aurait dû faire tomber les bras, ils se relevèrent. Un sang nouveau, revigorant, coulait dans les veines de Lassègue. Celui qu'on avait cru moribond se redressait, entouré d'une pléthore de médecins dont chacun établissait son propre diagnostic.

Les critères de sélection des Plus Beaux Villages de France furent étudiés à la loupe, retournés en tous sens, débattus, soupesés, triés, ordonnés, hiérarchisés. Bientôt il ne fut plus question dans toute la commune que de cela. Pas un repas sans aborder la *"mise en lumière d'éléments patrimoniaux"*, pas de verre tintant l'un contre l'autre sans évoquer la *"maîtrise de la circulation automobile"*. Aucun critère ne fut écarté, on s'y confronta sans drame, sans équivoque, en se débrouillant avec de vacillantes certitudes.

Des groupes se créèrent puis, rapidement, des comités dont le rôle s'affirma au fil des semaines. Le comité "Fleurissement" fut le premier à voir le jour. Jardiniers du dimanche, amateurs d'engrais ou de permaculture s'y côtoyaient en nombre. Les propositions étaient folles, les visions prodigieuses, Lassègue tiendrait bientôt de la serre tropicale, des jardins suspendus de Babylone, de l'Éden. La commune croulerait sous les fleurs, le vent en distribuerait les parfums capiteux des kilomètres à la ronde. On libérerait les arbres des carcans de bitume dans lesquels on les avait cerclés. Les haies habilleraient à nouveau les champs. On n'en resterait pas là, des bacs à fleurs pousseraient à toutes les fenêtres, les toits communaux se couvriraient de fougère, de saxifrage et de bruyère. La cour de l'école retrouverait son érable et son carré potager.

Ces intentions prenaient d'abord forme sur le papier. Les membres du comité Fleurissement en ajoutèrent tant et tant sur le plan de la commune que l'on n'y distingua bientôt plus aucune des rues. Peu importe, il était temps de rendre à la terre ce qu'on lui avait pris. Les habitants se muniraient s'il le fallait d'une machette pour pouvoir sortir de chez eux.

Les grandes lignes tracées, on se mit à l'ouvrage. Jamais on ne tâta autant de la pelle et de la pioche, pas une paume qui ne fut couverte d'ampoules. Et combien de doigts écorchés, d'ongles cassés, de bleus et de bosses, pour rendre possible l'impensable. On fit sauter au marteau-piqueur le bitume des poumons encrassés de Lassègue. Le temps pressait. Si on avait pu, c'est tout le village que l'on aurait mis sous serre pour faire éclore plus vite les nombreuses graines semées.

Le cantonnier peinait à suivre les initiatives du comité ; un chantier à peine terminé, trois autres débutaient. Il courait sur tous les fronts, observant avec la même défiance miracles et ravages des apprentis sorciers. Il protesta lorsque des maniaques du carré potager, des thuriféraires de l'anti-limaces, des adorateurs du fongicide, voulurent répandre sur Lassègue leurs poisons. À ceux-là, il fit une chasse terrible, leur mettant sous le nez un bouchon rempli à ras bord d'insecticide : "Vas-y, une gorgée pour la terre, une gorgée pour toi, à la santé des lombrics." On n'insista pas.

Pour plus de commodité, on rassembla dans les ateliers municipaux tout ce que les abris de jardin recelaient d'outils, de sachets de graines et de sacs de terreau inutilisés. Les jours les plus ensoleillés, le village entier devenait un jardin. On s'y rompait le dos avec joie, les courbatures étaient un délice, les tendinites une apothéose.

Pendant que certains maniaient la bêche, d'autres se prirent de passion pour le rouleau. Un petit groupe résolu s'attaqua au ravalement des façades. Les murs grisâtres des pavillons disparurent sous les coups de peinture, les fissures sous l'enduit. Le budget de la commune ne lui permettant d'acheter que quelques manchons, on mit en commun les restes de peinture glanés dans le fond des ateliers. L'architecte des Bâtiments de France aurait-il approuvé que le vert côtoie le rouge, le saumon le pourpre ? La question ne lui fut pas posée. On accéléra tant et si bien la procédure de demande de travaux qu'il ne fut bientôt plus utile d'en déposer aucune. Le comité, qui hérita de l'appellation de "Gang des barbouilleurs", veillait. Rares furent les murs qui lui échappèrent. Après tout, certains villages d'Italie ne devaient-ils pas leur succès à leurs maisons pareillement colorées ? On se convainquit que oui. Certains habitants profitèrent de cette aubaine pour faire repeindre à peu de frais la façade qu'ils s'étaient de longue date promis de rafraîchir. Didier fut de ceux-là. Un dimanche matin, alors qu'il s'attelait enfin à cette tâche, des barbouilleurs le rejoignirent, armés de bacs de peinture et de rouleaux. Personne ne disposant de la même couleur, on décida que chacun peindrait de son côté de longues bandes verticales. Si le résultat esthétique ne fut sans doute pas à la hauteur des espérances (d'après Nathan, on aurait juré qu'un géant alcoolisé avait vomi sur la façade), du moins la maison devint-elle un passage obligé des balades dominicales.

Lassègue était en état de siège. On siégeait à la sortie de l'école, sur le bord des trottoirs, devant la caisse de la supérette. Une proposition, des bras levés, et un nouveau comité naissait. Personne n'était en mesure d'en suivre l'éclosion. Christian goûtait modérément cet élan démocratique. D'ailleurs, une démocratie qui échappait à ses élus était-elle encore une démocratie ? La question méritait d'être posée mais, quand Christian l'avait soumise, on lui avait suggéré d'attendre son tour de parole. Il n'eut d'autre possibilité que de lâcher les rênes qu'il avait toujours solidement tenues.

Christian intégra le comité "Développement" présidant aux visées touristiques de Lassègue, dans lequel l'esprit battait dangereusement la campagne. Qu'importe que la commune ne possède pas plus de restaurants que de monuments à visiter, on se fit une priorité de trouver l'endroit le plus adapté à l'accueil des nouveaux visiteurs. Un parking de trois cents places à l'entrée de Lassègue, voilà qui poserait les choses. Impressionner d'entrée de jeu le comité lors de sa visite, telle était l'idée. Il suffirait d'aplanir un champ de betteraves aux portes du village, tracer quelques lignes blanches avec l'antique chariot ayant servi à délimiter le terrain de football, ils n'y verraient que du feu. Une baraque à frites parachèverait l'œuvre. Quel touriste résisterait à l'appel d'un parking flambant neuf et son doux parfum de friture ?

Quelqu'un fit remarquer qu'un parking vide ferait mauvais effet. Cette observation fut prise au sérieux. On suggéra de laisser en permanence quelques carcasses de véhicules pour appâter le chaland. Demeurait un problème. Qu'est-ce qu'un touriste pourrait bien venir foutre à Lassègue ? Une fois la visite de l'église Sainte-Madeleine expédiée, que restait-il à découvrir ?

Des patrouilles partirent en reconnaissance à Brunois où plus de deux cent mille visiteurs s'entassaient chaque année. On se gara en contrebas sur de grands parkings hors de prix. En marchant jusqu'au village, on s'amusa à compter ce que le parking seul de Lassègue pourrait rapporter, une fortune ! Il faudrait faire payer les places au prix fort, rien de tel que des tarifs exorbitants pour mettre le touriste en confiance.

Du haut de son promontoire, le cou paré d'un collier de muraille, le visage de Brunois la Belle rayonnait au-dessus de la campagne étalée à ses pieds. Là, l'histoire vous parlait en grand, elle secouait ses siècles au-dessus de vous, la poudre de ses souvenirs vous tombait dans les yeux. On ahana dans la côte pentue, déjà conquis, s'émerveillant du paysage révélé à chaque pas et de l'architecture. L'antique portail franchi, il semblait au visiteur être entré lui aussi dans l'Histoire. Il en sortait tout aussi vite, le nez chatouillé par des odeurs de gaufres et de crêpes. Les terrasses étaient pleines, on regarda les tarifs des restaurants, juste pour voir. Ils valaient ceux du parking, on ne s'y attarda pas.

La moindre ruelle arrachait aux promeneurs de petits cris d'admiration. Les vieux murs gagnés par les fleurs de valériane ou de garance sauvage émouvaient. On passa la main sur la pierre pour s'assurer qu'elle était bien réelle et communiquer peut-être avec les augustes ancêtres encore coincés dans ces épais murs. On s'arrêta devant les plus belles portes pour admirer le savoir-faire des artisans. C'était du costaud, du robuste, de l'art même, oui, on pouvait lâcher le mot.

"À Brunois tout est noble, précieux, hors du temps. L'air qu'on y respire élève, on y lévite aisément. Sous la coque de verre de ce village sommeille la beauté éternelle des princesses endormies." Adrien était assis sur un muret, cahier sur les genoux. Il venait de lire ces lignes à Titi. Brunois l'inspirait.

— Alors, tu en penses quoi ?

Titi écrasa du bout du pied son mégot.

— La princesse est belle, oui, mais elle ne dort pas, elle est morte.

— Qu'est-ce que tu racontes ?

— Rien, laisse tomber.

Les habitants de Lassègue revinrent de cette visite parfaitement démoralisés. Leur village n'arrivait tout simplement pas à la cheville de Brunois. On se sentait plutôt écrasé sous son talon. On rentra chez soi avec un sentiment d'échec et de dégoût. Les efforts des dernières semaines parurent vains, on s'était cassé le dos pour rien. Même l'idée du parking fut passagèrement abandonnée. Les chantiers reprirent avec moins d'allant, la moitié des habitants les désertèrent. L'hiver arrivait, on prétexta le froid, le vent assassin, la nuit précoce. Peut-être était-il plus sage de remiser les outils quelque temps ?

14

Un seul chantier ne connut pas de pause, celui de l'église de Lassègue. La discrétion s'était imposée dès les balbutiements du comité "Madeleine". Pour plus de précautions, on avait pris la liberté de changer la serrure des portes pour s'en réserver l'accès. L'église leur revenait de droit. On n'y accepterait que le prêtre défroqué et le moine décapuchonné. Nulle soutane ne rentrerait plus ici, à moins peut-être de s'amender pour le mal commis envers Madeleine Sagnant. Les minutes de son procès devinrent le nouveau bréviaire du comité, la liste des accusations leur feuille de route. Au diable l'évangile, ils ne seraient apôtres que du plaisir. Grâce à eux, on entendrait à nouveau *crier*, *hutiner* et *saulter* à des lieues à la ronde. Pouvait-on rêver plus belle publicité pour la commune ?

Pour l'heure, on cherchait des traces des bains publics. En pure perte. L'église avait soigneusement effacé son crime. On avait marché en vain dans les allées du cimetière de Lassègue, pas une seule tombe ne portait le nom de Madeleine. Il n'apparaissait pas davantage dans le registre de l'ossuaire où s'entassaient les ossements des défunts dont la concession avait expiré. L'avait-on jetée dans une fosse ? C'était probable. Avait-elle eu une descendance ? Cette donnée manquait. Son nom de famille n'apparaissait nulle part. La seule trace de toute cette histoire, c'étaient les vitraux et plus on les regardait, plus on se disait que notre esprit nous avait joué des tours.

On demandait sans cesse à Adrien des détails sur les bains et leur tenancière. Pouvait-il leur montrer les documents sur lesquels il avait mis la main ? Il ne le refusait pas. Seulement, ce n'était jamais le bon moment. Il était trop occupé à rédiger la biographie de Madeleine Sagnant. Comme pour tout texte touchant au divin, son inspiration suppléait largement les faits.

À la place des bancs en bois, remisés dans la sacristie avec tout un tas de vieilleries, on disposa des canapés récupérés pour trois fois rien. Les murs de l'église suintaient d'humidité et le vent semblait toujours trouver une entrée, remuant sur les pavés grisâtres une poussière séculaire. Isoler tout ça ne serait pas une mince affaire. On affina les premiers plans. La grande ouverture côté sud sur le parvis ne faisait pas débat, pas davantage que l'aménagement du bar à la place de l'autel. Mais qui financerait cette démesure ? On fractura l'antique boîte en bois servant à recueillir l'argent de la quête. Hélas, on n'irait pas loin avec les piécettes récoltées. La charité des paroissiens de Lassègue était, à l'image de leur foi, bien modeste.

Mouss suggéra de revendre la quincaillerie dorée qui prenait la poussière. On vérifia les cotes sur Le Bon Coin : trois mille euros pour un calice en argent massif, mille pour un ciboire, seulement cinq cents pour une croix de Jésus, et on pouvait espérer en tirer deux cents de plus pour chaque chasuble laissée par le prêtre. C'était un début. On conserva le confessionnal en bois massif. Au diable la pénitence, il inspira d'autres jeux.

Sous le patronage de Madeleine, on péchait à cœur joie, convertissant de nouveaux fidèles sans qu'il soit besoin de prêche ou de sermon. Adrien se sentait comme saint Paul rédigeant le Nouveau Testament. Il avait écrit et une nouvelle religion était née. Mais qui lui avait soufflé le texte ?

Chaque jour, de nouvelles recrues frappaient aux portes de l'église. Les travaux d'aménagement auraient avancé plus vite si les membres du comité n'avaient éprouvé un tel besoin de communion. Du haut de sa croix, Jésus tirait désespérément sur ses clous pour les rejoindre. *"Aimez-vous les uns les autres*", en voilà au moins qui savaient tirer les leçons de son enseignement.

Alors que le comité Madeleine prospérait, d'autres déclinaient. Si certains chantiers du comité Fleurissement commençaient à montrer leurs pousses, la plupart restaient en jachère. On accusa le sol de ne pas rendre ce qu'on lui avait donné, la pluie de noyer la terre, les oiseaux de chiper les graines, les branches de voler le soleil. Le cantonnier en prit pour son grade, il avait voulu préserver lombrics et limaces et voilà le travail, le ventre de la terre crevait de faim, elle ne cracherait pas ses fleurs sans ses injections d'engrais. C'était triste, oui, peut-être, mais enfin, le pli était pris. Retirait-on du jour au lendemain sa drogue au drogué ? Sans sa dose, la terre s'exténuait, elle était là, la vérité. Que le cantonnier les laisse donc la soulager, rien qu'un petit shoot et il verrait comme elle le leur rendrait bien. Le cantonnier se contenait. S'il n'avait pas été aussi soigneux de ses outils, il aurait brisé un nombre incalculable de manches sur ces têtes dures. Il augmenta ses rondes pour s'assurer que personne n'empoisonnerait le sol en son absence. Ils en étaient capables. Il avait plus d'une fois ramassé de l'anti-limaces sur les parterres. Ce n'était pas faute pourtant de leur avoir expliqué comment ces saloperies détruisaient les cellules de la peau et de l'appareil digestif du gastéropode. Hommes et limaces avaient trop de points communs pour ne pas pouvoir vivre ensemble. Il connaissait le coupable. Il avait réduit les granulés bleus en poudre avant de les répandre sur son paillasson. La prochaine fois, il en saupoudrerait son lit. Le manque de sommeil le rendait hargneux. On en demandait trop à la terre. On lui en demandait trop à lui aussi. Le mieux serait de les oublier tous les deux.

Le Gang des barbouilleurs réduisit ses sorties. Tout juste refaites, les façades du bourg arboraient la fraîcheur douteuse des visages excessivement maquillés. Les traits trop appuyés de la peinture soulignaient outrageusement la bouche rose des portes, les paupières violettes des volets, les fronts gris des gouttières. Sous leurs coulures, les maisons semblaient pleurer. Pour les commentateurs les plus critiques, le nouveau visage de Lassègue ressemblait à celui d'une prostituée ayant passé sa vie sur les trottoirs. Les peintres n'avaient que faire des pisse-froid. N'est-ce pas le propre de l'art de susciter la controverse ? Plus ses troupes réduisaient, plus l'avant-garde se sentait libre de s'abandonner aux feux de la création. Il ne manquait pas de surfaces pour se faire la main.

Ce fut dans ces circonstances que des renforts inattendus vinrent leur prêter main-forte. Des tags et des graffs réapparurent sur les murs de Lassègue. Christian leur avait fait la chasse à une époque où ils pullulaient sur les bâtiments de la commune. Hors de question de confondre Lassègue avec une zone désaffectée. Ce serait quoi l'étape d'après, les décharges sauvages, la drogue, les squats ? Il avait envisagé d'installer des caméras de surveillance pour attraper le coupable. Le phénomène s'était arrêté net. Voilà qu'il repartait de plus belle. Ce n'était pas le moment. Les membres de la commission ne rateraient pas ce genre de détails. Christian conseilla à chacun d'ouvrir l'œil mais il n'ouvrit pas suffisamment le sien. Une ombre se faufilait la nuit hors de chez lui et longeait les bâtiments d'élevage sans qu'aucune poule ne s'en inquiète.

Martin passait par des petits chemins couverts de branchages laissant à peine filtrer le clair de lune. Aucune chance d'être dérangé, on ne croisait personne après vingt-deux heures. C'était comme ça qu'il appréciait le village, comme ça qu'il se révélait : dans la pénombre. Au loin, il entendait à peine la départementale. Il avait dans les oreilles d'autres bruits, la bille de la bombe qu'on secoue, le chuintement du pulvérisateur. Il ne taguait plus son nom n'importe où comme à l'adolescence. Nitram. C'était idiot. N'importe qui aurait pu le démasquer. Il aurait suffi d'un peu de jugeote. À cette période, son père pestait à table contre les demeurés marquant leur territoire comme un chien pissant contre un mur. Martin laissait dire, il ne se sentait jamais vraiment concerné par ces invectives. Il avait besoin d'espace, c'était tout, et d'air. Celui de la maison était irrespirable. Son père ne faisait que bosser, sa mère était malade. "Rien de grave", leur avait-on dit. Il y avait cru, ça l'arrangeait. Jusqu'au bout il avait gardé la tête dans le trou. Quand il l'avait relevée, elle n'était plus là. Que pouvait-il faire d'autre qu'y replonger jusqu'au cou ?

Nitram était réapparu pendant la soirée avec les vétérans. Il s'était éclipsé pour farfouiller dans la remise et s'était avancé dans la nuit, saoul, une bombe dans chaque main, prêt à recouvrir le village. Dans les parages, il n'y avait qu'une poignée de graffeurs. Ils se connaissaient tous depuis des années. Martin avait repris contact avec eux. Avec ses surfaces grises et ses pans de murs vides, Lassègue disposait d'atouts pour les attirer. Martin en ajouta un supplémentaire, il fournirait la peinture. En une semaine, une fresque immense recouvrit un mur de la salle des fêtes, le plus grand, cent mètres carrés sur lesquels poussèrent d'innombrables chardons au milieu d'un jardin à l'abandon. D'où sortaient ces jeunes à capuche maniant la bombe avec aisance, Christian n'en avait pas la moindre idée. Il était intervenu mais des habitants s'en étaient mêlés. Qu'avait-on à perdre ? C'était avec des arguments pareils qu'on se fourrait immanquablement dans le pétrin. D'abord sceptique, puis franchement inquiet, il avait choisi de fermer les yeux. Il les avait fermés si souvent ces derniers temps que l'envie n'était pas loin de ne plus jamais les rouvrir. Cela finirait mal, Christian le prédisait. Trop de choses lui échappaient.

Elles échappaient tout autant à Martin. Il ne suivait aucun chantier, se contentant de fournir le matériel. Encore un mois à ce rythme, et il aurait dilapidé l'héritage de sa mère. Ce n'était pas grave, cet argent le mettait mal à l'aise, il n'avait jamais su quoi en faire. Qu'il serve à arranger la réalité n'aurait pas déplu à Lise. Elle-même avait assez caché sous le tapis pour ne pas le lui reprocher.

Les graffeurs se passèrent le mot. Bientôt on en croisa dans toutes les rues de Lassègue. À force de biscuits et de café chaud, Évelyne en amadoua un petit groupe. La matriarche du village avait une idée en tête : son portrait en grand, sur la façade décrépie de sa maison. Elle amena si bien les choses que, convaincu que cette idée généreuse était la sienne, l'un des jeunes proposa de la réaliser. Après un refus de pure forme, Évelyne consentit. Ses yeux de corbeau apparurent bientôt au milieu d'une épaisse tignasse blanche. Évelyne s'assit sur une chaise face à la façade et ne quitta pas la fresque des yeux avant qu'elle ne soit terminée.

Chez elle, deux chambres étaient inoccupées depuis toujours. On les avait meublées mais les lits étaient restés vides. Elle n'y entrait jamais. Elle ouvrit les portes de sa maison, que les jeunes s'installent comme bon leur semble, la literie n'était pas d'un grand confort mais au moins ils seraient au chaud.

Dans le voisinage, l'initiative fit des envieux. Le chat familial de la maison voisine, pelé et quasi hémiplégique, apparut sur la façade d'à côté. Plus loin, une jungle luxuriante recouvrit un pavillon des années 1950. Christian y vit l'occasion de rafraîchir à peu de frais la façade de son bâtiment d'élevage. Il commanda une poule sur toute la hauteur du mur. Avec ses dimensions, on la verrait de loin, pas un automobiliste ne pourrait y échapper. Il sélectionna la plus belle de ses poules de luxe, une bête à concours, tout le savoir-faire de l'éleveur incarné dans la pose fière, le ventre bombé et les barbillons écarlates.

Le graffeur avait-il seulement posé les yeux sur son modèle ? Christian ne voulut pas le croire. Du haut de ses huit mètres, la poule paraissait folle, égarée, prête à déchiqueter du bec les habitants de Lassègue s'agitant entre ses pattes tels de misérables vers. Un œuf sanguinolent lui coulait de l'arrière-train. On devinait à l'intérieur un fœtus monstrueux. Le seul détail encore fidèle à la commande initiale, c'était le slogan : *"Œufs de Lassègue, toujours frais"*. Christian s'en prit au graffeur, qui haussa les épaules : "Vous verrez, ça prendra de la valeur avec le temps."

Les enfants de la classe de Didier contemplèrent cette œuvre avec circonspection. Leur maître les avait emmenés en sortie pour qu'ils découvrent ensemble l'étrange collection exposée sur les murs fraîchement bombés de Lassègue.

— Plus beau village mon cul, commenta un élève.

Timéo sans doute.

Les enfants avaient exulté à l'annonce du résultat. Enfin, Lassègue gagnait quelque chose. Gagner ? Pas tout à fait. Le village avait seulement survécu au premier round. Le vrai combat commençait maintenant. Et, cette fois, l'arbitre ne ferait pas de cadeaux. Les enfants pouvaient aider bien sûr, mais le coach calma leurs ardeurs. Ni direct ni uppercut, le seul crochet qu'ils manieraient servirait à confectionner des tricots. Pour manier l'aiguille, mieux valait retirer les gants de boxe. Déception dans les rangs. Du tricot, et puis quoi encore ? Un peu de calme, qu'ils le laissent finir, ils allaient transformer le village maille après maille. Avec un groupe de parents, l'école lança l'opération *Tout Lassègue tricote*. Une partie des élèves la bouda. Malgré tout, on réussit à habiller pour l'hiver une dizaine de troncs d'arbres et on projetait de recouvrir de tricots tout ce que le village comptait de barrières.

Didier se demanda quel parfum planait sur le village, répandant ce trouble qui gagnait de plus en plus d'habitants. Il le sentait à la sortie de l'école dans l'attitude des parents, des mains s'attardaient, l'œil s'adoucissait, quelque chose de plus en plus palpable et pourtant encore insaisissable semblait rapprocher les membres de leur communauté. Il avait même surpris un sourire rêveur sur le visage de Cécile. Didier s'était laissé aller à espérer. Lassègue avait une deuxième chance, peut-être en serait-il de même pour eux.

Alors qu'elle ne croyait pas une seconde à cette candidature – "Cela n'arrivera pas, Didier, et tu le sais tout aussi bien que moi" –, Cécile avait rejoint le comité Madeleine. Qu'y faisait-elle exactement, Didier l'ignorait. Elle avait répondu à ses questions d'un ton équivoque : "Le mieux serait que tu le découvres par toi-même, rien ne t'empêche de nous rejoindre." Il aurait pu saisir cette main tendue, mais il n'avait pas le temps, avec l'école, tu comprends, mes élèves sont très engagés dans la candidature de Lassègue, sans même parler du club. Elle comprenait.

Nathan aussi comprenait. Son père était aveugle, tant pis pour lui, ce n'était pas son problème. Seulement il ne voulait pas être là le jour où ça éclaterait. Lassègue partait en vrille. Il se racontait des choses incroyables, scandaleuses. Le jour où son père réaliserait ce qui se tramait, il serait trop tard. Nathan avait quand même osé un : "Elle a l'air toute gaie, maman, en ce moment." Le sous-entendu était limpide. Un tricot à la main, son père avait répondu : "Oui, ça fait plaisir à voir." La pitié.

En parcourant Lassègue avec ses élèves, une idée frappa Didier. Ils observaient le portrait d'Évelyne, fatigués par une longue marche qui avait autant éreinté les élèves que leur maître, quand, depuis son palier, l'aînée de Lassègue les interpella :

— Vous voulez entrer un moment ? J'ai des biscuits.

Le piège classique. Les enfants s'y laissèrent prendre en poussant des cris enthousiastes. Didier jeta un œil à sa montre.

— Et du café, ajouta-t-elle, à son intention.

Après tout, les enfants en avaient plein les pattes, une petite pause ne leur ferait pas de mal. Vingt gamins s'entassèrent dans le salon, entre napperons et bibelots.

— C'est vous sur la photo ?

Une élève posa la question fatidique qui permit à Évelyne de dérouler les moments les plus précieux de ses quatre-vingt-douze années de vie.

Si on apprenait l'histoire à l'école, que savait-on de celle de ses voisins ? Dès leur retour en classe, Didier entreprit avec ses élèves un travail sur la mémoire des habitants de la commune. Ainsi fut posée la première pierre du *Musée vivant des histoires contemporaines*, seul du genre à s'intéresser, selon la formule de Titi, aux "vies comptant pour rien".

15

Asseyez-vous, les enfants, mettez-vous à l'aise. Méfiez-vous juste d'Olympe, elle a l'air inoffensive comme ça, comme toutes les petites vieilles, mais avec ses griffes qui sortent sans prévenir, elle en a saigné plus d'un. Faut pas le prendre mal, elle a de sales douleurs qui se réveillent d'un coup, ça la rend vilaine. Du sucre dans ton café, Didier ? Deux pierres pour moi, oui, tu es gentil. Tout à fait, ma petite, c'est bien moi sur la photo. Vous avez vu un peu comme je suis belle dans ma robe de mariée ? J'ai l'air toute joyeuse, je ne l'étais pas tant que ça. Ce mariage m'inquiétait drôlement. Ma mère m'avait donné tellement de recommandations que j'avais peur de ne pas être à la hauteur. Elle m'avait tout dit, ma mère, tout, sauf l'essentiel. C'est toujours comme ça avec les parents, non ? Ils nous accablent de détails et on ne sait rien du fond des choses.

Vous avez reconnu ? C'est le parvis de l'église. Eh bien oui pardi, je vivais déjà ici, qu'est-ce que vous croyez ? Comme mes parents et leurs parents avant eux. Le village n'a pas tellement changé, vous savez, il s'est juste vidé. La vessie était trop pleine. Les gens sont partis, ils se sont écoulés dans les villes, les usines ou Dieu sait où. Pour le reste, rien n'a changé. Le monde ne change pas, c'est notre regard qui vieillit et, quand on ne reconnaît plus rien, c'est qu'il est temps de partir.

Pourquoi je m'inquiétais tant ? Ce n'était pas rien de quitter mes parents pour m'installer avec ce petit bout d'homme. J'avais vingt et un ans, lui cinq de plus et l'air d'en savoir bien plus long que moi sur tout un tas de choses. Quand j'écoutais mon mari, c'était à se demander s'il n'avait pas créé lui-même l'univers tant il en connaissait un rayon. Il m'expliquait même ce que je ne lui demandais pas. J'aimais bien l'écouter mais, avec le temps, l'envie m'est passée. J'aurais encore préféré un taiseux. Je ne pouvais pas trop lui en vouloir, on les fabriquait comme ça à l'époque. Pour un homme, prendre une femme c'était presque comme s'acheter un meuble. Ah, je vois que votre maître n'est pas d'accord avec moi, si, Didier, j'ai bien vu ton coup de sourcil mais, à moi qui ai connu tes parents, tu ne me la feras pas. Ton père n'était pas bavard comme mon mari mais, dans le fond, il n'était pas très différent. L'emballage varie mais le cadeau reste le même. Et que fait une jeune mariée de vingt et un ans quand elle déballe un cadeau pareil, les enfants ? Elle sourit comme moi sur la photo, un peu de travers.

Trois mois après notre mariage, c'était l'élection des députés. Figurez-vous qu'on avait accordé le droit de vote aux femmes quelques années plus tôt, juste après la guerre (près de dix ans après l'Ouzbékistan, mais on ne va pas chipoter). J'allais donc voter pour la première fois de ma vie. À Lassègue, ça les faisait bien rire que les femmes se mettent à voter. Et pourquoi pas à porter la moustache pendant qu'on y est ! Les Françaises, on les préférait proche du fourneau et loin des urnes. Qu'est-ce qu'elle y connaissait, la femme, en politique ? Rien. Les hommes, eux au moins, ils y voyaient clair. Vous pensez, après avoir mené deux guerres et colonisé la moitié du monde – la colonisation n'étant qu'une autre forme de guerre –, les hommes maîtrisaient la politique sur le bout des doigts. Du moins ceux qui n'avaient pas perdu les leurs au combat.

Mon mari, lui, il prenait ça très au sérieux. Il a passé des soirées à m'expliquer ce que je devais faire, quel candidat était le bon, quel autre mauvais. Tout juste s'il ne m'a pas préparé le bulletin pour que je n'aie qu'à le glisser dans l'urne le moment venu. Pour me rendre service, bien sûr, que je ne me mélange pas les pinceaux au dernier moment dans l'isoloir.

Je n'osais pas contredire mon mari, il parlait avec tellement de conviction que ça ne pouvait qu'être vrai. On en voit souvent des comme ça à la télé, incollables sur n'importe quel sujet. Mon mari était un homme de cette trempe, il ne passait pas dans le poste, mais il avait son spectateur. Moi, ça me faisait grand effet. Je n'avais pas poussé loin mes études, juste le nécessaire, alors d'entendre si bien parler, ça me tourneboulait, je n'y voyais plus clair dans mes idées après. Et puis je ne savais pas bien défendre ce que je pensais, je manquais de mots, je m'en trouvais toute bête à chaque fois. Quand mon mari sentait mon hésitation, il m'encourageait à parler : "Vas-y, dis-moi franchement ton opinion." Je n'arrivais pas à me lancer, à cause de son sourire, comme s'il savait déjà quelles sottises j'allais dire. Moi je ne m'avisais pas de sourire quand il parlait, il l'aurait mal pris. Au contraire, je l'écoutais religieusement jusqu'au bout et souvent c'était long parce qu'un homme qui est écouté comme ça, il y prend goût, vous voyez, il s'étend jusqu'à sa propre fatigue. Tu ne leur fais pas la leçon comme ça, toi, Didier ? Les enfants, est-ce que ça vous arrive d'avoir envie de dormir en classe ? Ah, ben tu vois, Didier, tu fais trop long toi aussi.

Quand je suis sortie du bureau de vote, mon mari m'attendait devant la mairie, son journal sous le bras :

— Alors, ça s'est bien passé ?

J'ai acquiescé en espérant qu'il enchaîne sur autre chose mais il a senti ma gêne sans doute.

— Tu as voté comme on a dit ?

Il voulait que je vote De Gaulle, vous savez, le général qui parle avec une voix de chèvre, il y a même son avenue à Chaulet. Des noms de militaires pour des avenues, je n'ai jamais compris ce goût-là. Qu'au moins ils les mettent dans des impasses. Tu ne trouves pas que ce serait une bonne idée pour Lassègue ? J'en parlerai à Christian, tiens. Enfin, moi il ne me revenait pas, De Gaulle. Je n'aime pas les galons. Qu'on décore les sapins, passe encore, mais les hommes ?

J'étais embarrassée, je ne pouvais tout de même pas mentir à mon mari.

— J'ai voté communiste.

Son sang est parti d'un coup au fond de ses chaussettes. C'est quoi, un communiste ? C'est vrai qu'à notre époque, on n'en voit plus beaucoup, c'est une espèce presque éteinte. Comment vous expliquer ça… Dans notre beau pays, il y a des lois pour tout, pour se loger, s'instruire, se soigner, pour dire ce qu'on a le droit de faire et ce qu'on n'a pas droit. Plutôt que nous, les citoyens, on décide les lois qu'on veut, on choisit des gens qui vont les décider à notre place, des gens comme mon défunt mari, qui savent mieux que les autres. Les élections, ça sert à ça, tous les cinq ans on met sur un papier le nom de celui qui décidera pour nous et roule ma poule, on n'a plus à y penser ! Le problème, c'est qu'on ne veut pas tous le même nom et, même, avec l'âge, on n'en veut plus aucun.

Mon mari, lui, voulait que De Gaulle gagne. Le général, c'était pour moi une sorte de shérif de Nottingham, et j'ai toujours eu un faible pour Robin des Bois. J'étais sûre qu'avec les communistes, ça serait fini de laisser les riches jouer avec le tiroir-caisse pendant qu'on le remplissait nous autres. On leur prendrait tout ce gros argent dont ils n'avaient pas besoin, pour faire de belles choses. En amour comme en politique, j'étais pleine d'espoir vous voyez, mais c'est vite retombé. Quelqu'un veut reprendre un peu de jus de fruit ? Didier, tu irais le chercher dans le frigo ? Non, pas dans la porte, en bas, couché sous les salades.

Qu'est-ce qu'il a dit, mon mari ? Je ne me souviens plus exactement. Je crois me souvenir qu'il a boudé. Je l'avais déçu mais il ne m'en a pas trop tenu rigueur. Il a mis ça sur le compte de mon ignorance, j'étais trop influençable. C'est le problème avec les femmes, de vraies girouettes. Ce n'est pas pour rien que les femmes mariées ne pouvaient pas signer un contrat de travail ou disposer de leur argent sans l'accord de leur mari. Vous ne saviez pas ça, les enfants ? Eh bien alors, ce n'est pas au programme ? Quand elle se mariait, la femme redevenait une enfant, voilà tout, et son mari était son maître. Dans le bas du frigo, je t'ai dit, Didier, sous les salades !

Moi, à cette époque, je faisais le ménage dans des maisons à Chaulet. Les parquets, les vitres, les lessives... Regardez mes mains, elles en ont tâté de l'éponge et de la brosse. Chaque mois je touchais ma paie mais je n'en voyais pour ainsi dire pas la couleur. Avoir mon propre compte en banque ? Interdit par la loi. Hé oui, la loi, encore elle, quand je vous dis qu'elle est partout. C'est pour ça que (je le dis entre nous pendant que votre maître se perd dans la cuisine) j'ai toujours de la sympathie pour les hors-la-loi, qu'ils se cachent dans les forêts de Sherwood ou d'ailleurs... Ah, te voilà enfin Didier, je disais justement aux enfants qu'il faut toujours bien respecter la loi, n'est-ce pas les enfants ?

Vous me croiriez si je vous disais qu'il y a encore dix ans, une vieille ordonnance interdisait aux femmes de porter un pantalon ? Non, je ne plaisante pas du tout, je suis sérieuse comme la mort. Deux siècles que cette directive prenait la poussière dans un tiroir et personne n'avait pensé à la supprimer. Le corps des femmes est l'objet de bien des lois parce que ceux qui les votent sont des hommes. Je n'ai pas raison, Didier ? Enfin, je ne veux pas vous embêter avec toutes mes vieilles histoires. Olympe, tiens-toi tranquille ! Elle ne t'a pas fait trop mal, mon chéri ? Fais voir, ça a l'air d'aller, frotte un peu, ça va passer. Il faut l'excuser, elle n'aime pas qu'on la caresse sans y avoir été invité. Non mon petit, mon mari n'est pas là, il est parti depuis bien longtemps, tu sais. Non, pas bien loin, à côté, au cimetière de Lassègue. On est chacun chez soi maintenant. Souvent, c'est lui qui me rend visite. J'entends parfois son pas sur le carrelage, je me retourne comme si je m'attendais à le voir surgir. Ça ne m'effraie pas, non. Les fantômes, ce sont les plus beaux restes de nos souvenirs.

Vous avez vu le bel homme que c'était ? Sa moustache là, comme il la taillait, aussi précis qu'un chirurgien. Il s'attaquait à la haie pareil, pas question que ça dépasse. C'est lui qui me coupait les cheveux, regardez ma frange, au cordeau. Ce n'était pas tant par goût des ciseaux que par économie. Il veillait à la dépense, mais je m'autorisais des petites bricoles, une robe, des bijoux. J'en ai vidé des tubes de rouge à lèvres, des fonds de teint, des pots de crème anti-tout. À moi seule, j'ai fait la fortune des cosmétiques. Bettencourt me doit la moitié de sa richesse. Il m'aimait comme ça, mon homme, en robe et peinturlurée jusqu'au bout des ongles. Il me contemplait parfois avec ce sourire qu'on a quand on possède une belle chose. Ma beauté le rendait fier comme si elle lui appartenait, mais il n'aimait pas que je sorte seule dans cette tenue. D'un coup, ça devenait vulgaire. J'avais une de ces allures… Il ne disait pas le mot mais je comprenais bien – je l'épargnerai à vos jeunes oreilles.

Ce n'était pas un mauvais bougre, loin de là, ce qui ne me facilitait pas les choses. S'il avait été plus dur, je l'aurais quitté peut-être. Il me reprenait souvent, pas méchamment, parfois même avec une certaine douceur, comme s'il me rappelait gentiment à l'ordre. À dire vrai, je ne m'en offusquais pas, ce n'était pas différent dans les autres foyers. On me disait même que j'étais plutôt bien tombée, le mien était tendre. Et c'est vrai qu'il savait l'être. Mais chez lui la tendresse n'était qu'un préalable commode au coup de reins. Pardon, j'ai dû vous choquer, les enfants. Vous êtes en quelle classe ? Ça va, vous n'êtes pas trop jeunes pour aborder ces choses-là. On ne gagne rien à les laisser trop longtemps dans l'ignorance. Mais où est donc encore parti votre maître ? Fumer dans le jardin ? Très bien, nous pouvons papoter entre nous comme ça. S'il y en a qui préfèrent, ils peuvent aller faire un tour dehors.

Moi, à votre âge, je ne savais rien des choses de l'amour et, en me mariant, pas davantage. Tu ne crois pas si bien dire, mon enfant, je savais à peine comment on faisait les bébés. Je connaissais les grandes lignes, je n'avais qu'à m'allonger sur le lit et attendre, mais pour le reste, rien. Je supposais que mon mari, lui, serait plus au fait, on avait dû l'instruire de secrets qu'à moi on taisait. Erreur. Nous étions deux parfaits ignorants cachant tant bien que mal notre méconnaissance totale du sujet. Je faisais la planche et lui le clou.

Mon mari était un homme appliqué en tout pourtant, il voulait bien faire et ne ménageait pas ses efforts. Vous l'auriez vu récurer une casserole, elle étincelait après. Seulement, il était malhabile. Avant d'utiliser pour la première fois une simple cafetière, il étudiait le mode d'emploi sans sauter une seule ligne. Pour tout il lui fallait une notice. Malheureusement, elle n'était pas fournie avec le corps de femme qu'il avait devant lui. Ça l'embarrassait mais il n'osait rien demander. J'attendais patiemment que ça vienne en l'encourageant avec les petits gémissements que je croyais appropriés. Lui reproduisait ce qu'il avait vu des animaux de la ferme. Nous manquions d'autres modèles. Ce n'était pas désagréable mais enfin j'espérais un torrent et je découvrais un ruisseau dont le lit s'asséchait. Cela ne m'emportait pas bien loin. Si je vous en parle, les enfants, c'est que l'ignorance coule du plomb dans les corps. La main de mon mari pesait une tonne, sous sa caresse ma peau avait le froid du métal. Si j'avais mieux connu mon propre corps, s'il avait pu l'apprendre aussi, peut-être ce métal aurait-il fondu.

Jamais je n'avais regardé entre mes propres jambes, cette partie était comme à part de moi. Je ne connaissais même pas son nom. Pourtant dans la vie, quand on rencontre quelqu'un, on commence par se présenter, non ? J'avais bien fouillé dans des livres d'anatomie mais ceux qui représentaient le corps des femmes dans des manuels avaient choisi d'en cacher la partie la plus précieuse. Pourtant, pour les hommes, il ne manquait rien. Toute la quincaillerie était bien en place, soigneusement fléchée, étiquetée, expliquée. À croire que ce qui n'était qu'un exposé rigoureusement scientifique pour les uns devenait douteux pour les autres. Ça les gênait donc de nous représenter en entier ? Ces ouvrages induisaient en erreur. Avec des cartes pareilles, aucune chance de trouver le trésor. J'étais comme une aveugle de naissance : quand on n'a jamais vu, pourquoi regretterait-on de ne pouvoir profiter du paysage ?

Mon cher mari est mort, oui, je dis mon cher mari car, à ma façon, j'avais appris à l'aimer. Dans la lente patience de notre vie conjugale, de solides sentiments s'étaient noués. Quand il est décédé, j'avais cinquante ans et l'impression d'avoir moi aussi un pied dans la tombe. Je n'avais pas d'enfant – de ce côté-ci non plus ça n'avait jamais marché – et plus de mari. Quelques années sinistres ont passé. Je ne sortais de chez moi que pour les ménages qui me cassaient le dos. Je n'avais plus la santé pour ces affaires-là.

Une amie m'a fait entrer chez Pasquot, vous savez, l'usine de biscottes. Ton père est là-bas ? Ah, mais tu es le fils à Titi, je me disais bien que ces yeux-là me rappelaient quelqu'un. Il s'y plaît ton père ? Tant mieux, moi aussi j'y étais bien. Fini, les parquets à cirer à quatre pattes et la poussière plein les bronches. J'aimais travailler la nuit, traverser le village dans l'ombre et me coucher aux premiers rayons. À l'usine, l'ambiance n'était pas la même la nuit, on vivait à part des autres et, surtout, le contremaître se faisait rare. Depuis mon arrivée, un ouvrier me tournait autour, toujours une plaisanterie au coin de la bouche. Une nuit, je ne sais pourquoi, nous n'étions que tous les deux dans l'atelier où on pétrissait la pâte à pain. Un chargement qu'il transportait s'est renversé, plusieurs sacs de farine se sont ouverts, il y en avait partout sur le sol. Je suis allée l'aider bien sûr. Au lieu de réparer ses bêtises, cet idiot m'a jeté une pleine poignée de farine au visage. J'en suis restée muette. Ma face blanche l'a fait hurler de rire, je lui ai jeté une poignée à mon tour. La farine s'est mise à voler autour de nous, nous en étions couverts. Je riais sans pouvoir m'arrêter, mon Dieu, j'avais quinze ans. Nous nous sommes retrouvés par terre, la peau et les cheveux couverts de farine. Dans tout ce blanc, seules ses lèvres étaient restées roses. On s'est embrassés et il y avait dans ce baiser de quoi faire fondre une tonne de plomb. C'est par la caresse de sa main que j'ai découvert, bien tardivement, des plaisirs dont j'avais été tenue éloignée. Une simple pression des doigts sur… Ah, Didier, tu es revenu ? Je ne t'ai même pas entendu entrer, dis donc. J'étais en train d'expliquer aux enfants comment j'ai appris l'existence de mon clitoris. Comment ça, ce n'est pas au programme avant le collège ? Eh bien, ils auront un peu d'avance. Pour une fois, il ne sera pas dit que les gamins de Lassègue seront les derniers au courant. Est-ce que c'est bien expliqué comme il faut dans les manuels, au moins ? Tant mieux, tant mieux, ça serait tout de même une honte de laisser ces enfants dans l'ignorance. Vous devez partir, déjà ? Mince, c'est vrai qu'il est l'heure de la sortie. Par ma faute, vos parents vont vous attendre. Tenez, je vous raccompagne, ça me fera une balade et puis j'ai toujours plaisir à revoir l'école de Lassègue.

C'est tout de même dommage qu'ils aient abattu le grand érable de la cour, non ? C'est comme si on avait coupé l'âme de l'école. Faire tomber cent ans d'un coup de tronçonneuse… C'est peut-être parce que je m'en approche aussi que je compatis. Qu'est-ce qu'il y a, ma petite ? Est-ce que tu as un clitoris toi aussi ? Mais bien sûr, comme toutes les filles. Prends un miroir, regarde-le à la maison, tu trouveras son capuchon en haut, entre les grandes lèvres. Tu as vu, Didier, comme ces enfants apprennent vite ? C'est parce qu'ils ont un bon maître.

16

Ça lui faisait mal de le reconnaître mais Christian avait raison depuis le début. Cette candidature ne rimait à rien. Au fond, Titi l'avait toujours su, mais il s'y était accroché avec son entêtement habituel, comme il s'était accroché des semaines durant à sa cabane en bois au milieu du rond-point de Lasségue. Quelques palettes, une grande bâche, une table de camping, trois chaises, le début d'un nouveau monde. Des copains passaient boire le café au milieu des voitures. Ensemble, ils grattaient les croûtes du vieux monde pour en sortir le pus, déterminant les nécroses et les membres à amputer. Il y avait tant à couper qu'il risquait de n'en rester que le tronc.

Même leur pauvre abri, on ne le leur avait pas laissé. Un engin de chantier avait fini par passer, entouré de bleusaille. Christian avait toujours soutenu qu'il n'y était pour rien. "Je serais bien incapable de faire abattre quelque chose qui ressemble autant à un poulailler." Titi l'avait cru, pas son genre.

Les sbires du préfet s'étaient chargés de tout raser. On ne tolérait pas de gilet jaune sur le costard de la République. Tout ce bordel pour une chasuble fluo. Ça lui avait fichu un coup de voir la cabane tomber. Titi en avait eu marre tout d'un coup, ses poings s'étaient serrés, les copains l'avaient retenu avant qu'il ne fasse une connerie.

L'échec, il le humait depuis le début de la candidature. Pourtant, sa vilaine odeur l'attirait. On ne savait jamais. Toujours croquer dedans, au cas où. Il avait encore faim, voilà tout. Il n'était pas prêt à se contenter de ce qu'il avait sous la dent. Tout partait peut-être du ventre, de cet appétit impossible à combler. Rien n'était plus dangereux qu'un affamé. Ils le savaient là-haut depuis au moins Louis XVI. C'était bien pour ça qu'ils les maintenaient sous perfusion. Alimentés juste assez pour passer de l'usine au canapé. La candidature leur donnait l'énergie de se relever. Mais pour aller où ? Ils risquaient de faire un petit tour sur eux-mêmes avant de gentiment se rasseoir.

L'idée de Musée vivant des histoires contemporaines *de Didier me plaît bien, c'est vrai, mais un* Musée de la bêtise humaine *attirerait davantage. Les touristes afflueraient pour s'inspirer des plus grands crétins de l'histoire. Dans l'entrée, là où ils feraient la queue pour la billetterie, on exposerait le cerveau de l'idiot de base, le mien. Un ticket acheté, une boîte de biscottes offerte. Les visiteurs passeraient le portique, leur audioguide à la main. Les sceptiques comme les convaincus avanceraient jusqu'à une grande salle couverte de miroirs du sol au plafond. Là, le crétin universel se refléterait en chacun d'eux pendant que l'audioguide leur confirmerait en boucle : "Vous êtes un idiot, vous êtes un idiot, vous êtes un idiot…" Abasourdis par ce procédé stupide, honteux peut-être de s'y être laissé prendre, ils n'oseraient même pas se faire rembourser leur billet. Fortune assurée. Ils sortiraient du musée le sourire aux lèvres, allégés par l'aveu de leur propre bêtise, ou la mine basse, alourdis d'une crétinerie qu'ils sous-estimaient, leur paquet de biscottes coincé sous le bras. Puis ils s'empresseraient de quitter Lassègue, passant en trombe devant le panonceau planté à l'entrée de la commune indiquant "Plus Sot Village de France", avec le sentiment justifié d'appartenir à notre grande communauté.* Plus Sot Village de France, voilà l'objectif, atteignable, qu'ils auraient dû se fixer depuis le début. Au lieu de ça, comme dans la fable, la petite grenouille se voulait plus grosse que le bœuf. Elle ne tarderait plus à exploser.

Titi aurait mieux fait de ne pas remettre les pieds à Brunois. Cette visite l'avait déprimé. Il l'avait dit à Adrien, ce village était mort, les visiteurs s'émerveillaient devant un cadavre trop bien maquillé. Un embaumeur plus doué que les autres était passé par là, voilà tout. S'ils ne faisaient cette candidature que pour changer les capitons du cercueil, ça n'en valait pas la peine.

Titi avait arpenté les rues de son côté. Il s'était laissé prendre à leur beauté désuète. Il avait suivi un moment le blabla d'un guide sur le prestigieux passé de la commune, les bidules médiévaux des portiques, les machins Renaissance des fenêtres. Les visiteurs ne savaient plus où donner de l'œil. Le village avait eu ses seigneurs, on leur devait ces merveilles, le guide s'était étendu sur des noms et des dates qu'ils avaient écoutés comme de bons élèves. Cet exposé avait inspiré Adrien, il s'était mis à gratter comme un fou juste après.

— Qu'est-ce que tu fiches ? lui avait demandé Titi.

— On a besoin d'un passé glorieux nous aussi et je ne pense pas qu'il s'écrira tout seul.

Les grands hommes, l'expression avait toujours fait grincer Titi. C'était donc qu'il y en avait des petits ? Sur ceux qui avaient donné de leur sueur pour tout bâtir de leurs mains, pas un mot. On ne connaissait pas un seul de leurs noms. Les historiens avaient la mémoire sélective. À croire qu'il suffisait de l'inspiration du génie, une bonne poussée et la grande œuvre coulait toute seule, sans même avoir à se salir. Pourtant, ces pierres, il avait fallu les extraire des boyaux de la terre, les tailler, les polir, les transporter, les sceller une à une. Ce miracle ne s'était pas accompli seul. Quand Titi regardait les murs centenaires de Brunois, c'était aux mains des ouvriers qu'il pensait. Peut-être l'un d'eux y avait-il, comme son père, laissé quelques doigts.

La rue principale ressemblait à une galerie marchande à ciel ouvert avec ses étalages à perte de vue. Il était allé parler boutique avec des commerçants. Le label ? Une aubaine ! Trente pour cent de chiffre d'affaires en plus l'année où Brunois l'avait décroché. Depuis, les clochettes des portes d'entrée tintaient en permanence, on ne se lassait pas du carillon.

Titi s'était éloigné vers des rues moins fréquentées. Il s'était arrêté devant des peintures à l'huile dégoulinantes de bonnes intentions, accrochées à la façade d'une maison. Le type qui peignait dans la cour l'avait aperçu et lui avait fait signe d'approcher. Le traquenard. Pas question de se laisser faire les poches. Titi avait dit qu'il venait en voisin, de Lassègue, pour que l'autre comprenne qu'il n'était pas de la même espèce que les autres et qu'il ne lui prendrait rien.

— Vos huiles, c'est pas mal, les touristes doivent aimer, avait-il lancé, l'œil roublard.

Le type avait compris :

— J'attrape des tendinites à les peindre, la peinture a à peine le temps de sécher. Ça vous tente ? C'est prévu pour s'accorder avec tout, la chambre ou les toilettes, vous avez l'embarras du choix.

Le regard de Titi avait louché sur les étiquettes, deux cents euros les plus petits formats. À son avis, du vol.

— Pas mon truc. Mais les portraits ne sont pas mal.

— Merci pour elle, c'est mon épouse qui les peint.

Il avait dit ça sans paraître se vexer.

— Elle s'est mis en tête de tirer le portrait des habitants de Brunois avant qu'il n'y en ait plus un seul. Mais ils se vendent mal.

Ça n'étonnait pas Titi, trop de gueules tristes. Il avait pointé le doigt sur l'un d'eux :

— Celui-là, je crois que je le connais.

C'était le joueur de Brunois qu'il avait presque fauché à hauteur du genou.

— Un type qui boite, non ?

Le peintre était bavard. À défaut de lui vendre une peinture, il lui avait offert un verre de la bouteille planquée derrière le chevalet. Depuis des années, Brunois se vidait. Impossible de contenir l'hémorragie. On ne comptait plus les habitants qui avaient vendu leur maison à prix d'or. L'occasion était trop bonne, avec le label, l'immobilier avait flambé. Même les bicoques qui ne valaient rien s'étaient arrachées. Les nouveaux propriétaires n'y vivaient même pas.

Il fallait voir Brunois le soir, à la saison morte, un désert. Ce n'était pas gai de s'y promener. Le peintre et sa femme déambulaient, bras dessus, bras dessous, contemplant le silencieux massacre, faisant le compte de ceux qui restaient encore.

À la place des plus anciennes maisons de famille, on ne trouvait plus que boutiques ou restaurants. Pas une devanture qui n'ait quelque chose à vendre. Artisans de toutes espèces, cavistes, bijoutiers, galeristes, ils avaient tous accouru ici, flairant la bonne affaire.

— L'avantage des touristes, c'est que le voyage les anesthésie. On peut les saigner sans qu'ils bronchent. Ils compensent ce désagrément par le sentiment de vivre un moment à part. L'étiquette Plus Beau Village de France, c'est leur supplément d'âme. Je ne les juge pas, on a tous besoin de distinction. On consomme pour se sentir un autre. Qui voudrait être seulement soi-même ? Ce serait trop pénible.

Le village était grignoté par des résidences secondaires, qui restaient inoccupées les trois quarts du temps. Celles-là, le peintre les aurait bien fait sauter. Il voyait ça en grand, un dynamitage en règle, sans sommation. Ça le rendait fou qu'on s'arroge des droits sur leur village, qu'on le crève à distance avec des titres de propriété. Plus de la moitié des maisons de la commune étaient tombées au champ de ce déshonneur, vendues, trahies, leurs parcelles découpées en juteux morceaux. Mais qu'on les exproprie, ces salauds, qu'on récupère nos vies, nos murs ! Le vin donnait au peintre une verve rouge, Titi pensa qu'il aurait dû y tremper plus souvent ses pinceaux. Ceux qui ne vendaient pas leur maison la louaient, la moindre chambre vermoulue trouvait preneur. On poussait les enfants vers la sortie, leur présence entravait le business. En restant dans leur chambre, ils privaient leurs parents d'une rente.

Des années durant, les villageois avaient comparé ce qu'en tirait chacun. Il n'était plus question que de ça au comptoir du café où ils se retrouvaient encore. Avec le temps, ceux qui avaient refusé de tremper leurs lèvres dans cette vilaine soupe avaient fini par l'avaler d'un coup. Ça ne faisait que grimper, comment résister ? Sa propre maison, on lui en avait offert le triple de sa valeur. On venait le démarcher jusque chez lui, tout en sourire et rondeurs, le chéquier bien en vue. Il avait hésité, c'est vrai, ça l'avait même tenu éveillé plus d'une fois. Des sommes pareilles, ça vous farcissait la tête. Sans sa femme, il aurait flanché, il le reconnaissait sans honte. Elle ne voulait pas en entendre parler. Leur maison de famille, quatre générations qu'ils se la transmettaient et on en ferait quoi, une énième friterie ?

Le village s'était donné aux usuriers. Des cinq cents habitants que comptait Brunois avant qu'on ne l'étiquette comme une boîte de cassoulet "Plus Beau Village de France", il n'en restait qu'une soixantaine. Ça ne s'arrêterait pas là, le peintre le savait. Les plus vieux mourraient, les héritiers vendraient, leur peine adoucie par le calcul de ce qu'ils pourraient tirer de la maison de l'aïeul. À la fin, il n'y aurait plus un seul habitant, plus un seul ! Pouvait-on encore seulement appeler "village" une commune sans habitant ? Il ne resterait que l'étiquette sur une boîte vide.

Plus il parlait, plus le visage du peintre avait coulé comme sa peinture. Il ne valait pas beaucoup mieux, il le savait. En chaque homme sommeille un commerçant. Il vendait son art, des croûtes à touriste qu'il refusait de signer de son véritable nom. Il était heureux que Titi ne les aime pas. Un visiteur de goût, c'était rare.

À la fin de la discussion, ils étaient gris tous les deux. Le peintre lui avait lancé :

— Et cette histoire de candidature de Lassègue, alors ?

Titi s'était senti embarrassé. Dans quoi donc s'était-il embarqué ? Le peintre l'avait interrompu dans ses pensées :

— Heureusement pour vous, vous n'avez aucune chance !

Avant qu'il ne parte, le peintre avait insisté pour lui offrir le portrait du joueur de Brunois :

— Comme ça, au prochain match vous n'essaierez peut-être pas de lui péter la jambe.

Titi avait sorti son portefeuille, l'autre n'avait rien voulu savoir, il avait empaqueté le tableau tant bien que mal. Le soir, Titi l'avait montré à Sandrine :

— C'est qui ?

— Le gars de Brunois que j'ai essayé de démolir.

— Et maintenant tu comptes le mettre sur la cheminée ?

— Sur la cheminée ou dedans, je ne sais pas encore.

Depuis cette rencontre, le doute ne cessait de lui siffler aux oreilles.

17

Lassègue avait joliment fleuri. Le printemps ne s'annonçait pas, comme à son habitude, sur la pointe des pieds mais de manière tapageuse, en s'étalant partout avec des fulgurances qui tranchaient sur la grisaille des murs. Le comité Fleurissement n'avait pas retourné la moitié du village pour rien. Des bouillées de fleurs sauvages perçaient le bitume, des gerbes coulaient des bacs suspendus aux fenêtres, certains jardins prenaient des allures de forêt tropicale. On appréciait ce spectacle en commentant les pousses, les parterres, les potagers. On écrasait de pleines poignées de terre dans la main pour en éprouver la texture. Le terreau était riche, les vers gras, le cantonnier fier. Après des années automnales, l'embellie enfin. Tant pis s'il se prenait les pieds dans son habit printanier, s'il trébuchait sur les racines, Lassègue était prêt à danser.

Enveloppés dans leur chandail en tricot, les arbres avaient résisté aux frimas de l'hiver. Tels d'improbables fruits, des pompons bariolés pendaient mollement aux branches où s'épanouissaient les premiers bourgeons. Sur les façades des maisons, ravalements et fresques allaient à nouveau bon train. Les murs avaient englouti des hectolitres de peinture. On ne pouvait mettre un pied à Lassègue sans que l'odeur de peinture fraîche et ses vapeurs d'alcool ne vous sautent au nez. Si le Gang des barbouilleurs s'était lassé, l'engouement des graffeurs n'avait pas faibli, une tribu vivait à demeure. Certains habitants se demandaient s'il n'était pas temps de les raccompagner vers la sortie. Tous ces graffitis finissaient par faire mauvais effet. Lassègue n'était pas un squat sur les murs duquel on pouvait impunément se soulager. On se plaignait de ramasser dans les rues autant de bombes vides que de canettes. Ils en avaient assez fait, qu'ils rentrent chez eux maintenant. Et puis de quoi vivaient-ils ? On s'en inquiétait en refermant portes et volets. Le vélo d'un voisin avait disparu, on n'insinuait rien, mais il y avait tout de même là un concours de circonstances étrange.

Évelyne cohabitait avec trois jeunes, une fille et deux bons petits gars qui ne laissaient jamais la lunette relevée et prenaient soin de descendre le vieil escalier sans faire grincer les marches pendant sa sieste. Elle n'avait pas à cuisiner, ils s'en chargeaient eux-mêmes, ramenant d'elle ne savait où des cageots d'invendus. Quand elle leur avait demandé s'ils étaient communistes, ils avaient éclaté de rire. Ni communistes ni rien d'autre. La politique les faisait doucement marrer. Les beaux discours : des berceuses. Les slogans : bons pour les supermarchés. Les farandoles main dans la main autour du monde, ils n'y croyaient pas. Aucune idéologie n'avait tenu, aucune. Les plus belles utopies étaient parties en fumée. Les rêves, incendiés. À chaque siècle ses pyromanes, c'était la seule leçon de l'histoire. Le feu prenait partout et il ne resterait bientôt plus rien à brûler. Aucun d'eux ne cherchait un paradis, à quoi bon ? Les derniers étaient sous les cendres. Ce qu'ils souhaitaient, c'était que le monde les oublie. Et pour cela, Lassègue n'était pas le village le moins approprié.

Les jeunes pouvaient noircir le tableau autant qu'ils voulaient, Évelyne voyait bien qu'au fond ils ne demandaient qu'à y croire un peu. Dans leur longue chute, ils cherchaient encore à attraper les branches. Ils avaient beau prétendre qu'ils n'étaient à Lassègue que pour la beauté du geste – parce qu'il restait ça au moins, la beauté, ils en convenaient –, elle n'en croyait pas un mot.

À l'école aussi, on maniait la bombe. Encore quelques semaines et la fresque de la cour serait terminée, une pluie de graines d'érable tourbillonnant sur un fond bleu. Didier avait confié à ses élèves une nouvelle mission : recueillir les souvenirs d'un proche et en rédiger un portrait. Les parents commençaient à s'inquiéter : la peinture, les petites promenades, les causeries, c'était bien gentil, mais le programme ? Ils discutaient entre eux : l'esprit de Didier ne battait-il pas gentiment la breloque depuis quelque temps ? Sa pédagogie semblait avoir pris un sacré coup de plomb dans l'aile. Et c'était quoi ces propos cochons que les gamins avaient rapportés de chez Évelyne ? Ça allait trop loin ! Si Didier ne se ressaisissait pas, il faudrait se décider à lui en toucher un mot.

Où Lassègue allait, personne ne le savait, pas plus Didier que les autres. Ils s'étaient élancés sur une pente glissante dont personne ne voyait le bout. Impossible de s'arrêter une fois qu'on avait posé le pied dessus. Au moins, on avançait. À moins que cette descente ne soit, à l'image de son couple, qu'une chute interminable. Il y avait eu la griserie des débuts. Maintenant, ils se tenaient les uns aux autres seulement pour ne pas tomber.

Les grandes lignes du *Musée vivant des histoires contemporaines* étaient tracées. On avait filmé des entretiens, enregistré des voix, esquissé quelques portraits, tout cela donnerait de la matière. Selon la rumeur, Didier ne s'arrêterait pas avant d'avoir fait le tour du village. Les habitants interviewés se demandaient où il voulait en venir avec ça. Il gaspillait son temps. On avait eu une vie ordinaire, pas de quoi intéresser qui que ce soit. On ouvrait tout de même sa porte aux enfants, répondant de bonne grâce aux questions, avec l'hésitation cependant de ceux qui n'ont pas l'habitude d'être écoutés. Les petites plaisanteries dissimulaient la gêne, le temps que la pudeur tombe. Elle tombait toujours, pour peu que l'on soit patient.

Christian partageait l'avis général : ces récits n'intéresseraient personne. Puis Didier lui avait fait lire le portrait d'Évelyne et le maire avait jugé l'initiative parfaitement dangereuse. Laisser tout le monde s'exprimer librement, d'accord, mais peut-être pas dans toutes les oreilles, c'étaient des enfants tout de même ! Il saisissait mal les contours de ce que l'on s'obstinait à appeler "Musée". Que l'on se confie, passe encore, mais que cela reste entre quatre murs, dans le secret des foyers. À quoi bon vider son sac en public ? Les habitants avaient leur maire pour cela et ne se privaient pas depuis des années de lui exposer les plaies et les cicatrices qu'ils dissimulaient aux autres. Ce n'était pas beau à voir. Il n'y avait pas à beaucoup gratter pour que cela saigne. Voilà ce que risquait de réveiller Didier avec son "Musée", de vieilles blessures.

S'il en avait eu vent, Christian aurait moins bien saisi encore les contours du projet de son fils. Faire parler les vivants n'allait déjà pas de soi, alors les morts… Ses sœurs avaient conseillé à Martin de garder ça pour lui pour le moment. Tout ce qui touchait à leur mère était trop sensible. Que l'on prononce seulement son nom devant leur père et l'on voyait son corps se raidir. Sans Lise, Christian boitait. Il avait beau s'efforcer de le cacher, cela ne faisait que renforcer son boitement. Une légère poussée et il risquait de perdre l'équilibre.

Martin ne partageait pas les craintes de ses sœurs. Leur père était le premier à l'inciter à sortir de son trou, à aller de l'avant, alors pourquoi lui reprocherait-il de tenter enfin quelque chose ? "Regarde tes sœurs, elles ne restent pas les bras croisés. Alors remue-toi, Martin, remue-toi, prends des initiatives." Tout ce temps, Martin en avait été incapable. Il avait une place à prendre, son père le lui avait dit et répété, mais il ne savait pas laquelle. Il s'employait au contraire à prendre le moins de place possible. Il y parvenait, on le trouvait effacé. Disparaître de la surface, l'idée ne lui déplaisait pas. Le monde courait à sa perte, il préférait se ranger sur le bas-côté et regarder passer les sprinters et ceux qui traînaient la patte. Il les observait avec le même détachement. Tout ça ne le concernait plus. Sa course à lui s'était arrêtée. Il avait perdu son élan. Même la bombe lui tombait des mains. Il n'était plus capable d'imaginer autre chose que le mur.

La nuit, la porte de la chambre de Martin restait entrouverte, comme quand il était gosse. Il guettait si bien les bruits qu'il finissait par les entendre. Impossible de fermer l'œil. C'est dans cet entre-deux, entre les prémices du sommeil et la surface du rêve, qu'il pensait le plus souvent à sa mère. Il lui arrivait d'écouter sur son téléphone les messages qu'il n'avait pu se résoudre à effacer. C'est en entendant sa voix que lui était venue une idée. Il avait rassemblé des centaines de photos de sa mère, des vidéos, des bouts de papier annotés, des documents administratifs, des messages envoyés. Il avait vécu des semaines entières dans le passé sans savoir comment en assembler les pièces. Il s'y était plongé avec une telle intensité que quand il quittait sa chambre, il s'attendait à entendre le pas de Lise dans la maison. S'il s'asseyait à table, il la voyait sur sa chaise.

Les contours de son idée se précisèrent. Il l'affina patiemment, calmement, en inventoriant les souvenirs qu'il conservait de sa mère. Elle ne serait plus seulement un nom sur une pierre tombale. Avec le mémorial qu'il lui bâtissait, il lui redonnerait corps.

Quand il eut terminé, il poussa la grille du cimetière. On avait enseveli sa mère sous des mètres cubes de terre, une dalle en béton, du marbre. Dix tonnes contre soixante kilos. C'était ainsi que l'on séparait les morts des vivants. En haut de la stèle sur laquelle était gravé le nom de Lise, il colla l'autocollant qu'il avait imprimé. Un simple QR code qui ouvrirait une brèche entre les deux mondes. Il sortit son téléphone et le brandit au-dessus de la tombe. Le code scanné, Lise apparut sur son écran, les bras largement ouverts, prête à l'accolade. Ce n'était qu'un début. Il entrevoyait d'autres possibilités. Dans le cimetière, d'autres voix ne demandaient qu'à parler. Il était sûr que les habitants suivraient. Son père aussi, quoi que ses sœurs en pensent. Lassègue aurait le premier cimetière connecté de France. Au moins, cet argument porterait. L'idée progressait en lui, de plus en plus forte, balayant avec la force des révélations les doutes comme les objections. On pouvait aller plus loin, beaucoup plus loin.

Christian avait noté des changements dans l'attitude de son fils. Il semblait enfin se réveiller. Mais mieux valait ne pas le brusquer, il connaissait la bête. Un cri et il risquait de regagner sa tanière. Il le laissait venir petit à petit. Martin ne pourrait pas fuir éternellement. Quand il serait assez proche, il l'attraperait pour de bon. Sans ses filles, il l'aurait déjà chopé par le collier, mais elles s'étaient toujours interposées. "Sois patient, laisse-lui le temps." Lise lui soufflait la même chose. Martin avait toujours été son protégé, couvé comme un œuf. Ce n'était pas bon. Un œuf trop couvé, c'est la poule qui s'épuise. Du temps de ses parents, un seau d'eau écourtait la couvade. Rudimentaire et diablement efficace. L'envie le prenait parfois de déverser des seaux sur le village entier.

À l'entrée de Lassègue, à l'endroit prévu pour le parking de trois cents places, on avait débroussaillé avec peine un carré de terre qui pourrait accueillir en les tassant bien une trentaine de voitures. Et on était rentré au chaud chez soi. C'était un début. Rome ne s'était pas faite en un jour, alors Lassègue… On n'avait pas laissé tomber, non, ceux qui se permettaient de pareilles calomnies étaient vite douchés. On avait mis un peu d'eau dans son vin, voilà tout. Et puis l'important, c'était la première pierre, celle qu'on avait posée lors de l'inauguration. Christian avait fait le déplacement, on s'était fâché qu'il n'ait pas mis pour l'occasion l'écharpe tricolore. Il en avait été quitte pour un aller-retour. Le bouchon du mousseux avait coupé court aux tensions. Aziz avait payé son obole en offrant une tournée de frites.

Il stationnait chaque jour sa camionnette sur le terrain poussiéreux, devant de grosses bobines de chantier faisant office de table. Il comptait sur le trafic touristique vers Brunois pour amasser un petit pécule. Il n'avait pas abandonné son idée, il servirait bientôt le meilleur de la gastronomie de Lassègue. Pour l'heure, le kebab frites faisait l'affaire. Moins de goût, plus de marge. Tout le secret était dans la sauce. En baigner le sandwich pour tromper les papilles. Quand il aurait gagné suffisamment, il remiserait la camionnette au garage et rouvrirait le restaurant du bourg, c'était le plan. Pas à pas, on ne lui avait pas appris autrement. Aziz luttait contre le lancinant va-et-vient des voitures en s'accrochant à son idée. Il servait aux clients de passage des montagnes de frites trempées de ketchup en imaginant les plats mijotant dans les casseroles pendant que les clients s'assiéraient derrière les nappes à carreaux. On ne ressortirait jamais de là sans un bon pourliche. *Bravo Aziz, toujours un régal !* Il en souriait d'avance, il ne découpait pas le kebab, il se taillait des rêves.

Avec ses pousses de chardons sur la viande, le Spécial Lassègue marchait bien. Surcoût zéro, bénéfice double. Pour peu que le produit fasse local, les clients étaient prêts à mettre le prix. Aziz avait élargi le concept à la bière. Il avait installé une tireuse derrière le comptoir et placardé une affichette : *"Bière de Lassègue, 100 % locale"*. Les touristes lui trouvaient un vrai goût de terroir. Aziz l'achetait pour rien chez un grossiste, une blonde d'import, l'une des moins chères du marché. Tout était dans l'étiquette. Ainsi marchait le monde et ce n'était pas lui qui l'avait créé. Il gagnait davantage avec sa bière qu'avec les kebabs. De quoi faire taire ses scrupules. Quand un habitant approchait, il retournait l'affichette et revenait à des prix raisonnables. À la tête du client. Et, pour une fois, ce n'était pas lui qui en pâtissait.

Pour le profane qui traversait Lassègue, la patiente métamorphose de la commune passait inaperçue. L'œil ne relevait rien qui puisse déranger l'habituelle familiarité des lieux. En arrivant aux abords de la commune, le maire de Brunois ralentissait, se réjouissant de la laideur ordinaire des alentours avec cette cruauté si naturelle à l'homme. Il ne soupçonnait rien des soubresauts qui agitaient le village. Les aurait-il vus, il les aurait pris pour d'ultimes convulsions. Tout juste relevat-il de menus changements qui, au lieu d'amoindrir la disgrâce du visage de Lassègue, ne faisaient que la souligner. Du rouge à lèvres sur un bec-de-lièvre.

Malgré trois mois de travaux, Lassègue restait Lassègue. Toujours le même corps triste étalé de tout son long. On lui avait fait un croche-pied et il ne s'était jamais relevé. Les habitants avaient beau tirer de toutes leurs forces sur sa manche pour le redresser, remettre un peu d'ordre dans sa tenue et secouer ses habits crottés, le village paraissait hagard, comme un malade ne comprenant pas l'agitation autour de lui et rejetant tous les traitements.

Dans les alentours, on commentait avec amusement les initiatives de Lassègue. Mieux valait éviter les communes voisines où les habitants étaient accueillis par des sourires en coin et des commentaires goguenards. "Alors, cette candidature ?" Partout, on tendait le pied pour les faire à nouveau tomber.

Au moins la commune suscitait-elle de l'intérêt. Les habitants s'accordèrent là-dessus à la grande réunion qui rassembla l'ensemble des comités pour un point d'étape. On avait fait beaucoup, oui, au-delà même de ce que l'on pensait possible, mais on était encore loin du compte. La commission des Plus Beaux Villages de France ne se laisserait pas prendre à ce tour de passe-passe. Que valait un tour de magie si le lapin tiré du chapeau était à moitié mort ?

On reprit scrupuleusement la liste des critères. "*Qualité des abords et des accès du village*" ? Médiocre. "*Homogénéité du tissu bâti*" ? Absente. "*Harmonie des couleurs de façades*" ? Relative. "*Mise en lumière d'éléments patrimoniaux*" ? Nulle. "*Traitement esthétique de l'éclairage public*" ? Zéro. "*Organisation d'événements originaux*" ? À part la fête de l'Omelette, rien. Et ainsi de suite. Un silence plombant suivit ce décompte. Les habitants se sentirent comme un coureur qui a tout donné dès les premiers kilomètres et réalise qu'il lui en reste encore trente avant l'arrivée. Fichu pour fichu, mieux valait marcher tranquillement et s'en rouler une petite. D'autres étaient d'avis au contraire de courir jusqu'à s'en user les moignons. On ne pouvait pas ralentir, pas maintenant. Des voix s'élevèrent, on trouverait des solutions.

— Ah oui, des solutions, vous en avez de bonnes, et pour la *"mise en discrétion des réseaux électriques et téléphoniques"*, on fera comment ?

— Est-ce qu'on ne peut pas simplement démonter les fils le temps de la visite de la commission ? On peut quand même bien se passer d'électricité une journée…

— Et les poteaux, tu les démontes aussi, les poteaux ?

— On les recouvre de branches pour les faire passer pour des arbres. Comme ça, on fait d'une pierre deux coups.

— C'est plutôt toi qui as dû le recevoir, le coup.

On s'empoigna dans la bonne humeur avant de laisser parler Évelyne :

— Est-ce qu'on ne pourrait pas changer certains noms de rues ? Habiter l'allée des Pissenlits, à mon âge, c'est de bien mauvais augure. Pourquoi est-ce que les habitants d'une rue ne décideraient pas eux-mêmes de son nom ? Nommer les choses, c'est déjà les transformer. On pourrait avoir la rue de la Joie, la rue de la Liesse, la rue…

Une fois de plus, on s'éloignait du sujet. Christian laissa dire avant de reprendre la main.

— Gardons en tête l'essentiel : rendre Lassègue attractif.

On jeta ses dernières idées. Qu'était Lourdes avant les apparitions ? Une petite bourgade sans intérêt. Et alors ? Et alors, il suffirait d'un événement hors du commun pour que les curieux accourent. La Vierge ? Jésus ? Non, plutôt battre le record de la plus grosse omelette de France ! On s'était renseigné, un village de Mayenne détenait le record avec quatre-vingt mille œufs. Pourquoi ne pas les détrôner lors de la prochaine fête de l'Omelette ? On approuva l'idée en guettant la réaction de Christian.

— Quatre-vingt mille œufs ? répéta-t-il.

On vit aux crispations de son visage qu'il faisait les comptes. Vingt fois plus d'œufs que pour la dernière omelette géante.

C'était beaucoup demander aux poules, et à lui plus encore. On devança ses objections. On avait le savoir-faire, le plus dur serait de fabriquer la poêle. Quinze mètres de diamètre, cent soixante-dix mètres carrés au bas mot, on avait fait les calculs. Christian botta en touche : un défi insensé à la fois. Qu'ils aillent d'abord au bout de cette candidature et ils aviseraient ensuite.

— D'autres propositions ?

On remballa ses arguments. On évoqua des pistes moins ambitieuses. Que l'on prenne les choses d'un bout ou de l'autre, on en revenait toujours au même constat. Lassègue n'avait tout simplement pas les moyens de son ambition. La commune ne pouvait-elle pas emprunter aux banques ? Quelqu'un ricana :

— La seule banque qui soit jamais venue nous aider ici, c'est la Banque alimentaire.

— Eh bien, levons un nouvel impôt, lança Titi.

Sa proposition fut mal accueillie. Si c'était pour saigner les habitants, ça ne servait à rien, déjà qu'on s'en sortait difficilement alors merci.

— Un impôt pour les riches, précisa Titi.

Christian se tourna vers lui :

— Tu en connais beaucoup des riches à Lassègue, peut-être ? Et puis, de toute façon on ne peut pas créer d'impôts, c'est une prérogative de l'État. C'est à l'Assemblée que ça se joue, pas au conseil municipal.

— C'est bien le problème, grogna Titi.

Et c'est reparti, pensa Christian. Ça ne l'étonnait pas, Thierry avait sa tête des mauvais jours. À peine s'il avait dit un mot depuis le début de la réunion. Les riches, les patrons, le gouvernement, il suffisait que ça ne marche pas comme il voulait pour qu'il se remette à chanter sa chanson. Les autres, toujours les autres. Ce n'était pas étonnant que des types comme lui aient pris d'assaut des ronds-points, il tournait en rond. Les sillons qu'il creusait lui serviraient de tombes.

— Mais regardez cette liste à la con, c'est devenu notre bréviaire !

— C'est une révélation un peu tardive, commenta Christian. Vas-y, Thierry, à la conclusion, parce que ce n'est pas encore ce soir que je vais pouvoir me coucher en même temps que mes poules…

Des rires accueillirent la répartie du maire. C'est vrai, où voulait donc en venir Titi ? Il avait le premier largué les amarres, c'était parti pour le grand voyage. On avait tous empoigné les rames et maintenant que la houle montait, il était à deux doigts de saborder la fragile chaloupe.

Titi eut un geste d'impuissance. Il ne trouvait pas les mots pour exprimer ce qui couvait dans son esprit. Cette candidature les faisait couler au fond d'un moule comme une pâte molle. Au lieu de recopier le modèle comme de bons élèves, pourquoi ne s'employaient-ils pas plutôt à créer le leur ? Ils gesticulaient pour rien. C'était d'une telle connerie, la vie, tant de mouvements pour si peu bouger.

Les discussions reprirent péniblement. L'intervention de Titi avait jeté un froid. Jouer les rabat-joie maintenant, c'était bien le moment. Dans trois mois, la commission des Plus Beaux Villages pointerait le bout de son nez. On n'avait pas à rougir de ce qui avait été accompli. Tant pis si on était encore loin du compte, on irait jusqu'au bout et sans baisser les yeux. On applaudit cette dernière intervention avec l'énergie de ceux qui savent le match perdu. Quand le silence revint, on perçut au loin des coups sourds, suivis d'un éboulis.

— Qu'est-ce que c'est que ça ?

Les membres du comité Madeleine auraient volontiers répondu à la question de leur élu s'ils n'avaient été occupés à démolir un pan de l'église.

18

— “C’est vrai ce qu’on raconte ?” Une de mes clientes m’a posé cette question en se plantant devant moi. Elle n’en revenait pas que Lassègue ait le culot de s’autoproclamer plus beau village de France. Je voyais bien qu’elle trouvait la farce mauvaise. Elle, qui d’habitude s’éclipse dès que j’arrive, n’a pas arrêté de me tourner autour pendant que je faisais la poussière, en me demandant ce que j’en pensais. Elle connaissait la commune, ce n’était tout de même pas terrible. Son mari est venu en rajouter une couche. Le sujet l’a rendu intarissable. En trois phrases, il est passé par je ne sais quel miracle de la médiocrité de notre village à celle de l’époque, la France de l’assistanat, du moindre effort. Tout ceci sans se laisser distraire par mes coups de chiffon. Des retraités, ce sont les pires. Impossible de s’en défaire quand vous les avez sur le dos.

Sandrine avait renâclé quand Didier lui avait proposé d’intégrer le *Musée vivant des histoires comptant pour rien*, nom que les enfants avaient finalement plébiscité. Qu’il se trouve un autre cobaye, elle n’avait rien à dire. Elle-même mourrait d’ennui si elle devait lire une histoire comme la sienne. Sa vie était loin de la grande littérature, tout était couru d’avance, les lignes toutes tracées, il n’y avait qu’à les suivre jusqu’au dénouement attendu. Titi avait essayé de la convaincre : qu’elle raconte l’envers du décor. C’était elle qui, sous les beaux tapis, débusquait la saleté. Des histoires, elle en connaissait assez pour animer à elle seule un musée. Finalement, c’était l’intervention de son client qui l’avait décidée, un ancien cadre qui se donnait toujours l’air occupé. Le genre à penser que s’il arrêtait de pédaler, les roues du monde s'arrêteraient de tourner. Il y avait peut-être dans tout ça matière à instruire les enfants.

— J'aurais dû lui répondre que chez certains, la beauté met du temps à se révéler. Chez d'autres, c'est leur laideur. Et lui planter le manche à balai dans les mains. Trois cents mètres carrés à balayer, ça lui aurait fait les pieds. Oui, trois cents mètres carrés, pour deux. Quand on fait le ménage soi-même, on ne voit évidemment pas si grand. Il faut la voir, leur maison, une maison de catalogue. Ceux qui passent devant s'arrêtent toujours pour la regarder. Ça amuse mes clients, ils observent ces curieux de l'autre côté de la vitre, ça leur fait comme un bain de foule. Son charme est trompeur. L'harmonie de ses lignes n'est qu'une façade. Le carré de pelouse un décor. Elle reluit pour empêcher d'en voir l'intérieur.

Quand j'y ai mis les pieds la première fois, j'osais à peine bouger. Avec ces grands volumes, je me sentais minuscule. Ma cliente m'a donné ses consignes, j'ai été incapable d'en retenir une seule. Elle me les a répétées patiemment, comme à une enfant un peu distraite. En quittant les beaux quartiers de Chaulet pour revenir à Lassègue, les différences m'ont sauté aux yeux. Nous n'avons même plus de médecin. Cela veut bien dire quelque chose. Ça ne doit pas valoir la peine de nous soigner. Il y a des malades sur lesquels plus aucun remède n'a d'effet. On doit être de ceux-là. À moins qu'ils ne craignent la contagion.

Enfant, on avait beau me dire que nous sommes tous égaux, qu'il suffit de s'élancer sur la piste et courir droit devant, je voyais bien qu'elle ne faisait pas la même longueur pour tout le monde. On devrait refuser de prendre le départ, on le sait mais on s'élance pourtant dès que le coup de pistolet claque. Devant certains, on ajoute assez d'obstacles pour qu'ils ne puissent jamais parvenir au bout de leur course. Pour d'autres, quelques pas suffisent à accéder au podium. Ils sont récompensés sans avoir eu à courir.

C'est chez eux que je fais le ménage. Je voulais les approcher pour percer le mystère de leur réussite, comprendre ce qui les a conduits à leur place, pourquoi ils sont au plus haut dans le règne humain. Il n'y a pas besoin d'enfoncer les portes pour entrer chez les grands de ce monde. Un balai suffit.

Rien n'en dit plus que la crasse. C'est dans le panier de linge sale, dans les recoins, sous les lits, dans les poubelles, que les gens se révèlent. Là où personne ne met le nez. Je vous conseille de garder vos chambres bien propres, les enfants. Certains lisent l'avenir dans le marc de café, moi je découvre des secrets au fond du seau à serpillière. Moins mes clients remarquent ma présence, plus ils se laissent aller à leurs penchants. Se faire oublier n'est pas difficile. Je suis un élément du décor. Le lustre, les peintures, la femme de ménage. Tout ça forme un tout. N'allez pas croire que je finis par faire partie de la famille, pas plus que l'aspirateur.

Pendant que je manie le balai, il arrive que ma cliente s'épanche. Me voir frotter la met en confiance. Elle me poursuit de pièce en pièce avec des confidences. Si j'abandonne le manche, elle s'arrête net. Pour entendre la suite de son récit, je dois récurer à nouveau. C'est comme si me voir faire la lavait elle aussi. Plus j'astique, plus ses confessions sont crues. Elle laisse s'écouler toute son eau sale. Son mari est différent. Il ne se confie pas, il préfère m'instruire sur la marche du monde. Il me voit comme un pot à remplir où germera peut-être, à force de soins, une fleur maigrelette.

Plus je les écoute, moins ils m'intéressent. Le mystère a perdu de son charme. Mon métier aussi. J'ai assez couru. J'aimerais m'asseoir sur le bord de la piste et regarder à mon tour les autres passer. Je ne sais pas quelle force continue à me pousser en avant. C'est comme si des bras me tenaient malgré moi par les épaules pour me faire avancer.

Qu'ont-ils de plus ? Ou qu'ai-je en moins ? Finalement, c'est à eux que j'ai posé la question. Ce fameux jour où ils se sont étonnés que Lassègue candidate au titre des Plus Beaux

Villages de France. Mon client en était à évoquer le triomphe de la paresse. Tous ces boulots qui ne trouvaient pas preneur, c'était bien le signe d'un déclin. Chacun voulait que tout lui arrive tout cuit dans le bec. Le travail avait perdu ses lettres de noblesse. On aspirait à la réussite sans l'effort. Est-ce que je n'étais pas d'accord ? Il me posait la question seulement pour que je l'approuve et peut-être l'aurais-je fait en temps normal. Je n'ai pas répondu directement. Je lui ai simplement demandé pourquoi c'était moi qui nettoyais ce que lui salissait. Il en est resté interdit avant de vite se reprendre : "Mais parce que c'est votre travail." Sa femme a senti que le vent tournait, parce qu'elle a ajouté : "Et vous le faites très bien." J'ai laissé passer un temps avant de dire : "Vous viendriez faire le ménage chez moi ?" Ils se sont regardés tous les deux, ébahis, ne sachant trop s'ils devaient rire ou se fâcher. "Je vous prends à l'essai. C'est moins grand qu'ici, ça ne vous prendra pas tant de temps." Je me suis redressée et j'ai abandonné mon balai contre un mur. "Bien sûr, je vous paierai. Au même tarif que le mien, pas de différence." Nous sommes restés là à nous regarder. "Mais enfin, qu'est-ce qui vous prend ?" Le visage de mon client avait blanchi et il s'est écarté comme si je lui faisais peur. Je ne demandais rien d'exceptionnel mais, dans ma bouche, cela paraissait fou. Tout d'un coup, j'étais en train de renverser l'ordre des choses. Je ne traînais plus derrière, je cavalais en tête. Je leur ai donné rendez-vous pour la semaine suivante en leur dressant la liste de ce qu'il y aurait à faire.

Le jour dit est arrivé. Ils auraient dû venir aujourd'hui.

Bien entendu, ils ne se sont pas manifestés. Heureusement, je comptais sur votre visite. Il n'est pas question que vous restiez spectateurs. Comme vous le voyez, il y a largement de quoi faire. En prévision de leur venue, j'ai levé le pied sur le ménage ces derniers jours. Allez, debout les enfants, assez parlé maintenant, un peu d'action ! Rien ne vaut l'immersion pour éprouver une condition. Prenez ça comme un jeu de rôles. Aujourd'hui, vous commencerez par les principes de bases : joie et misère de la poussière. La pile de chiffons est pour vous, servez-vous. Si vous ne voulez pas y passer trop de temps, je vous conseille de vous répartir sans traîner dans chacune des pièces. Vous verrez que les étagères n'attendent que votre passage. N'oubliez pas de déplacer les objets, pas question de se contenter de dépoussiérer autour. Didier vous supervisera, je suis sûre qu'il a lui aussi un potentiel à exploiter. Pour ma part, il me semble avoir déjà donné. Allons allons, un peu d'entrain, nous avons tout un village à faire reluire. La suite de mon histoire, vous ne la connaîtrez que quand tout Lassègue aura été épousseté.

19

Parfois, Julia se demandait s'ils n'allaient pas trop loin. Elle voyait bien aux coups d'œil appuyés, aux lèvres pincées, aux mains nerveuses qui pianotaient sur son bureau, que leur secret était éventé. Pour l'instant, les habitants se retenaient, mais les allusions ne tarderaient pas. Il n'y avait qu'à les voir chuchoter entre eux sur les chaises du hall de la mairie pour le deviner. Elle n'avait pas le temps de s'en inquiéter, on l'assaillait de toutes parts, son bureau débordait, la pile de dossiers en attente s'allongeait. Christian l'avait rassurée : "Traitez le plus urgent uniquement, le reste attendra." Lui d'ordinaire si scrupuleux signait des autorisations de travaux et des arrêtés à tour de bras, sans prendre la peine de les lire. Il lui avait confié d'un air grave que ce mandat serait le dernier. "Cette candidature, d'une façon ou d'une autre, on ne s'en remettra pas." Sa voix avait sonné tragiquement, un timbre d'orgue à l'enterrement, c'était la fin, un trou profond l'attendait, creusé par ses propres concitoyens. "Plus de vingt ans de ma vie donnés à la commune, vous vous rendez compte ?" En guise de consolation, elle lui avait tendu le parapheur. Il avait apposé sa signature en faisant mine de s'intéresser au contenu mais il y avait belle lurette qu'il ne prenait plus cette peine, elle le savait pour lui avoir fait signer quantité de documents dont la lecture l'aurait fait bondir.

Les habitants espéraient-ils vraiment pouvoir décrocher le label ? Julia ne le pensait pas. Ils jouaient seulement avec l'idée. Une sorte de roulette russe. Aucun d'eux ne croyait à leur chance. Ils tiraient pourtant. Le barillet plein, certains auraient quand même appuyé sur la détente. Ici, on appelait ça le destin. Drôle de conception. Il n'y avait aucun plan dessiné à l'avance, mais des rapports de force qui imprimaient partout leurs traces. Julia les reconnaissait sur les visages comme sur les paysages alentour. Partout des marques, des stigmates, des cicatrices. Lassègue était plein de ces faces abîmées, elles défilaient à la mairie encore engourdies, les paupières gonflées, les cheveux en broussaille.

S'en remettre au destin n'avait fait qu'accélérer la ruine de Lassègue, elle en était convaincue. Les habitants acceptaient par avance les coups qu'ils ne manqueraient pas de prendre. Ils se tenaient sur le ring, en attendant d'être envoyés au tapis. Chacun à sa place, c'était la leçon de la déculottée infligée chaque jour.

Julia ne connaissait qu'un habitant réellement capable d'y croire. Adrien semblait ne plus distinguer la réalité de ses multiples reflets. Il avançait, persuadé qu'imaginer le chemin suffisait à gravir la montagne. Au terme de son ascension, il risquait de n'y avoir que le vide. Tel qu'elle le connaissait, il n'hésiterait pas à sauter.

Julia le trouva sans s'en étonner à la table de sa cuisine. Il était tôt encore, elle s'était arrachée au lit, son visage fripé comme un vieux pansement. Celui d'Adrien était concentré au-dessus du papier. Son tee-shirt bâillait tout autant que son caleçon. Il écrivait, penché sur son cahier. Elle se servit un café et s'assit face à lui, le corps ankylosé. Trop d'excès. À ce stade, on ne pouvait plus évoquer un simple écart. Plutôt une sortie de route. La première fois, les sympathisants du comité Madeleine s'étaient laissé emporter sans que rien ne soit prémédité, presque par accident. Les conventions qui les tenaient étaient tombées d'un coup et les interdits avec. Tous n'en étaient pas ressortis indemnes. Certains n'avaient plus remis les pieds à l'église Sainte-Madeleine, choqués par la liberté qu'ils s'étaient octroyée. C'étaient les premiers à faire courir les bruits de dépravation qui ondoyaient autour du comité, propageant une onde qui ne faisait que grandir.

Adrien s'étira bruyamment. Il marcha jusqu'à la cafetière, l'arrière des cuisses rougi par le bois de la chaise, et se servit à son tour. Il but son café debout, appuyé contre le plan de travail de la cuisine, absorbé dans ses pensées. Il reposa sa tasse et griffonna deux mots à la va-vite dans son carnet. Il n'avait plus rien de cette lourdeur dont il forçait les traits. Julia l'interrogea du regard.

— J'écris l'histoire de Lassègue.

— Rien que ça ?

— C'est l'emballage qui fait le cadeau.

Julia jeta un œil à son tee-shirt aux couleurs passées, sans faire de commentaire.

— Tu as vu la présentation de Lassègue sur le site de la mairie ? Elle n'a aucun intérêt ! Prenons modèle sur Brunois : des seigneurs, des batailles, des princesses. C'est ça qui plaît aux touristes, de l'épique, du romantisme…

En parlant, Adrien marchait dans la cuisine. Il fit une pause pour se gratter machinalement l'entrejambe.

— Et tu as trouvé quelque chose dans ce goût-là ?

— Je n'ai pas cherché, le résultat aurait été décevant et il nous faut quelque chose à la hauteur de nos ambitions.

— Ta déontologie journalistique m'étonnera toujours…

— Tu veux que je te lise ?

Adrien prit son cahier empli d'une écriture serrée et raturée de toutes parts :

— C'est un premier jet, mais l'esprit est là. *"À Lassègue, les parfums mûrs des vieilles histoires vous monteront au nez. Inspirez-les profondément et son passé révélera ses puissants arômes. L'histoire de Lassègue débute avec cette terre riche, dont les premiers habitants sont les vers qui grouillent sous sa croûte brune."*

— Pour les vers, je ne suis pas sûre, objecta Julia.

Adrien balaya sa réserve d'un geste de la main :

— Attends d'avoir tout entendu pour te faire une idée. "*Ce sol humide, tapissé de feuilles mortes, planté d'arbres qui ne s'arrêteront pas de croître avant d'avoir touché le ciel, exhale les senteurs lourdes de l'humus, les fumets tenaces de la décomposition dans lesquels s'épanouit la vie. Les premiers hommes qui foulent cette terre généreuse ne s'y trompent pas. Dans la fermentation capiteuse du sol, ils devinent déjà le terreau fertile, les graines qui demain donneront des fruits, la semence féconde qui apportera la vie.*"

— Et les femmes là-dedans ? J'imagine qu'elles attendent gentiment les jambes offertes…

— Rien n'est moins sûr… "*Les premières familles s'installent. Il ne leur faut pas dix ans pour raser la forêt, domestiquer sa beauté, discipliner ses élans. Nous sommes à des siècles de là, un monde à part pourrait-on croire, mais l'humanité n'a toujours eu qu'un seul visage, un visage fier qui porte sur ses traits les stigmates de sa propre destruction.*"

— Tu y vas un peu fort quand même.

— Est-ce que tu as déjà lu une introduction pareille dans une brochure de l'office de tourisme ?

— Pas sans raison, je pense…

— Ne prenons pas de gants. Il faut frapper l'esprit du touriste, le cogner tant et si bien qu'il ne s'en relèvera pas.

— Continue.

— "*On vide patiemment les entrailles de la terre pour construire les fondations du village. On extirpe de son ventre grassouillet les pierres qui serviront à bâtir les premières maisons. On abat les arbres centenaires qui serviront de charpente. Aujourd'hui encore, ces pierres séculaires maintiennent le long squelette de Lassègue. Elles ont connu toutes les vies, elles en chantent les souvenirs aux habitants dans leur sommeil. Le visiteur attentif n'aura qu'à y coller l'oreille pour entendre leurs récits. Ainsi rencontrera-t-il la vieille Bertille, dont soupes et onguents soignaient autant les blessures infligées au corps qu'à l'âme. Les modes changeant, elle sera au crépuscule de sa vie brûlée vive sur la place du village. On trouve encore les traces noirâtres de son bûcher sur les pavés. Aucun habitant ne s'avise depuis de marcher dessus par crainte de s'y consumer.*

Le visiteur connaîtra aussi Théobald, artisan charcutier de son état, qui ne rechignait pas, en période de disette, à équarrir les animaux familiers. La légende raconte qu'aux derniers jours de sa gourmande existence, pour apaiser le creux dans l'estomac de ses voisins, il cuisina sa propre jambe en de délicieux jambons et pâtés dont on se régala à son enterrement."

— C'est un peu gros quand même.

— Ce n'est pas gros, ma chère Julia, c'est grand !

— Et puis, toutes ces histoires, c'est un peu sordide. Tu ne parlais pas tout à l'heure de romantisme ?

— Tu ne le trouves pas romantique, mon charcutier, à offrir ainsi sa jambe ?

— Si un jour tu m'accordes ta main, il faudra que je me méfie.

— *"En rasant la forêt, les nouveaux arrivants ont donné son plus beau visage à dame nature. On l'honore en fendant sa terre moelleuse à coups de soc. Elle le leur rend au centuple car la nature a la bizarrerie de nourrir ceux qui la forcent. Peut-être parce qu'elle se délecte à l'avance du gras que nous lui donnerons à sucer à l'heure de notre mort. Elle se vautrera en retour dans nos restes décomposés."*

— Avec une description pareille, les touristes vont se précipiter à Lassègue.

— Le début est un peu sombre mais ça s'éclaire ensuite. Il faut petit à petit acclimater le lecteur. Si je passe trop vite de l'ombre à la lumière, il n'y verra plus rien. Il te reste un peu de temps ?

Julia acquiesça. Adrien fit défiler les pages de son carnet.

— J'ai un bref passage sur les vestiges d'une cité antique enfouie dans le sous-sol de Lassègue.

— Non, passe.

— La découverte accidentelle de peintures rupestres ?

— Passe.

— L'origine de la fête de l'Omelette ?

— Je suis tout ouïe.

— *"Les plus grands événements procèdent souvent d'un malentendu. La fête de l'Omelette est de ceux-là. On y fend aujourd'hui la coquille comme on fendait autrefois le crâne de l'ennemi.*

Revenons à ses origines. Le seigneur voisin de Brunois convoite alors les terres fertiles de Lassègue, il ne rêve que de soulever sa robe pour la trousser. Plus ses avances sont repoussées, plus ses assauts se font brutaux. La vertu de Lassègue est entourée d'épines, on ne s'approche pas impunément de sa fleur. Qui s'y frotte s'y pique. Parce qu'on ne peut les arracher à leur terre, les habitants gagnent le surnom de chardons, une plante rugueuse, que l'on ne cueille qu'à ses dépens.

Le seigneur de Brunois ne peut conquérir le cœur de Lassègue, fort bien, il le fera jaillir à la pointe de son épée. Le village est assiégé. On y manque de tout, d'armes comme de vivres. L'argent n'a plus de valeur, les vrais trésors sont dans les poulaillers, on dort avec ses poules pour les protéger. Sans elles, on serait déjà mort de faim.

Le seigneur de Brunois le sait, il n'a qu'à attendre. La famine rend docile, bientôt il disposera de Lassègue comme il l'entend. Chaque jour, il se pavane en armure en bas des hauts murs et réclame la reddition. Les villageois ont utilisé leurs casseroles comme derniers projectiles, leurs réserves sont vides. Sur son cheval, le seigneur de Brunois triomphe. Plus rien ne peut l'atteindre. Les femmes de Lassègue le huent. Certaines ont dans leurs poches les œufs qu'elles viennent de ramasser. Un premier, lancé d'on ne sait où, atteint le seigneur en plein visage. Il vacille. Le poids de son armure le fait basculer, il tombe de son cheval. Une pluie d'œufs s'écrase sur lui. Le temps qu'on lui porte secours, des coulées glaireuses recouvrent son armure chauffée à blanc par le soleil. Sur le métal, les œufs crépitent. Du haut des murs, les villageoises se mettent à humer le parfum qui flotte dans l'air, un parfum d'omelette. Le seigneur est humilié. Les rires autour de lui l'achèvent."

— Je suppose que ces œufs sont une métaphore, ces femmes refusent d'enfanter avec l'ennemi et préfèrent les sacrifier ?

Adrien se gratta le menton avec la pointe de son stylo.

— Maintenant que tu le dis, il me semble bien que c'est ça.

Julia jeta un œil à l'horloge.

— Tu ne m'as pas encore lu une ligne sur l'histoire des bains publics. Du moins, rien d'authentique.

Adrien haussa les épaules. Il avait tant ergoté sur le sujet avec les membres du comité Madeleine qu'il ne savait plus lui-même où se nichait la vérité. Julia n'insista pas. Elle l'embrassa sur la joue :

— Je dois y aller.

Il la regarda avec une expression tendre et malheureuse. Elle le quitterait un jour pour de bon, il en était convaincu, et alors c'en serait fini de l'apesanteur, il pèserait le double, le triple même de son poids. Son cœur était trop gros pour pouvoir aimer sans souffrir. La mélancolie, sa vieille compagne, était patiente. Elle le connaissait si bien. Il finirait par retomber dans ses bras.

Adrien ressentait toujours un pincement quand Julia s'ébattait avec un autre, presque une entaille qu'il camouflait sous la gaudriole. Il se sentait un peu minable ensuite, trop en dessous, il fallait s'élever, bon sang. Rien à faire pourtant, il se sentait sempiternellement tiraillé. Il ne s'en ouvrait qu'à moitié, entortillant tellement ses mots dans des paraboles qu'il perdait lui-même le sens de ce qu'il voulait lui dire.

On avait déjà passé la bague au doigt de Julia, tout juste s'il n'avait pas fallu amputer pour retirer l'anneau. On ne l'empêcherait plus d'aimer comme elle l'entendait. À tout cela, Adrien acquiesçait, se promettre à un autre, désuet, ridicule, mais, moins chardon que fleur bleue, il s'endormait avec des rêves de robes blanches.

La voix de Julia le ramena dans la cuisine :

— On se retrouve à l'église ?

Les doutes qui taraudaient Adrien se dissipèrent d'un coup. C'était toujours comme ça, il se piquait de mille petites pensées blessantes que le sourire de Julia faisait sauter d'un coup.

— Bien sûr.

Le comité Madeleine avait assez retardé le moment de faire entrer un peu de lumière dans les hauts murs de l'église. Ce qui les avait décidés, c'était la visite de l'évêque du diocèse. Il avait longuement tambouriné à la porte close la veille. Des horreurs lui étaient venues aux oreilles. On se livrait au stupre sous la sainte croix de Jésus, les cloches ne sonnaient plus que pour couvrir les bruits infâmes d'orgies. L'évêque imaginait ça de là : un corps nu sur l'autel, dans la lumière des vitraux, étendu au milieu des reliques, le goupillon qu'on trempait dans le bénitier avant d'en arroser le torse, les gouttes qui coulaient sur la peau. Il chassait l'image avec une courte prière : "Que le Seigneur affermisse mon cœur, le rendant irréprochable en sainteté." Son église, un lupanar, cela lui mettait le feu aux joues.

— Je ne sais pas ce que vous trafiquez là-dedans, mais ouvrez, je vous ai entendus.

— Revenez plus tard, s'était-il entendu répondre, les soirées déguisées, c'est en fin de semaine.

L'évêque avait martelé la porte avec d'autant plus de force que l'image infamante lui était revenue :

— Ouvrez cette porte ou j'en appelle à la force publique. Rendez-nous notre église !

À lui l'église ? On lui avait rafraîchi la mémoire. La loi de 1905, ça ne lui rappelait rien, à l'évêque ? Depuis, les édifices du culte appartenaient aux communes, pas à l'Église. La commune, autrement dit à eux. Dieu n'avait été à Lassègue qu'un locataire, et mauvais payeur avec ça. Alors si ça leur plaisait de chanter les louanges d'un nouveau culte dans leur église, le pape lui-même n'avait rien à en dire. Et puis, que l'évêque n'oublie pas que l'église de Lassègue n'aurait pas tenu des siècles durant sans la contribution forcée des habitants. Des lustres qu'on les extorquait, leurs impôts locaux dilapidés dans les fuites de toits et les sacs d'hosties. Assez payé maintenant, c'en était fini de la rente, on expulsait. L'Esprit saint trouverait bien ailleurs où se poser.

L'évêque avait tambouriné de plus belle, il voulait revoir l'autel, c'était dans sa bouche une obsession. Il ne bougerait pas tant qu'il ne se serait pas assuré que les lieux n'avaient pas été mis à sac. Très bien, qu'il juge par lui-même. On lui avait fait la visite. "On a donné un coup de frais à l'église, on a le sens de l'accueil, nous, au moins. Jésus-Christ peinturluré aux couleurs de l'arc-en-ciel, c'est pour le symbole, oui, et puis ça fait joli. Attention à l'échafaudage, il y en a partout, les piliers sont repeints mais on n'a pas encore terminé les voûtes. Ces motifs, c'est l'œuvre des graffeurs. Ils aiment les grands espaces, on n'aimait pas vos murs gris, on s'est bien entendus. Avouez, ça a de l'allure, non ? Au fond, derrière l'autel, c'est le portrait de Madeleine, celle que vos petits chefs ont fait noyer. Madeleine, oui, Madeleine, ne jouez pas l'innocent. La fille des bains, vous savez bien. On la fait revivre. Ici même. On n'a pas de religion, certes, mais on a des principes dont on ne cherche pas à être les apôtres. Pas de bonne parole ici, ni de prêche, les mots mentent trop, des lustres qu'on nous en fourre dans les oreilles, ça ne rentre plus. On ne veut pas d'autres louanges que celles criées dans l'étreinte, pas d'autre culte que celui de la volupté. Bien sûr qu'on se paye du bon temps, la vie est trop courte. Si mal utiliser ce dont la nature nous a pourvus, ce serait ça le crime. On n'a pas de dieu, nous autres, on est tout seuls, bien seuls dans ce petit rien dont vous faites un grand tout. On tâtonne dans le monde en aveugles, c'est comme ça que nos mains ont fini par se rencontrer et que le reste a suivi.

Allons donc, pas de cris d'orfraie, nous n'ignorons pas que dans l'église, la robe est souvent bien légère. On sait quel genre de croix pointe sous la soutane et de quel dogme elle se raidit. S'il vous plaît, pas de menaces dans la maison de Madeleine, pas quand elle a enfin trouvé la paix. Pourquoi n'œuvrerions-nous pas ensemble à un monde plus juste ? Vous dans le silence de vos prières, nous dans les ébats bruyants de notre foi. On vous laisse l'absolution, on se contentera de l'absolu. Quant à l'église, elle est à nous, n'y revenons pas. Vous y serez le bienvenu si vous revenez défroqué, tel que le créateur ou le hasard nous a faits."

La visite avait tourné court. L'évêque s'était précipité à la mairie. Il ne parvenait plus à penser tant ce qu'il avait vu l'avait saisi d'effroi. On les expropriait, du jamais vu, on en parlerait jusqu'au Vatican !

Julia avait été prévenue, elle avait contenu le prélat : le maire était absent, il le rappellerait sans faute dès son retour. Se rendait-elle compte du scandale, du crime qui se commettait sous leurs yeux sans que quiconque ne semble s'en inquiéter ? Un temple profané et le maire nourrissait ses poules ? Se souciait-on si peu de la chrétienté à Lassègue ? L'évêque avait menacé : si le maire ne se manifestait pas dans les vingt-quatre heures, il rendrait compte à la police. "Et à Dieu ?" avait ajouté Julia sans sourire. L'évêque était reparti en claquant la porte.

Le comité Madeleine prit la pleine mesure de ce dans quoi il s'était engagé. Impossible de reculer maintenant, c'était allé trop loin. Et puis renoncer au nom de quoi, au nom de qui ? Dieu ? Il y a belle lurette qu'il devait se retourner dans sa tombe. La sainteté de ses représentants était sujette à caution, le vice poussait trop bien à l'ombre des soutanes. Une église fermée, c'étaient les enfants d'un village entier sauvés.

On en ferait quelque chose de beau, de libre, d'ouvert. Un lieu qui rayonnerait bien au-delà de Lassègue. Pour cela, il fallait commencer par faire entrer de la lumière dans ce tombeau. Pour le toit, on avait fait des repérages, la pose de verrières serait une bricole. Les murs, une autre affaire, il faudrait y aller au burineur pour attaquer des pierres larges comme le bras. Ce gros œuvre inquiétait Adrien, était-on sûr que toute l'église ne s'effondrerait pas ?

Le soir dit, les travaux avaient tout juste commencé quand la moitié du village déboula. La pierre avait à peine été attaquée qu'il fallut tout interrompre. Les habitants arrivèrent par grappes depuis la salle des fêtes. “Êtes-vous tombés sur la tête ?” Christian fit le scandale attendu, on le laissa s’égosiller pendant que les curieux faisaient le tour de l’église. Elle avait drôlement changé, les peintures vives donnaient un formidable coup de jeune. Tous ces tapis moelleux sur le sol, ils sortaient d’où ? Ramassés de-ci de-là, comme les meubles et la vaisselle. On s’était créé son petit paradis, à l’ombre des pierres, sous les vitraux qui les faisaient rougeoyer. Les paravents cachaient d’autres espaces, plus intimes, on ne pouvait pas montrer, trop de bazar, mais on cloisonnerait bientôt. On se penchait sur les plans, en demandant une explication, en suggérant un changement. Mais que voulaient-ils faire de l’église exactement, un hôtel ? L’idée n’était pas mauvaise, Lassègue en manquait cruellement, un hébergement aussi original jouerait en sa faveur. Avec une bonne literie, on serait ici comme des rois. Les sympathisants du comité Madeleine éludèrent, un hôtel oui, d’une certaine façon, tout n’était pas décidé.

On avait envie de s’asseoir dans l’un des canapés pour admirer l’ensemble. Est-ce qu’on pouvait ? Bien sûr qu’on pouvait, il fallait se mettre à l’aise. Toute la petite troupe s’agita, des tasses se remplirent, des assiettes de biscuits apparurent, des bouchons sautèrent. La stupeur passée, on admira le travail. À peine si on reconnaissait les lieux, une transfiguration. Sur le vilain enduit gris des murs, l’âme colorée du village avait poussé. Une fleur sauvage crevant le béton. On n’en finissait pas de la respirer, l’ivresse des sens menaçait. Il faisait chaud dans cette église, non ? On avait envie de s’y déboutonner.

Christian était trop furieux pour apprécier le changement. On avait tout fait dans son dos, en secret. Pas un mot de ce qui se tramait ici n’avait glissé jusqu’à ses oreilles. Le comité Madeleine se défendit. On voulait lui faire la surprise. Ne voyait-il pas le potentiel des lieux ? L’église serait bientôt le plus bel atout du village. On eut beau lui montrer les peintures virtuoses, évoquer les bénéfices de cette transformation, les retombées pour la commune, il s’en contrefichait. On l’avait trahi, voilà tout, pas la peine de baver davantage. Ceux qui avaient fomenté ce coup lamentable s'étaient mis dans une belle merde. L'église était protégée, bon sang, étaient-ils stupides à ce point ?

Quand l'évêque arriva flanqué de deux policiers, Christian n'avait pas décoléré. On se foutait de lui, il n'y avait pas d'autre mot. Au-delà de sa personne, on insultait sa fonction. C'était donc qu'ils ne voulaient plus de maire ? Alors très bien, c'était fini. À partir de maintenant, il ne répondait plus de rien. Christian passa à travers le couple de policiers sans ralentir le pas, sa tête bouillonnait tant qu'il n'entendit même pas l'évêque le héler.

Les policiers firent le tour des lieux, ils acceptèrent le café qu'on leur tendit :

— Qu'est-ce qui se passe ici au juste ?

Julia s'avança vers eux, un épais dossier en main :

— La commune restaure l'église.

Les policiers feuilletèrent les autorisations de travaux signées de la main de Christian.

— Vous pouvez les garder, ce sont des copies, mais nous tenons les originaux à votre disposition.

Les agents prirent le temps de parcourir les documents :

— Tout de même, ce n'est pas commun.

— Vous avez dû entendre parler de la candidature de Lassègue au titre des Plus Beaux Villages de France.

Les policiers échangèrent un sourire, Julia poursuivit :

— Nous mettons toutes les chances de notre côté. Ce chantier fait partie des grandes rénovations en cours.

— Et le curé ?

— Vous pouvez le garder, la messe est dite.

Le flash de l'appareil photo d'Adrien les interrompit. Il s'excusa, il couvrait l'événement pour la presse locale, est-ce qu'ils accepteraient une photo de groupe ?

Loin de ce tumulte, Cécile avait entraîné Didier dans le confessionnal dont elle tira le rideau. Ils s'assirent de part et d'autre de la grille, en laissant leurs yeux parler pour eux. En posant sa main à plat sur le crible en bois, Cécile appela la sienne. Didier l'imita de l'autre côté de la paroi, le regard las et souriant. Il ne lui en voulait de rien. Les doigts de Cécile effleurèrent les siens, il se laissa aller à cette caresse sans y répondre. Puis, lentement, il retira sa main. Cécile vit dans ce geste un adieu. Les yeux brouillés de Didier le lui confirmèrent. Il se leva et referma le rideau derrière lui.

20

Depuis que Lassègue avait fait l'ouverture du journal télévisé de France 3, le village attendait. Derrière les rideaux, on guettait le ciel, sûr qu'il ne tarderait plus à s'obscurcir. Une église occupée, un curé chassé, un maire démissionnaire, ça en faisait, du tapage. C'en serait bientôt terminé de la tranquillité de Lassègue. Les vétérans des Chardons en étaient convaincus, ce n'était qu'une question de temps. Bientôt la machine s'emballerait, la polémique était trop belle pour que les médias ne la fassent pas juter jusqu'au bout. On tordrait Lassègue comme un vieux torchon. Quand il ne resterait plus une goutte, on l'oublierait dans un coin.

Deux jours après la diffusion du reportage, les Chardons en reparlaient dans les vestiaires du stade municipal après un match nul, deux partout, contre un village des environs. Ils avaient couru comme des dératés. La boue, la flotte, leurs passages répétés avaient creusé de nouvelles ornières, une vraie pataugeoire, la moindre frappe projetait des éclaboussures à dix mètres. Ils n'avaient pas eu l'occasion de s'en plaindre à Christian, il ne s'était pas présenté sur le terrain. Titi avait bien fait un crochet rapide jusqu'à l'élevage pour l'en déloger, peine perdue. Il n'avait pas répondu aux tambourinades sur sa porte.

— Ça va me faire perdre des clients, cette histoire, reprit Aziz. Avec ma tête, certains pensent que je suis tout à fait le genre à m'en prendre à une église. Vous n'imaginez pas le nombre de gens qui s'arrêtent devant ma camionnette juste pour m'en parler.

Aziz n'était pas tranquille. Ce n'étaient pas des hordes de touristes qui allaient déferler sur la commune, mais des vagues bleu marine chargées d'algues brunes. Il en sentait les relents. Un abruti avait même tagué sa camionnette.

On opina. Ça allait faire du bruit. D'autres caméras ne tarderaient pas à débarquer, l'histoire était parfaite pour l'ouverture du 20 heures. Bientôt *people* et politiques seraient sommés de s'exprimer sur le cas Lassègue, ce paisible village qu'une ambition démesurée avait transformé en monstre. *"Une réaction, monsieur le Premier ministre, à l'affaire Lassègue ?"* Le sujet serait sur toutes les lèvres. *"Certes, nous sommes un État laïque, mais s'attaquer à une église, c'est menacer l'un des piliers de notre culture."* Du pain béni pour les réactionnaires, ils en boufferaient jusqu'à la dernière miette, réveillant l'appétit des adorateurs de la Croix. D'un coup elle reviendrait à la mode, des croyants en planteraient tout autour du village pour conjurer le Mal. Titi pourrait ressortir la sienne. Le pape lui-même appellerait les fidèles à prier pour l'église de Lassègue. Des millions de cierges seraient brûlés à travers le monde pour la libération de Sainte-Madeleine. Des patrouilles de CRS stationneraient à l'entrée de la commune, la matraque au chaud, la main impatiente, le bouclier fraîchement lavé des bavures précédentes. Au moins, les ventes de *bière de Lassègue* exploseraient, Aziz leur en servirait des hectolitres pour endormir leurs réflexes et arrondir ses comptes. Pas un jour sans qu'une caméra ne le cadre dans sa baraque à frites, sans qu'un micro ne se colle sous son nez et furète du côté des passants. Évelyne, en sa qualité d'aînée, serait sur toutes les chaînes. Elle ne se ferait pas prier. *"La France est peut-être la fille aînée de l'Église, mais Lassègue n'en est qu'une très lointaine parente."* Il lui suffirait de quelques jours pour devenir la coqueluche des médias. Des journalistes traqueraient le maire démissionnaire enfermé dans son élevage, ils en seraient réduits à diffuser les images des poules picorant autour du bâtiment. Christian les surveillerait derrière sa fenêtre, une carabine à la main, prêt à tirer sur le premier qui s'aviserait de franchir sa clôture.

— Je ne crois pas que Christian ait une carabine, intervint Titi, il l'aurait déjà utilisée contre certains d'entre nous sinon.

Adrien lui adressa son sourire le plus innocent. Il circulait moins tranquillement dans les rues de Lassègue depuis qu'un journaliste l'avait interrogé sur les anciens bains publics. "Que pouvez-vous nous en dire ?" Il avait bredouillé, sentant que sa version de l'histoire risquait de se fissurer d'un bloc.

Didier n'avait pas dit un mot. Il n'y était pas. Tout le monde savait pourquoi. Il n'y avait qu'à suivre son regard qui se cognait aux murs. À peine s'il avait décroché quelques encouragements pendant le match. Au coup de sifflet final, il était resté sur le terrain, seul, ne paraissant pas même voir ses joueurs regagner le vestiaire.

Mouss se massa le dos, ce match l'avait crevé :

— Pour l'instant, à l'église, c'est le calme plat. Quelques curieux, mais pas tant que ça. Ils viennent surtout voir les peintures des plafonds. Au moins, c'est une belle réussite, non ?

— Mais qu'est-ce que vous foutez dans cette église ? lança Titi.

Adrien se trémoussa sur le banc, mal à l'aise. La fissure s'élargissait. L'échange de regards entre lui et Mouss n'échappa à personne. *Ce qu'on fait ? On souffle sur les braises en espérant que le feu reparte de plus belle.* Adrien garda ces pensées pour lui.

Titi jeta un coup d'œil gêné vers Didier, sa tête pendait, bras repliés sur la poitrine. Sa toux de fumeur résonna tristement dans le vestiaire. Qu'est-ce qu'il croyait, Adrien ? Titi avait des yeux pour voir et des oreilles pour entendre. Il se passait là-bas des choses pas très catholiques. Qu'ils batifolent, grand bien leur fasse, mais qu'ils ne foutent pas le bordel dans le village.

Exproprier l'Église, Titi n'avait rien contre. En religion comme en politique, il ne croyait pas à l'être élu. *Évêque ou ministre, pape ou président, ça ne fait pas grande différence. Ils promettent des miracles dont on ne voit pas la couleur. Le peuple n'est que le premier barreau de l'échelle sur laquelle ils rêvent de s'élever.*

Les hommes providentiels, les sauveurs, ceux par qui tout changerait, Titi n'en voulait pas. Votes ou dévots, même combat. C'était ce qu'il leur disait à sa manière en raturant son bulletin avant de le glisser dans l'urne. Nul. Voilà comment, au dépouillement, on qualifiait son vote. Nul. Une façon de lui dire que son vote ne valait rien et lui pas davantage.

En période électorale, il ne lisait aucune profession de foi. Pourquoi se fatiguer ? La même politique se répétait année après année. Quel que soit le parti, Titi avait vu les couleurs virer. Un fichu problème de lessive. Une fois là-haut, le rose ne tenait pas davantage que le rouge ou le vert. Ça déteignait complètement. Aucune couleur ne résistait dans le tambour du pouvoir à part ce foutu bleu. C'était bien choisi comme couleur, parce que les coups, c'étaient eux qui les prenaient ensuite, leur peau prenait la seule couleur qui convienne au pouvoir, celle de l'ecchymose.

Le pire, c'était de ne plus croire en rien. Jamais un autre monde ne serait possible, certainement pas. Son gamin, Timéo, l'avait déjà compris, à dix ans. *Un jour, les illusions seront perdues dès la salle de naissance rien qu'à la gueule des parents.* Lui, il lui avait fallu quarante bonnes années pour que ça rentre. Cent fois, mille, il s'était dit que les choses allaient changer, ça n'était plus possible, ça ne pouvait plus durer. Il avait enfilé la chasuble avec cet espoir, c'était le moment, enfin. Quand il l'avait retirée, il n'y croyait plus. Tous pourris ? Non, mais Titi était convaincu qu'une fois en place, la gangrène prenait vite et fort. Le pouvoir la portait en lui, qu'un seul s'avise de le toucher et sa main pourrissait. Pour éviter la nécrose, il ne restait qu'à couper.

Les mots n'avaient plus aucun sens. *"Mon ennemi, c'est la finance."* Le toupet du mec. C'était lui qui avait tenu la caisse de l'épicerie nationale avant que son chef de rayon ne prenne la relève. *"Il n'a pas de nom, pas de visage et pourtant il gouverne."* Les noms de ses prétendus adversaires, il les connaissait sur le bout des doigts, il leur baisait les pieds sitôt après s'être fait applaudir en tribune. *La finance et son monde n'ont pas un nom, ils en ont des milliers, avec la même petite face boulotte et ordinaire que la tienne. Ils ne craignent rien. Pendant qu'on lessive les sols, qu'on lave les carreaux, qu'on remplit les rayons, eux pillent tranquillement le magasin. Les voleurs ne risquent rien, ils ont la bénédiction du grand épicier, les vigiles les protègent.*

Titi avait décroché de la discussion. Le vagabondage devenait une vilaine habitude, et pas seulement à l'usine. Le moindre courant l'emportait. Viendrait le jour peut-être où il n'aurait plus envie de rejoindre le rivage.

— Cette idée de plus beau village, quand même…

Aziz laissa sa phrase en suspens. Chacun des Chardons la compléta dans son esprit. Oui, ça avait foutu un sacré bazar.

— On n'a même plus de maire…

— Christian reviendra, intervint Titi, faut lui laisser le temps…

— Et en attendant ?

Titi haussa les épaules. Aziz précisa :

— Avec tout le battage qu'il va y avoir, ç'aurait été une bonne chose de rouvrir le restaurant du bourg. J'en avais parlé à Christian, il n'était pas contre mais maintenant…

— Parles-en aux autres élus.

— Ils me disent tous de voir ça avec Christian directement.

— Les clés sont à la mairie, non ?

Aziz acquiesça. D'un geste, Titi lui fit comprendre qu'il n'avait qu'à se servir.

— Si je fais ça, ça va jaser.

— Au point où on en est… Et puis, ce n'est pas ça qu'on voulait à l'origine, faire revivre le village ? Le vent nous souffle dans le dos alors tu as raison, Aziz, il faut y aller.

Les autres abondèrent dans son sens. Christian leur en voulait déjà à mort, ce n'était pas la mise à disposition d'un local vétuste qui empirerait les choses. Plus on y pensait, plus on trouvait l'idée tentante. Les bons petits gueuletons qu'on se ferait là. Christian serait le premier à se nouer la serviette autour du cou pour se faire servir. Une bonne commande de poulets finirait d'arranger l'affaire. Il n'était pas rancunier à ce point. On promit même de venir rénover les lieux avec Aziz, un peu d'enduit, un bon coup de peinture et on y serait.

— Tu en penses quoi toi, Didier ?

Leur entraîneur n'avait fait qu'acquiescer d'un air absent comme un chien dodelinant de la tête sur une plage arrière. Il eut un faible sourire :

— J'ai la tête aussi vide que le ventre, remplir l'un et l'autre ne me ferait pas de mal.

Des mains se posèrent sur son épaule. On allait le remettre sur pied, ce n'était qu'une mauvaise passe.

— Et pour le nom de ton resto, tu as une idée ?

Aziz montra son maillot, Les Chardons, évidemment.

21

En quelques clics, Martin trouva les détenteurs des concessions funéraires. Ce fut facile, il lui suffit de fouiller dans l'ordinateur de son père. L'accès au serveur de la mairie était protégé par un mot de passe noté sur un post-it, "galeuses", une anagramme de Lassègue que Christian avait concoctée en pensant au troupeau de brebis sur lequel il était chargé de veiller.

Il imprima les adresses des familles qui vivaient dans le village. Pour les autres, on verrait plus tard. Il répéta son argumentaire, court, simple, précis, avant de se présenter devant la première porte. Après avoir frappé, l'assurance lui manqua. Il se dandina dans l'embrasure, sa liste en main, sentant que chaque phrase qu'il prononçait l'éloignait de son interlocuteur. Plus il parlait, plus les visages s'allongeaient. On resta diplomate, c'était le fils du maire, mais on ne comprenait pas bien où il voulait en venir avec ses histoires de tombes connectées. Les yeux ronds, on l'écouta répéter son laïus, avant de repousser la porte en promettant d'y réfléchir.

Évelyne figurait sur la liste de Martin. La sonnerie la réveilla de sa sieste, un mauvais point pour lui. Elle mit en route la cafetière et le fit asseoir dans la cuisine. Elle ne voyait pas en quoi un code-barres ressusciterait son mari. Quand bien même l'affaire aurait été possible, elle s'accommodait parfaitement de son absence. Quand elle allait le voir au cimetière, c'était désormais elle qui parlait et lui qui l'écoutait, les choses étaient très bien ainsi. Elle remercia Martin de son attention, mais faire resurgir son époux maintenant risquait de tout gâcher. Mieux valait se contenter de ses souvenirs.

Martin n'eut pas davantage de succès dans les maisons suivantes. Certains s'inquiétèrent de ses propos, il ne tournait pas rond. Élevé au milieu des poules, pouvait-il en être autrement ? Les filles, aussi travailleuses que bornées, avaient pris du côté du père mais le fils… Ils appelèrent sans succès à la mairie et à la ferme. Christian n'était nulle part. Quant à la secrétaire, elle prétendait n'être au courant de rien. Ça devenait chez elle une fâcheuse habitude, à se demander si elle occupait ses journées à autre chose qu'à croiser et décroiser les jambes.

Martin changea de méthode. Il manquait d'éloquence et laissait souvent planer de pesants silences. Rien ne valait une démonstration sur place, au cimetière. Quand on aurait vu ce qu'il avait fait pour sa mère, on l'écouterait enfin. Jean-Marc et Roselyne, un couple de sexagénaires, acceptèrent de l'y suivre. Ils avaient enterré six mois plus tôt le grand-père, un natif de Lassègue qui y avait tenu un bar à l'époque lointaine où le village en comptait encore trois. Il avait été l'un des piliers du dernier encore debout avant qu'il ne ferme à son tour, faute de repreneur. "Un verre non bu, c'est un emploi perdu", la devise était celle de l'aïeul, il pouvait se targuer de l'avoir défendue jusqu'à la dernière goutte. Quand la mort était venue le chercher, sans doute avait-il entrechoqué son verre avec elle avant de la suivre en titubant, bras dessus bras dessous.

Jean-Marc et Roselyne avaient bien connu Lise, ce fut la seule raison pour laquelle ils acceptèrent de se rendre sur sa tombe. Quant au reste, ils avaient du mal à saisir ce que Martin attendait d'eux. Arrivés au cimetière, ils se pressèrent l'un contre l'autre en échangeant des coups d'œil dubitatifs. Ils ne remarquèrent pas le QR code collé sur la stèle de Lise. Martin leur montra comment le scanner. Sortir leur téléphone au milieu des morts leur parut déplacé. Jean-Marc se retint d'ajouter que l'appel risquait de ne pas aboutir.

Lise apparut sur l'écran. Ajustant le foulard noué sur son crâne, elle s'adressa à eux : *"Je regrette d'être partie si vite, je me suis pressée pour rien. Depuis mon arrivée, je ne fais qu'attendre. Je ne les blâme pas, ils sont débordés, les salles d'attente sont pleines."* On entendit hors champ une voix l'appeler par son nom. *"Je raccroche, c'est mon tour. Je vous ai laissé un mot, pensez à le lire."*

Lise disparut de l'écran.

— C'est un message qu'elle a envoyé quand elle était à l'hôpital.

Roselyne regarda Martin avec un mélange d'incrédulité et d'horreur. Jean-Marc ne dit pas un mot. Sous la vidéo, un court texte apparut. Quand elle s'absentait pour des soins, Lise laissait toujours sur la table de cuisine une longue liste de consignes, la litanie du quotidien : le linge à étendre, des fleurs à arroser, l'aspirateur à passer. Martin avait conservé toutes ces notes dans une chemise.

Aère ta chambre
Drap et housse sur le fil
Chaussettes au sale

Presque un haïku.

Plus son absence s'était prolongée, plus la liste s'était écartée des considérations domestiques. *Veillez les uns sur les autres, prenez soin de votre père.* La dernière ressemblait à un testament. Martin avait rassemblé ces recommandations dans un diaporama.

— On peut mettre ce qu'on veut, des images, des vidéos, de la musique. Chaque visiteur peut ajouter ses propres souvenirs. Regardez, je vous montre.

Martin était lancé. Jean-Marc et Roselyne l'écoutèrent, perplexes. Sa démonstration ne les convainquit pas tout à fait. Par égard pour lui, ils s'efforcèrent de montrer un semblant d'enthousiasme. Un mémorial virtuel pour le grand-père, pourquoi pas ? Donner de la voix du fond de sa tombe n'aurait pas déplu à leur ancêtre. Il chantait à toutes occasions, en début de soirée surtout, quand l'alcool ne l'avait pas encore complètement engourdi. Des enregistrements de cette nature, on en avait des quantités, de quoi animer le cimetière des nuits entières. Martin s'emballa. Ils n'avaient qu'à lui confier tout ça, il se débrouillerait avec.

Malgré leurs réticences, Jean-Marc et Roselyne acceptèrent. Martin fit revivre leur aïeul. Cette résurrection assura sa publicité. Des curieux poussèrent la grille du cimetière. Ils s'aventurèrent dans les allées, leur téléphone en main, pour découvrir ce prodige. Sur la tombe du grand-père, un inconnu abandonna une pleine bouteille de vin, un hommage sans doute à celui dont la voix d'outre-tombe n'en finissait pas d'entonner *"Ah ! Le petit vin blanc"* dès qu'on s'avisait d'en scanner le code. On reconnut que le gamin avait de la suite dans les idées. Peut-être même offrait-il une chance supplémentaire au village. Avec cette innovation, Lassègue se démarquait. Un cimetière connecté, voilà qui mériterait le détour. Dans la course à la candidature, cela pouvait devenir un atout. On convint que plus il y aurait de tombes animées, plus on augmenterait nos chances.

Le cantonnier mit du temps à comprendre ce qui se tramait là. On lui apprit que Lassègue aurait bientôt le premier cimetière connecté de France. Six tombes arboraient déjà le petit carré noir pixélisé. Les morts allaient sortir de l'oubli, bientôt on entendrait leurs voix jusqu'au bout du village. On organiserait des visites pour découvrir cette nouvelle attraction.

L'idée ne plut pas au cantonnier. Si on oubliait les morts, ce n'était pas sans raison. Qu'on les laisse à leur place, là où ils étaient utiles, dans le sol. Il n'avait aucune envie de creuser dans le passé. À quoi bon fouiller les décombres ? Pour ce qui le concernait, il n'y avait plus rien à sauver.

Les portes des maisons s'ouvrirent sans que Martin n'ait plus besoin d'y frapper. On ne l'écoutait plus en formulant intérieurement des doutes sur sa santé mentale, on épousait sa folie. On s'épanchait sans retenue dans ses oreilles pour évoquer la vie du défunt. Parfois, après des heures de confidences gênantes, on raccompagnait Martin à la porte en lui demandant de les garder pour lui. Qu'il brosse le portrait à gros traits, cela suffirait. À trop entrer dans les détails, on gâchait souvent l'ensemble.

Martin ne confia à personne jusqu'où il rêvait d'aller. Il devinait que l'expérimentation qu'il menait ne serait pas du goût de tout le monde. Écouter la voix de Lise ne lui suffisait plus, il voulait parler avec elle. Il sélectionna des portions de messages laissés par sa mère lors de ses passages à l'hôpital et se débrouilla pour en faire un montage sonore. Il s'imagina dialoguer avec elle. Il écrivit les questions qu'il voulait lui poser et retravailla le montage de la voix de Lise en conséquence. Il arrangea au mieux ce scénario, sentant qu'il commettait là une faute. À défaut d'être parfaite, l'illusion était troublante.

"C'est comment là-bas ?

— Je ne vois pas grand-chose d'où je suis, je ne peux qu'imaginer le paysage. C'est très calme. On dirait que le monde s'est arrêté, rien ne bouge.

— Que fais-tu ?

— Je ne fais rien, je reste allongée, j'attends. Inutile de me rendre visite, mes yeux se ferment tout seuls.

— Rentres-tu bientôt ?

— Si vous voulez me revoir, il faudra venir me chercher. Je ne pense pas que j'aurai la force de faire seule le chemin du retour."

Martin passa des heures à peaufiner ce montage. Cela lui abîma l'esprit. Il ressortait de sa chambre hagard, la tête pleine de voix. Il se rassurait en se disant que ce n'était qu'un essai, rien de plus, cela ne sortirait pas de sa chambre. Christian n'était pas là pour s'en inquiéter. Il lui avait laissé la maison sans préciser quand il reviendrait. Après le coup de l'église, il avait rempli une valise et décampé presque aussitôt.

— Tu te débrouilleras quelques semaines ? lui avait-il demandé.

Martin l'avait rassuré, ça irait. Et puis ses sœurs étaient à côté. Christian avait eu un dernier mot pour ses poules de luxe, "Pense à les laisser sortir dans la cour", et il était parti.

22

Le tapage attendu n'eut pas lieu. Lassègue ne fit ni la une des magazines ni l'ouverture des journaux télévisés. Après avoir critiqué les journalistes qui feraient leurs choux gras du scandale, on ne manqua pas de reprocher leur indifférence. L'occupation d'une église ne leur suffisait donc pas ? Que fallait-il faire pour qu'ils s'intéressent à Lassègue, clouer un prêtre sur la porte ? Ce n'était pas étonnant qu'il y ait tant de drames, les médias poussaient au crime.

La police se désintéressa du chantier de l'église Sainte-Madeleine. Si la commune voulait la détruire, c'était son droit. Les papiers étaient en règle. À moins d'une intervention divine, l'affaire était pliée. Beaux joueurs, on proposa à l'évêque un compromis : célébrer une messe mensuelle dans la salle des fêtes. Il ne saisit pas la main tendue. Au plus près de Dieu alors, en plein air ? Cela ne lui allait pas non plus. Il avait trop pris le goût du décor, de la pompe, de l'apparat. C'était dur de s'en défaire, il en convenait.

Contre toute attente, il ne déposa pas de recours. Plus personne ne venait à l'église de toute façon, ça lui ferait des charges en moins. S'il continuait à se scandaliser, c'était seulement pour sauver la face devant ses supérieurs. L'existence de Dieu, l'évêque lui-même avait des doutes, les hommes étaient trop cons. Que Dieu ait créé la nature, c'était plausible, mais jamais il ne se serait embarrassé avec les hommes. Ils n'étaient qu'une vilaine coulure sur l'œuvre originale, une rature qui gâchait la toile entière.

La foi de l'évêque battait franchement de l'aile, mais il ne se voyait plus changer de métier à son âge. Le vin de messe avait tué ses ambitions. Trop longtemps qu'il l'avalait en grimaçant pendant l'eucharistie. Le sang du Christ était imbuvable, une piquette qui donnait des aigreurs. Il aurait dû bifurquer quand il était encore temps. Il aurait fait un bon vendeur. Quand on a été des années durant le VRP de la foi, on peut tout vendre. Ce n'était pas à lui qu'il fallait en conter. Que les habitants de Lassègue prennent l'église, mais qu'on ne lui raconte pas d'histoire. Ces prétendus bains publics n'étaient qu'une pitrerie. On lui avait montré les vitraux et les lithophanies licencieuses sans que l'évêque sourcille. Évidemment qu'il les connaissait : des représentations de Marie-Madeleine, la pécheresse si chère au cœur de Jésus, et alors ? S'ils étaient venus plus souvent à l'église, ils les connaîtraient depuis bien longtemps eux aussi. Il avait refusé d'écouter davantage leurs élucubrations. Pourquoi s'acharnaient-ils avec cette soi-disant Madeleine Sagnant ? Si c'était dans l'espoir de rameuter des touristes dans leur village, ils perdaient leur temps. Si au moins ils avaient vu la Vierge pleurer des larmes de sang ou le Christ remuer sur sa croix, là ils auraient pu s'entendre. L'évêque les aurait soutenus, la foule aurait accouru. Mais d'anciens bains publics, où étaient-ils allés pêcher des âneries pareilles ?

Adrien n'en menait pas large, mais il maintenait sa version des faits. D'accord, il avait pris quelques libertés avec la réalité, modifié certains lieux, changé les noms, mais le principal n'était pas là. Ce n'était quand même pas l'évêque avec sa Bible truffée d'approximations et récrite par mille mains qui allait lui faire la leçon.

Des bains publics avaient bien existé à quelques kilomètres de là, deux cents tout au plus, et leur tenancière été condamnée à la noyade. Ce n'était qu'une transplantation. La greffe avait si bien pris qu'il n'était plus question d'arracher le cœur.

La fiction est parfois le seul moyen de dire la vérité. L'histoire des bains publics de Madeleine était l'hommage qu'il rendait à Julia, la déclaration amoureuse qu'il ne ferait jamais.

Le comité Madeleine se fit une raison. Le chantier de l'église leur échappait. Une partie des habitants parlait d'ouvrir les lieux aux familles sans toit, aux migrants même. C'était un comble, on avait viré un prêtre et voilà que débarquaient des dizaines d'abbés Pierre. Les autres, les plus actifs, n'avaient qu'une idée en tête, transformer l'église en hôtel. Parce qu'attirer le visiteur à Lassègue ne suffirait pas, il faudrait l'y retenir. On pouvait aménager des chambres dans les transepts, dix au bas mot, juste sous les vitraux. L'autel servirait de comptoir d'accueil. On y accéderait par la sacristie. Il y avait une clientèle pour cela, on en était convaincu, des gens qui n'hésiteraient pas à mettre la main à la poche pour coucher sous les voûtes centenaires. On servirait le petit-déjeuner dans la nef, sous la statue de Madeleine, entre les colonnes repeintes. Aucun plan n'était tracé, on s'imaginait déjà les étoiles. Trois au moins pour un établissement de cette catégorie, c'était certain. Les nouveaux venus étaient pleins de cette foi que le travail est tout. Avec des efforts, on y arriverait. Adrien les évitait comme on se tient à distance de malades contagieux.

Plus les semaines passaient, plus la visite de la commission des Plus Beaux Villages de France apparaissait comme une menace. On n'était pas prêt, on ne le serait sans doute jamais. En l'absence de Christian, les habitants décidèrent de faire feu de tout bois. Il n'était plus temps de tergiverser, l'échéance approchait. On laissa libre cours aux initiatives individuelles, en décidant d'ignorer que ce même procédé avait conduit l'humanité dans le coupe-gorge dans lequel elle ne tarderait plus à s'entretuer. Les comités protestèrent, il fallait s'organiser ensemble, débattre, mais leurs voix se perdirent dans le vent.

Le long corps de Lassègue s'étala sous un grand drap blanc. Il était trop tôt pour dire si c'était celui que l'on mettait sur une sculpture pour la cacher des regards ou un linceul. Une chose était certaine, à son retour Christian ne reconnaîtrait pas le village.

Pour donner du relief au paysage, un habitant entreprit d'élever un monticule de terre sur un terrain communal à l'extérieur de Lassègue. De là, le regard surplomberait la plaine entière, les yeux épouseraient l'horizon. Au volant d'une pelleteuse, il s'employa des week-ends durant à saccager la terre. Il parvint à bâtir un modeste dôme et s'arrêta là, contrarié dans ses avancées par la panne inexplicable de l'engin de chantier. Le tas boueux resta. Les enfants s'amusèrent à en dévaler la pente à vélo. De son sommet, le regard dominait tout juste le garage de la maison voisine.

Face à l'église, derrière la façade fraîchement repeinte du restaurant Les Chardons, les vétérans multiplièrent les allées et venues. Une journée suffit pour évacuer le bazar abandonné par les locataires précédents dans la benne que le cantonnier disposa dans la rue. On commença à décoller les tapisseries auréolées de taches quand quelqu'un suggéra de faire tomber les cloisons pour gagner du temps. Il n'en fallut pas davantage pour sortir les masses. On s'avisa un peu tard que l'un des murs abattus supportait le poids de l'étage supérieur. On consolida tant bien que mal l'ensemble avant de cacher les balafres sous des couches de plâtre.

Pendant que Mouss installait dans la salle principale un vieux poêle à bois récupéré chez un voisin, Aziz et Titi carrelèrent le sol de la cuisine. Pour l'occasion, Titi avait posé une semaine de congés, les premiers depuis longtemps. À part deux semaines de camping l'été, Sandrine et lui ne partaient pas de toute façon. La cagnotte de leur mariage avait été engloutie dans les réparations de la voiture. Après ça, il n'avait plus été question de voyager. Ils n'appartenaient pas à ce clan.

Plusieurs fois, l'un des Chardons crut voir passer l'ombre de Christian derrière la vitrine. Pas un jour sans que l'un ou l'autre ne vienne frapper à la porte de sa maison ou le guetter aux alentours de l'élevage. Il ne répondait pas au téléphone. Ses filles affirmaient qu'il était parti, pour une semaine, un mois, elles n'en savaient rien. Elles s'inquiétaient moins de son absence que de son retour. Elles ne le mentionnèrent pas directement, mais Titi comprit entre les lignes. Le cimetière, on lui en avait parlé. Comme si ce n'était pas assez de supporter les bavardages des vivants, Martin faisait, paraît-il, parler les morts. Scanner une tombe comme une vulgaire boîte de céréales, l'idée ne lui serait pas venue spontanément à l'esprit. Qu'est-ce qui s'afficherait ? La composition du défunt, son numéro de lot, son apport journalier à la terre ? Titi finit par y passer. Jamais il n'avait vu le cimetière si fleuri. La mauvaise conscience des vivants faisait pousser des bouquets sur les tombes. À son tour, il entendit la voix de Lise. Il se sentit tétanisé. Il fallait que le fils de Christian soit bien mal en point pour imaginer une mise en scène pareille. Quelque chose là-dedans rendait la mort plus froide encore. C'était comme serrer contre soi un cadavre glacé.

Devant le restaurant, les habitants observaient l'avancée des travaux. Ils promettaient à Aziz qu'ils en seraient les premiers clients et repartaient en prédisant qu'il ne faudrait pas trois mois pour que le rideau soit définitivement tiré. On s'était habitué à la mort lente de Lassègue, aux voiles du deuil crochetés aux fenêtres des maisons. Cet acharnement à rester en vie, ce n'était pas sain. Aziz aurait dû s'en tenir à sa baraque à frites. Tous ceux qui s'étaient installés avant avaient coulé. Alors à quoi bon insister ?

Titi vit le visage d'Aziz se creuser, il reconnut le masque des nuits sans sommeil. Non, ça n'allait pas, Aziz l'admit en s'attaquant à la faïence des murs. Aucune des banques qu'il avait contactées ne voulait suivre. Le seul nom de Lassègue suffisait aux conseillers bancaires à imaginer la banqueroute, alors sans bail ni garantie, c'était peine perdue. Il n'avait besoin que de trois fois rien pourtant, juste de quoi démarrer, dix mille euros tout au plus. Il pouvait toujours récupérer du mobilier, de la vaisselle, mais pour la cuisine il ne pouvait pas transiger.

Titi comprenait. Des types comme eux étaient la plaie des banquiers. Ils n'auraient jamais la gueule du bon client. Son Smic n'excitait personne et les contrats décousus de Sandrine encore moins. Leur prêter ? Et quoi encore, voulaient-ils donc la mort du système bancaire ?

Une drôle d'idée germa dans son esprit. Il attendit la fin de la semaine pour en toucher un mot à Aziz. Le chantier avait bien avancé, ils cassaient la croûte dans les odeurs de peinture, au milieu de la salle du restaurant. À travers la vitrine, le soleil faisait briller la poussière en suspension.

— Moi, je vais te prêter.

Aziz releva le nez de son jambon-beurre.

— Tu comptes devenir banquier ?

— Non, pas besoin de banque, on va créer notre propre monnaie.

Des rires éclatèrent, Titi voulait faire fonctionner la planche à billets, rien que ça ? Il les laissa s'amuser un moment avec l'idée.

— Les banques ne servent qu'à ceux qui ont de l'argent et nous on n'en a pas. Autant apprendre à se passer d'elles. Rien ne nous interdit de créer notre propre monnaie, une monnaie locale, qu'on n'utilisera qu'ici. Ce n'est pas si sorcier, d'autres communes l'ont fait.

Il leur mit sous les yeux des spécimens de billets :

— C'est un collègue du marketing qui les a faits, d'habitude il dessine des emballages de biscottes. Ça a de la gueule, non ?

— Tu veux remplacer l'euro par des chardons, c'est ça ?

— Avec ça, on fera tout ce que les banques ne font pas pour nous. Il suffit que chacun convertisse un peu de son argent, un euro contre un chardon, et on pourra l'utiliser dans les commerces des environs.

— Je te file un de mes vrais billets et tu me refourgues en échange un de tes faux, c'est ça ?

— Tu as tout compris. D'habitude, ton argent, ce sont les banques qui en profitent. Chaque euro que tu dépenses les engraisse. On va les mettre au régime. Notre chardon à nous ira dans l'économie locale.

— C'est aussi simple que ça ?

— On rentrera dans les détails plus tard. Ne tuons pas trop le mystère, vous en savez assez pour investir.

— Tu parles déjà comme eux. C'est quoi ce billet de quatre-vingt-douze chardons ?

— Un hommage.

Titi retourna le billet. Sur l'envers, ils découvrirent le portrait d'Évelyne.

— Les gars, je vous le dis, ça va enfin ruisseler.

Titi colporta lui-même son idée à travers le village. Il savait à quelles portes frapper et lesquelles éviter. Dès qu'on approchait le portefeuille, la discussion devenait sensible.

— Tu m'assures que je ne perdrai rien ?

— Vous ne perdrez rien et on y gagnera tous.

Cette monnaie, ils pourraient la dépenser à la supérette, chez les producteurs des environs, dans les commerces des petites communes voisines et bientôt dans le restaurant d'Aziz. De l'argent dont les banques ne verraient jamais la couleur. Cet argument l'emportait. Même si ce n'était qu'un petit coup de pied dans le tibia de la finance, on le donnait avec plaisir.

— Pour combien en a pris le voisin ?

— Cent.

— Quand même !

Titi prenait un air dégagé.

— Il en voulait plus, il a du nez, mais il faut qu'il y en ait pour tout le monde.

En quelques jours, il troqua six mille chardons fraîchement imprimés contre autant d'euros chiffonnés. Bien plus que ce qu'il s'était imaginé. Évelyne l'avait dévalisé en prenant une douzaine de billets à son effigie.

Il remit officiellement à Aziz une boîte à chaussures pleine de petites coupures en euros :

— Tiens, tu ne trouveras pas mieux sur le marché : un prêt sans intérêt, à mensualité libre, tu rembourses quand tu peux.

Aziz hésita, est-ce qu'ils ne risquaient pas d'embrouilles avec tout ça ? Titi le rassura : qui s'inquiéterait d'une petite monnaie locale quand tous les fonds spéculatifs dépeçaient tranquillement la grande carcasse de l'humanité ?

— Allez, dépêche-toi d'ouvrir ton resto, qu'on vienne dépenser notre nouvelle monnaie chez toi.

Les habitants guettèrent l'ouverture du restaurant d'Aziz. Ils avaient hâte d'écouler leurs chardons. Une fois qu'ils les avaient eus en main, ils s'étaient sentis floués. Le papier était grossier, les billets mal coupés. Cette monnaie de singe ne tarderait pas à s'effondrer. Tout le village se précipita à l'inauguration du restaurant pour s'en débarrasser. Les tables supplémentaires installées en hâte sur la terrasse ne suffirent pas. Les ordres et commandes partaient de toutes parts. On les criait en secouant les billets en main. L'ambiance ressemblait à celle d'une salle de bourse en temps de crise. Les provisions prévues pour une semaine furent écoulées le temps du service. Quand même l'alcool vint à manquer, cela siffla le départ des derniers clients tard dans la soirée.

À la fermeture, Aziz découvrit dans son tiroir-caisse une poignée de faux billets. Des petits malins avaient passé les chardons à la photocopieuse. Un détail, décida Titi, pas loin de considérer la contrefaçon comme un hommage.

— Comment ça, un détail ?

— Je te les échangerai contre des vrais, ne t'inquiète pas.

Les notions d'économie de Titi remontaient au lycée, une initiation de quelques heures dont il gardait un vague souvenir. Et alors ? Les grands économistes n'en savaient pas plus que lui, sans quoi le monde ne se porterait pas si mal. Tous leurs remèdes n'avaient fait que le rendre plus malade encore. Ce qu'il fallait, c'était garder sa visée.

On le sollicita à plusieurs reprises. L'un voulait racheter un terrain agricole, l'autre rêvait d'ouvrir un atelier. On avait des idées, il ne manquait que l'argent. Titi pouvait-il prêter ? Il ne se sentit pas en droit de refuser. D'autant moins quand l'argent n'était que du papier. Avec une ramette, il imprimait dix mille chardons. Le tout était de les transformer en euros. C'était la partie la plus difficile de ce tour de prestidigitation.

Pour l'instant, les habitants suivaient, mais les chardons leur brûlaient les doigts. À peine glissés dans leur portefeuille, ils les dépensaient chez les rares commerçants à l'accepter alentour. Le cercle peinait à s'agrandir. Les paysans des environs le refusaient. Le gérant de l'épicerie en avait plein le tiroir-caisse. Il pressait Titi de les reconvertir en euros. Ça frisait le manque de confiance.

— Attends donc un peu, conseillait Titi. Il faut que ça circule, utilise-les plutôt pour tes dépenses.

Il était contraint de tempérer. Le souci, c'était que le volume des chardons en circulation dépassait largement ce que Titi possédait en euros. Si les faussaires continuaient à le copier dans ces proportions, sa monnaie serait dévaluée. Le krach menaçait. Pour tenir, le chardon devait s'étendre au-delà de Lassègue, prospérer dans la campagne environnante jusqu'aux abords de Chaulet. Convertir en somme toute l'économie locale à une monnaie imprimée sur des feuilles de papier A4. Titi affichait sa confiance, le chardon était une plante invasive, ils y arriveraient. Il traînait son bureau de change partout. Plus un dimanche sans que, à l'heure de la troisième mi-temps, il ne cherche à convertir. Son argumentaire était rodé : les banquiers étaient une espèce nuisible, il proposait un peu de régulation. Si les banques n'avaient pas autant été détestées, le chardon aurait fané sur pied, mais la haine l'emportant sur la raison, on se prit de passion pour ce bout de papier. Passion relative toutefois.

Titi et Sandrine passaient des heures à massicoter des billets. Elle avait plus de temps depuis qu'elle avait laissé tomber l'entretien des maisons bourgeoises. Elle n'enfilerait plus les gants de ménage. Elle en avait assez fait pour une vie entière, à d'autres de prendre le relais. Même chez eux, elle n'approchait plus l'éponge, trop de mauvais souvenirs. Titi pouvait bien se montrer compréhensif et prendre sa part, à moins qu'il ait développé une allergie lui aussi ?

La période était aux vaches maigres, pourtant jamais les enfants n'avaient vu tant d'argent amassé sur la table de la cuisine.

— Est-ce que ce sont des vrais billets ? avait demandé Timéo en attrapant une liasse.

— Qu'est-ce que tu crois, bien sûr qu'ils sont vrais.

Didier signala à Titi que Timéo échangeait des chardons pour la moitié de leur valeur dans la cour de récréation contre de véritables euros. Son propre fils faussait le marché ! Ce bazar inquiétait l'enseignant : que Titi fasse au moins tirer les billets chez un imprimeur spécialisé ! Avait-il créé une association ? Rédigé des statuts ? Ouvert un compte bancaire pour les dépôts ? Non, rien de tout cela. Mais où avait-il donc la tête ? Titi haussait les épaules en souriant. Ça ne lui déplaisait pas que Didier se fasse du mouron, c'était donc qu'il avait repris du poil de la bête.

Christian écrivit finalement une carte postale à ses enfants depuis la Bretagne, trois phrases laconiques sans mention d'un éventuel retour. Les filles avertirent Titi. Il envoya à l'adresse qu'il avait laissée un billet de cinq chardons à l'effigie du maire. On verrait si, avec ça, il restait planqué dans sa cambrousse.

23

Depuis le temps que ça le démangeait, il avait été ravi de mettre les bouts. Qu'ils se démerdent donc ! Il ne voulait plus entendre parler ni de Lassègue ni de ses habitants. La commune l'avait tenu toutes ces années, vieille carriole bringuebalante dont il avait été le cheval de trait. Pendant qu'il tirait pour l'amener aussi loin que possible, s'embourbant dans les chemins terreux, d'autres sciaient les essieux. Terminé l'attelage, il se libérait d'un coup de sabot, il ne suerait plus pour eux.

Christian était parti au petit matin, la brume aux pieds, un sac de sport pour tout bagage. Il n'avait jamais pris la route comme ça, sans même savoir où il allait. Sa portière avait claqué, faisant s'affoler les poules alentour. Il n'aimait pas que les filles les laissent circuler n'importe où, il le leur avait dit cent fois, mais qui l'écoutait encore ? L'une des poules s'était soulagée sur son pare-brise, l'essuie-glace n'avait fait qu'étaler la fiente, laissant transparaître le clocher de l'église. Il l'avait regardé fixement avant de démarrer, déclenchant des caquètements furieux. Il n'avait commencé à respirer que lorsque Lassègue avait disparu pour de bon de son rétroviseur. Son téléphone avait vibré tout au long du trajet, accentuant la tension dans son dos. Pas question de répondre, qu'ils marinent dans leur jus.

Il avait mangé un sandwich sur une aire d'autoroute, jetant un œil à la télé comme s'il s'attendait à voir sa tête sur toutes les chaînes. *Disparition inquiétante dans un village. Ne vous fiez pas à l'apparente tranquillité des lieux, dans les rues paisibles de Lassègue sommeillent des habitants capables de démolir à mains nues des pans entiers de leur propre commune. Simples idiots ou criminels, la justice tranchera. Dans l'attente, le maire de la commune, victime collatérale de la frange la plus nuisible de ses concitoyens, a disparu. Nous allons revenir en détail sur la carrière de cet édile qui a tant donné à son territoire. Mais d'abord, passons la parole à l'un de nos confrères, un journaliste de presse locale qui l'a bien connu : "Christian, c'est moi, Adrien. Peut-être que tu croques en ce moment même sans enthousiasme dans la mie blanche d'un sandwich sur une aire d'autoroute. Si tu me vois, Christian, sache qu'on regrette, ta commune a besoin de toi, tes habitants te réclament, reviens, Christian, reviens…"*

Le café n'avait pas plus de goût que le sandwich. Christian avait jeté le tout à la poubelle avant de reprendre la route. Il avait roulé droit devant, sans réfléchir à la destination. Tant qu'il serait loin, ça lui irait. Tout à sa rumination, il n'avait pas vu la route passer. La tête qu'ils feraient quand ils comprendraient qu'il était parti pour de bon. Peu à peu, une légère euphorie avait remplacé la colère. Il ne reviendrait pas de sitôt, il allait bien falloir qu'ils se débrouillent sans lui. Peut-être même qu'il enverrait sa démission. Leur tronche à la lecture de la lettre, dix mètres de long. On ferait moins les malins tout d'un coup ! Christian avait rédigé le début de cette lettre une dizaine de fois dans son esprit. *Mes chers concitoyens, c'est le cœur lourd mais le dos allégé du terrible fardeau de vos petites vies mesquines que je m'en vais.* Trop revanchard. *Chers concitoyens, aux heures sombres de l'histoire, certains collaborent, d'autres prennent le maquis.* Trop ambigu. *Mes enfants, quand un fils déraisonne, c'est peut-être d'abord le père que l'on doit blâmer.* Trop paternaliste. *Bande de cons !* Trop direct. *On qualifie la poule d'animal stupide, mais aucune espèce n'égale en bêtise celle qu'il m'aura été donné d'administrer.* Trop insultant. *Toute relation passionnelle connaît des moments de trouble. Quand l'amour n'excite plus que la haine, c'est qu'il est temps de partir.* Trop ampoulé. *Le corps de Lassègue était malade et vous n'avez pas trouvé mieux pour le soigner que de lui couper la tête.* Pas mal, on approchait. *Maintenant le reste du corps court, sans plus rien voir, sans plus rien entendre.* Oui, vraiment pas mal du tout. *Tel le corps tressautant du poulet qui ignore que sa tête est restée sur le billot.* Merde, pourquoi en revenait-il encore aux poules ? *Mes chers concitoyens, si je suis pour vous un élu, je n'en reste pas moins un homme. Aujourd'hui, les deux ont été attaqués…* Ce petit jeu l'avait tenu des heures entières.

Il avait suivi des panneaux, s'en remettant au hasard. Rapidement, le mystère de sa destination s'était levé, mais il n'avait pas voulu y songer, préférant se laisser emporter par les diversions que son esprit lui offrait. Plus il avançait, plus l'inquiétude lui tenaillait le ventre. Il s'était garé devant le parking d'un petit hôtel en bord de mer. Rien n'avait changé. En sortant, il avait inspiré l'odeur de l'océan comme s'il y cherchait des souvenirs. Il était entré dans l'hôtel, avait demandé la chambre 25, surpris de se souvenir du numéro. Elle était occupée, cela valait peut-être mieux ainsi. Il avait pris la chambre voisine. Le mobilier avait été remplacé, la tapisserie aussi. Au moins la vue était-elle la même. Lise et lui avaient passé des heures à la regarder. La mer était toujours là, déroulant tranquillement ses rouleaux, imperturbable. Il était allé marcher au bord de l'eau, retrouvant le chemin côtier qu'ils avaient arpenté ensemble trente ans plus tôt. Les dernières vacances qu'ils s'étaient accordées avant de devenir parents. Lise parlait chaque année de refaire le voyage, de retrouver l'hôtel, la crêperie à côté où ils avaient pris leurs habitudes, les promenades le long de la côte. L'idée ne déplaisait pas à Christian, mais ce n'était jamais le moment.

Il avait réservé la chambre pour une semaine, il aviserait ensuite. Depuis le balcon, il avait passé du temps à observer les mouettes, ça lui rappelait l'élevage. Rapidement, il s'était ennuyé. La nostalgie n'était pas faite pour lui. Le monde continuait de tourner et lui avec. S'il ne suivait pas le mouvement, il risquait de tomber. Lise aurait ri de le voir là, après tout ce temps, incapable d'adopter le détachement, la langueur des autres touristes. Les balades sur la plage, les demis en terrasse, les siestes… Au bout de deux jours, Christian n'en pouvait déjà plus. Il n'avait pas l'habitude, comme Adrien, de traîner à rien faire. Et puis la mer, c'était toujours pareil, je monte, je descends, je monte, je descends, cela faisait tanguer son humeur.

Le seul moment qu'il appréciait vraiment, c'était son café en terrasse le matin, au milieu de gens qui allaient et venaient sans se préoccuper de lui. Il se sentait le plus heureux des hommes. Ça durait cinq minutes. Après, la déprime s'invitait. Elle le regardait droit dans les yeux jusqu'à la fin de la journée. Lire n'avait jamais été son truc. La télé, il l'allumait seulement le soir, pour s'endormir. Il ne lui restait que la marche. Au lieu d'aller vers la mer, il s'était enfoncé dans les terres, vers les villages dits reculés. Reculés, comme si les communes des campagnes étaient moins avancées que les autres, à la traîne, arriérées.

Sans s'en rendre compte, ses pieds l'avaient mené vers des bâtiments d'élevage. La Bretagne était une terre de cochons, il le savait. Il observait de loin, en connaisseur, les allées et venues des éleveurs. L'un d'eux avait fondu droit sur lui. Il n'aimait pas qu'on tourne autour de sa ferme : était-il un de ces foutus bouffeurs de tofu ? Christian avait mis du temps à comprendre. Non, il y avait méprise, ils étaient du même camp, ça ne l'émouvait pas une seconde qu'on étripe des cochons, il fallait bien manger, non ? Ils avaient fini par s'entendre. À l'ombre d'une cave encombrée où les calendriers punaisés dataient des années 1980, Christian s'était confié. La maladie de sa femme, la retraite forcée et maintenant ça, le coup de grâce, la lame enfoncée jusqu'au manche entre ses omoplates par ses propres concitoyens. Il était rentré rond et lourd. À son réveil, sa barbe avait poussé. Une barbe blanche et rêche, ça lui allait plutôt bien.

Il passait régulièrement à la ferme. Le type l'avait à la bonne, il lui avait même fait visiter l'élevage. Christian avait un peu regretté. À côté, le sien ressemblait à un camp de vacances. Depuis, il tenait le jambon à distance. Il avait vu chez les cochons une humanité qu'il n'avait jamais décelée chez les poules. Peut-être à cause de la fatigue. Il dormait mal. Le sommier n'y était pour rien. Les habitants de Lassègue le harcelaient jusque dans ses rêves. Une nuit, il avait rêvé qu'ils démolissaient l'hôtel dans lequel il dormait. Il avait sauté du lit et dévalé l'escalier en courant. Adrien, Titi et les autres trottaient dans la cour, ils étaient venus se presser contre ses jambes, il leur avait jeté des pleines poignées de graines sur lesquelles ils s'étaient rués. Ah, les cons ! Telle était, au saut du lit, sa première pensée. Il la répétait à intervalles réguliers tout au long de la journée. Parfois, il la lâchait à voix haute dans la cantine de l'hôtel, faisant se retourner des clients.

Les semaines passant, son téléphone avait de moins en moins sonné. Il n'avait pas écouté un seul des messages qu'on lui avait laissés. Qu'ils comprennent la leçon. Qu'elle rentre bien au fond de leurs caboches. Et puis il avait le droit à un peu de vacances, non ? C'était ce qu'il disait à l'éleveur et ce dernier acquiesçait. Parce que tous autant qu'ils étaient, le cantonnier, la secrétaire, sans parler de Didier, trois mois de congé minimum, ils ne se privaient pas, eux ! Lui avait toujours été fidèle au poste, de jour comme de nuit, un vrai service d'urgence. Maintenant qu'il n'était plus là, la pagaille que ça devait être, il voyait ça de là, panique au village. Ça leur ferait les pieds.

Son retour, il commençait à y penser avec un sourire. Il était prêt à pardonner. Pour peu qu'on fasse amende honorable, il passerait l'éponge. Il n'oublierait rien cependant. Les crispations de son visage rappelleraient à ses concitoyens leurs torts et, aux plus coupables d'entre eux, leurs tares. Pour certains, un bannissement ne paraissait pas exclu. Il ne savait pas encore où trouver le goudron, mais il pourrait toujours fournir les plumes.

Un jour, le soleil avait tranquillement terminé sa ronde quotidienne sans que son téléphone ne s'avise de sonner une seule fois. Christian avait vérifié la batterie, le réseau, rien à signaler. Un drôle de sentiment l'avait étreint. Une main invisible lui serrait le cou. Une pression faible encore mais qui, au fil des heures, n'avait fait que s'accentuer. Le lendemain, il n'était presque pas sorti de sa chambre, guettant le téléphone du coin de l'œil. Quand l'écran s'était enfin allumé, il s'était efforcé de ne pas se ruer dessus, gardant des gestes calmes, lents, mesurés. Le maire de Brunois. C'était bien la dernière personne au monde à laquelle il souhaitait parler. À tout prendre, il aurait encore préféré ce crétin d'Adrien. Il avait laissé sonner.

Lassègue lui manquait. Ça lui faisait mal de le reconnaître, mais un pénible vague à l'âme s'était installé ces derniers temps. Il n'attendait plus qu'un geste clair de ses concitoyens. Il ne refuserait pas la main tendue. Que l'un d'eux l'appelle et il ferait cette fois entendre sa voix. Le téléphone sonna justement à la tête du lit. La réception. Un courrier l'attendait. Il descendit d'un pas léger, on y était, enfin ! Le réceptionniste lui tendit l'enveloppe avec l'indifférence de mise dans son métier. Christian retarda le moment de l'ouvrir, il voulait savourer l'instant. Il repartit dans sa chambre et déchira lentement l'enveloppe. Un petit bout de papier en tomba, rien d'autre. Juste un billet de pacotille estampillé “cinq chardons” avec, en plein milieu, sa tête à lui, Christian.

24

— Tu sais, Didier, lui lança Évelyne, à un certain âge, quand on n'a plus grand-chose à vivre, il nous reste au moins à raconter. Plutôt que bâtir des maisons de retraite, on devrait nous mettre dans des musées. Au moins les vieux auraient de la visite.

Le *Musée vivant des histoires comptant pour rien* ne tarderait plus à être inauguré. Une douzaine d'habitants avait accepté d'y consacrer une pièce de leur maison. C'était là, entouré d'objets familiers, à même la cuisine ou le salon, qu'ils exposeraient aux visiteurs un morceau soigneusement choisi de leur vie.

Plus la visite de la commission approchait, plus la détermination flanchait, on regrettait de s'être prêté au jeu. Se donner en spectacle devant les élèves de la classe de Didier, passe encore, mais de quoi aurait-on l'air devant de vrais visiteurs ?

Didier ferait office de guide. Il dessina le parcours à suivre à travers le village. Cinq kilomètres en tout pour découvrir la collection complète, l'un des plus grands musées de France. On partirait de la maison de Florent, le cantonnier, pour terminer chez Évelyne. Les jeunes établis chez elle étaient en train d'installer la guérite qui servirait de boutique à souvenirs. On avait tiré de l'oubli des bijoux, sélectionné dans les bibliothèques quelques livres écornés, disposé sur un présentoir de vieilles cartes postales. D'authentiques souvenirs que l'on vendrait à petits prix. Évelyne proposait d'y ajouter des gaufres, il fallait penser aussi à l'estomac des visiteurs.

Elle apprit à Didier qu'elle les recevrait dans sa chambre. Sa chambre, était-elle sûre de son choix ?

— Oui, Didier, et ne t'avise pas d'essayer de me faire changer d'avis. On ne sait jamais vraiment qui est quelqu'un tant qu'on ne l'a pas vu au lit. Est-ce que ce n'est pas quand on s'endort qu'on touche au plus vrai de ce qu'on est ? L'homme n'est lui-même que couché, tu ne crois pas ? Dès qu'il se tient debout, il devient un autre.

Didier pensa aux heures sans sommeil, à scruter le vide allongé sur son matelas, il n'insista pas. Évelyne n'en ferait qu'à sa tête de toute façon.

— J'ai même pensé, tu me diras si c'est une bonne idée, que le visiteur pourrait s'allonger à côté de moi, sur le lit, pour que je lui raconte mon histoire.

Didier eut une moue sceptique.

— Moi je crois que ce serait bien, conclut Évelyne.

Elle prépara minutieusement sa chambre. Elle laisserait le visiteur fouiller autant dans les meubles que dans ses souvenirs. Dans les tiroirs de la commode, elle aligna soigneusement sa première carte d'électrice, une vieille édition de *Robin des Bois* et quelques objets qui risquaient de mettre le rouge au front des curieux qui poseraient les yeux dessus.

Le cantonnier se préparait lui aussi, il accueillerait les membres de la commission dans son jardin. Un jardin punk sur la crête duquel poussaient les plants semés à la volée par le hasard. Laisser pousser, il n'y avait que ça à faire : regarder la jungle des herbes hautes et observer la faune locale. Arroser ? Même pas. Si une plante souffrait, c'était qu'elle n'était pas au bon endroit. Il suffisait de la déplacer près des plantes qui prendraient soin d'elle, celles qui lui feraient de l'ombre ou partageraient l'eau stockée entre leurs racines. Une plante était bien moins égoïste qu'un homme. C'était son avis, et sa fréquentation des deux espèces ne l'incitait pas à en changer.

Il pestait contre le gazon des maisons d'à côté, un désert qu'aucun insecte ne pouvait traverser sans griller. Il peinait à convaincre ses voisins qui estimaient malgré tout que le gazon faisait plus propre. Pour les emmerder, il jetait sur leurs terrains des pleines poignées de graines. La croûte de leur terre était sèche, presque morte, l'herbe n'y poussait que contrainte, arrachée au sol dont elle aurait préféré ne jamais sortir. Les graines qu'il lançait prenaient rarement. Celles qui y parvenaient étaient aussitôt déracinées, le voisin les arrachait en maugréant. On jetait un œil par-dessus la haie du cantonnier, c'était à cause de lui tout ça, on lui avait dit maintes et maintes fois : un jardin, ça s'entretient. À croire qu'il ne connaissait pas son métier. On n'aimait pas voir les plantes grimpantes passer par-dessus les murs, ni les branches prendre leurs aises avec les lois de la propriété. Ça en chatouillait certains de dégainer le taille-haie, de faire ronfler la tondeuse. Seulement, le cantonnier avait un caractère impossible. Face à lui, on craignait le coup de sang. Il leur tombait dessus dès qu'ils s'avisaient de tondre. "Juste après la ponte en plus, vous y pensez, aux insectes ?" Les insectes ? Mais on s'en foutait royalement, des insectes, seulement on n'osait pas lui dire. Par sa faute, on n'écrasait plus une bestiole sans se sentir bêtement coupable. Si on ne pouvait même plus tuer par plaisir, où allait le monde ? Et puis, on ne pouvait tout de même pas se laisser envahir par les nuisibles !

Pour le cantonnier, le premier nuisible, c'était l'homme et sa manie de mettre la nature au pas. Le nombre de fois où il avait eu envie de trucider ceux de ses voisins qui pulvérisaient à tout va. Toujours des hommes. Ce besoin d'envoyer son petit jet partout, ça devait vouloir dire quelque chose. Ils ne supportaient pas le moindre brin d'herbe poussant de son plein gré, par contre ils engraissaient de véritables nuisibles ceux-là, les chats. Que leurs matous massacrent oiseaux, chauves-souris, papillons, ça ne les gênait pas d'un poil. Qu'un félidé s'aventure dans son jardin et le cantonnier sortait le canon à eau. Qu'un voisin proteste et il recevait dans le même mouvement une giclée. Certains chats avaient disparu, on se demandait si le cantonnier n'y était pas pour quelque chose. Il avait tout à fait la tête du type capable de les enfourner dans un sac avant de les jeter au fond de l'eau. On l'avait vu d'ailleurs arracher des avis de recherche des poteaux, ça prouvait qu'il n'était pas net. Le problème, c'était qu'il avait tout autant la tête du type capable de vous envoyer rejoindre ses victimes.

Jamais Florent n'aurait levé la main sur un chat, la botte tout au plus. Encore aurait-il eu un cas de conscience. En revanche, saboter l'engin de chantier qui avait servi à élever une butte inutile à l'entrée de Lassègue ne lui en avait posé aucun. Deux litres de Coca versés dans le réservoir et l'affaire avait été réglée. Il n'en était pas à son coup d'essai. Il passait une partie de ses week-ends à circuler dans la région. Les tractopelles avaient sa préférence. Ça devait dater de l'enfance. Les bulldozers ne lui déplaisaient pas non plus. Il en avait trois à son palmarès.

Les enfants de la classe de Didier l'adoraient, le cantonnier parlait sans filtre, les jurons fleurissaient dans sa bouche tout aussi facilement que les plus inhabituelles grossièretés. Il en rajoutait pour leur faire plaisir. Pauvres gamins, il les plaignait, leurs parents et leurs grands-parents avant eux avaient tout fait pour les empoisonner. La moitié crèverait d'un cancer à cause de la pollution, l'autre serait noyée sous les eaux, il le leur avait dit tel quel. De toute façon, les nouvelles générations savaient qu'elles étaient cuites. Qu'ils ne pleurent pas sur la planète, elle s'en remettrait très bien. Un petit rot et l'homme serait vite digéré. Le mieux, c'était de fraterniser avec les vers tout de suite puisqu'à la fin, ce seraient eux qui nous boufferaient. Il avait sorti du compost de pleines poignées grouillantes pour bien illustrer son propos. Les gamins avaient rapporté ses paroles chez eux, ça avait eu son petit succès.

Ce goût de la terre, c'était son paternel qui le lui avait donné. Est-ce que les enfants voyaient la ferme en ruine juste au-dessus du terrain de foot ? C'était là qu'il avait passé une enfance bien merdique. Rien n'allait jamais. Quand ce n'était pas le tracteur en panne, c'était la météo. Même les vaches avaient l'air plus heureuses que son père. Pourtant, elles ne manquaient pas une occasion de se jeter contre les barbelés. Peut-être pour se rappeler qu'elles n'étaient pas qu'un réservoir à viande.

Heureusement, il s'était mis à détester son père, ça l'avait sorti de l'ornière. Il conseillait ça aux enfants, qu'ils essayent pour voir, ça mettait un sacré coup de fouet. Dès dix ans, il avait commencé en pensées à préparer son baluchon. Chaque soir il s'endormait en faisant la liste de ce qu'il mettrait dedans. Il voulait vivre en pleine nature, loin des hommes. Il avait vu *L'Enfant sauvage*, l'expérience le tentait. Un matin, il était parti aux aurores, marchant des heures sans autre paysage que des champs à perte de vue. Des types comme son père passaient leur temps en allers-retours sur la terre, la souillant d'un produit toxique pour qu'elle enfante des légumes. On allait comme ça de grossesse forcée en grossesse forcée, que la terre rende tout ce qu'elle avait dans le ventre. Le rendement, ce putain de mot était partout. Tout le monde devait rendre, rendre, rendre, dégueuler du chiffre. Bref, nulle part où se poser, il était rentré chez lui, les pieds en feu. Ses parents n'avaient pas cherché à savoir où il était passé.

Le coup suivant, il avait enfourché son vélo. Rien à faire, aucun espace sauvage à des dizaines de kilomètres à la ronde. Il arrivait trop tard, l'homme s'était répandu partout comme une nappe de mazout à l'assaut des côtes. Il avait mis son projet de côté. À seize ans, quand son père avait réclamé de l'aide aux champs, ça l'avait repris. Il était temps de prendre le large. Pas question de revenir. Cette fois il irait aussi loin que nécessaire, dût-il traverser les frontières que des crétins avaient eu l'idée de tracer. Il avait tiré en douce la voiture de sa mère, une vieille R9 tout ce qu'il y avait de plus moche, de toute façon il n'aimait pas non plus les bagnoles. Dès qu'il aurait trouvé une cache, il la balancerait dans un fossé. “Et ta mère, avaient demandé les enfants, tu l'aimais bien, ta mère ?” Le cantonnier avait regardé les écoliers, son œil brillait curieusement. Depuis qu'il avait vu comment elle tuait les lapins en leur brisant la nuque d'un coup net, il avait du mal à l'aimer. Il ne posait plus la tête sur sa cuisse sans craindre le coup de grâce. Pour le reste, elle le laissait tranquille, il n'était pas plus qu'une poule de l'élevage. D'ailleurs, maintenant qu'il y repensait, plus il grossissait, plus elle avait semblé heureuse. "Méfiez-vous des parents qui vous nourrissent trop, avait-il averti les enfants, ils remplissent votre assiette mais vous finirez dans la leur."

Sa virée en voiture n'avait rien donné, la même merde étalée partout. Pas moyen de trouver un endroit qui ne soit pas coupé par les lignes à haute tension, raclé par les pelleteuses, troué par mille machines, charcuté en parcelles. Comment les animaux pouvaient-ils dormir dans ce vacarme, c'était un mystère. Lui n'avait pas réussi. Après deux nuits blanches, il avait repris la R9. Il ne s'arrêterait qu'à la fin de la route, peu importe où elle mènerait.

Il avait roulé longtemps, la nuit et lui ne faisaient plus qu'un. La lune éclairait assez pour qu'il puisse couper ses phares et puis il n'aimait pas entendre les insectes s'écraser contre le pare-brise. La route s'était terminée, enfin. Il n'y avait rien au bout, juste un trou noir dans lequel il était tombé. Les étoiles clignotaient, ou alors c'étaient des ambulances, on l'avait chargé sur une civière, il ne sentait plus ses jambes, il ne sentait plus rien. Au bout d'un mois d'hôpital, il était rentré. Ses parents ne l'avaient même pas engueulé pour la bagnole, pliée pour de bon. Même pas un sermon. Il l'avait attendu pourtant, mais non, rien. Chez lui, on évitait les mots. Moins de mots, moins de mensonges. C'était une devise de son père. À bien y réfléchir, il la trouvait sage.

La vie avait repris. Avec ses plâtres, il ne pouvait pas aller bien loin. Sa mère l'avait installé dans la cour sur un fauteuil, son père le saluait à chaque tour de tracteur. Il n'en avait pas bougé pendant un mois, laissant les poules venir picorer à ses pieds et se percher sur son dossier.

Comme il ne voulait pas retourner à l'école, son père l'avait mis au champ. Il lui avait appris patiemment comment tuer la terre, éradiquer toute vie sous sa croûte, l'appauvrir au point qu'elle craquelle, l'assécher avec les sortilèges de la chimie, puis une fois bien sèche, désolée, assoiffée, l'inonder d'une flotte qu'elle n'arrivait même plus à avaler. À force, la terre s'habituait à son maître et lui donnait ce qu'il réclamait. Il suffisait de la maintenir en état de dépendance et elle cracherait son maïs ou son blé quand on le voudrait. Son père n'aurait pas été plus fier s'il avait inventé lui-même le Zyklon B. Il montrait son champ sans l'ombre d'une mauvaise pousse. Aucun insecte ne s'avisait plus de le traverser, une réussite.

Ça n'avait pas manqué, son père avait tellement bouffé de sa propre saloperie que ça l'avait tué. Par solidarité, sa mère avait suivi. Ils étaient si taiseux tous les deux que la mort n'avait pas dû trop les changer. Et puis la mort là-bas devait ressembler à la vie ici, un grand champ aride et stérile, planté d'épouvantails inutiles. Les yeux des enfants s'étaient agrandis, Didier avait tenté de hâter la conclusion de cet entretien. Qu'avait-il fait ensuite ? Il avait rendu la ferme à la nature, il avait laissé la végétation recouvrir la cour, longer les façades, grimper sur les toits, s'inviter jusqu'à la chambre de ses parents dont elle avait fait son lit. Il avait vécu là des années, au milieu des ruines, réalisant enfin son rêve d'enfant sauvage. Quand un curieux approchait, il se cachait. Jamais il ne répondait à l'appel de son nom.

Ce qui l'avait ramené à la civilisation et son si sanguinaire progrès, il ne se le rappelait pas. L'ennui peut-être. À moins qu'il n'ait eu envie de se rapprocher de ses semblables pour leur faire goûter les poisons qu'ils se plaisaient tant à répandre. Il avait rejoint le *Musée vivant des histoires comptant pour rien* pour cette seule raison : faire passer à ses visiteurs le goût des pesticides, de la fauche et de l'engrais. Les revenus-de-tout, les sceptiques, les indifférents, les cyniques, il les conduirait jusqu'au cimetière de Lasségue, devant la tombe de ses parents où, après avoir narré l'histoire familiale, il servirait aux plus téméraires un cocktail de sa fabrication, à peine un centième de ce que recevait n'importe quel plant en un an. Pour ceux qui feraient la fine bouche, sa pelle ne serait pas loin.

25

Le maire de Brunois harcela Julia de coups de fil :

— Je sais que Christian a déserté, pas question que la commission des Plus Beaux Villages de France se déplace dans ce contexte. Il faut arrêter la plaisanterie…

Julia nia en bloc, le maire s'assurait que tout serait en place pour le jour J, il était en déplacement, sur un chantier, en réunion. Il lui transmettait néanmoins ses salutations amicales et ne manquerait pas de le rappeler dès que son planning le lui permettrait.

La population se rassembla à plusieurs reprises pour organiser la visite. Les doutes n'avaient jamais été aussi vifs, les craintes aussi palpables. On allait se planter, ça ne faisait pas un pli, mais rien ne servait de repousser l'échéance, on ne ferait pas mieux. Et puis on n'en pouvait plus. Des semaines qu'on s'activait, la date en ligne de mire, sans toujours savoir très bien où on allait. L'avait-on jamais su ? Une agitation frénétique permettait d'oublier la question. Une autre revenait sans cesse : si Christian ne rentrait pas, comment ferait-on ? Les élus ne se bousculaient pas pour le remplacer, ils préféraient temporiser, à chaque jour suffit sa peine. Quand ils étaient en panne d'adage, ils se lançaient dans d'interminables circonvolutions, technique d'évitement que leur maire n'aurait pas reniée.

Christian rentra trois jours avant la date fixée pour la visite. Il avait roulé de nuit et déboucha sur Lassègue alors que l'aurore se levait. Un soleil matinal au front enrubanné de nuages éclairait encore faiblement les alentours. Au bord d'un champ longeant la départementale, il entraperçut, émergeant de la brume, des vestiges antiques. Il s'arrêta sur le bas-côté, saisi par cette vision, et descendit. Trois colonnes sortaient de terre, de type grec pour ce qu'il pouvait en juger. On s'était appliqué à les vieillir. Les tronçons d'une quatrième étaient étalés sur l'herbe. L'effet était gâché par les stries laissées par la scie qui avait servi à les découper. Il en gratta la surface, le plâtre se décrocha. Qu'avait-on voulu figurer, des ruines antiques ? Plus loin, on avait enseveli des statues dont les bras seuls dépassaient de terre, semblant appeler au secours. Christian secoua la tête et remonta en voiture.

Sur le panneau d'entrée de Lassègue un petit malin avait ajouté au marqueur : "plus beau village de France". Cette mention ne le fit pas sourire. Le rond-point croulait sous la végétation. Plantés pour former les lettres de Lassègue, des chardons tentaient de redresser la tête malgré les bourrasques qui les malmenaient. Dans les premières lueurs du jour, cette vision l'adoucit. Il roula jusqu'au grand parking terreux sur lequel des arbres malingres avaient été plantés. D'ici à ce qu'ils donnent de l'ombre, Christian ne serait plus de ce monde. La camionnette d'Aziz stationnait au fond, couverte de poussière. Elle paraissait ne pas avoir bougé depuis des semaines. Il ne s'attarda pas. Il traversa le bourg à faible allure, notant les façades nouvellement repeintes. Avec ou sans lui, ils avaient continué. Cette pensée le blessa. Qu'avait-il imaginé, qu'ils porteraient le deuil en attendant son retour ? Le cantonnier, lui, semblait s'être mis en repos, les mauvaises herbes avaient envahi les trottoirs. Cela ne faisait pas net. Il caressa sa barbe blanche, pensif, en roulant au pas, et longea le cimetière sans lui accorder un regard.

Arrivé à hauteur de l'église, il freina brusquement. Restaurant Les Chardons… *C'est quoi ça ?* Malgré l'heure matinale, une lumière scintillait derrière la vitrine. Il reconnut, allant et venant entre les tables, la longue silhouette d'Aziz. Non seulement aucun d'eux n'avait porté le deuil, mais ils avaient en plus gueuletonné sur sa tombe. Christian s'éloigna de quelques dizaines de mètres, il stationna sa voiture et coupa le moteur. La rue n'était déserte qu'en apparence. D'autres lumières étaient allumées derrière les vitrines des locaux voisins. La plupart étaient à l'abandon depuis des années. Pourtant, à l'intérieur, des formes s'agitaient. Christian hésita. Il n'aimait pas ça. Il revit sa chambre d'hôtel, les phares encadrés aux murs, le balcon au-dessus de la mer, les mouettes se laissant tomber dans les creux du ciel. Il ouvrit la portière et marcha jusqu'au local le plus proche. Il sentit à chaque pas sa colère enfler. C'était bien, rien de tel pour retrouver de l'élan. Il poussa la porte sans prévenir, sans frapper, il était chez lui. Alors qu'un puissant "Qu'est-ce que vous foutez là ?" s'apprêtait à jaillir de sa bouche, des visages familiers se tournèrent vers lui, s'éclairèrent, s'agrandirent. "C'est toi, Christian ?" "Bon sang, c'est Christian !" "Enfin, on n'y croyait plus !" On lui serra la main avec chaleur, on l'embrassa. On s'était inquiété pour lui, était-il donc allé jusqu'au pôle Nord pour revenir avec cette barbe de père Noël ? Ça lui allait bien, ça lui donnait même un air de grand sage. Ça tombait à pic, on en manquait ici. La colère agitait le visage de Christian de faibles soubresauts. Il la ravala tant bien que mal. On lui mit dans les mains une timbale emplie de café chaud. Il le but lentement en les écoutant sans rien comprendre à leurs propos.

— Qu'est-ce que vous trafiquez ici ?

— La visite, tu n'as quand même pas oublié la visite ?

Non, il n'avait rien oublié, et tous se crispèrent à sa façon d'appuyer sur le rien. On lui donna des explications avec un empressement nerveux. L'artisanat, les commerces, les loisirs même, ça faisait partie des critères du label. On s'était dit que ça serait une bonne chose de rouvrir quelques-unes des boutiques. Toutes ces portes closes, ces façades borgnes, ces vitrines vides, ça aurait fait mauvais effet sur la commission. On avait donc pris des dispositions. Ici, on préparait l'ouverture d'une galerie. Un silence suivit. "Une galerie ?" Oui, une galerie, Christian avait bien entendu. Il pouvait faire le tour, ce n'était pas fini bien sûr, on avait encore tout un tas de toiles à accrocher, mais ça lui donnerait un aperçu.

— Et elles viennent d'où, ces toiles ?

On mit une seconde de trop à lui répondre, une entourloupe se cachait là-dessous.

— D'un peu partout, c'est une sélection. Pour être tout à fait honnête…

Une formule pareille ne pouvait qu'annoncer un arrangement coupable avec la vérité. La bouche de Christian se referma comme s'il refusait d'avaler le mensonge que l'on s'apprêtait à lui servir. Pour peindre des toiles, on avait d'abord fait appel aux graffeurs. Hors de question qu'ils s'abaissent à vendre leur art. C'était dommage, on leur proposait une façon un peu honnête de gagner leur vie et ils faisaient les difficiles. Peine perdue, ça ne leur disait rien. Il ne fallait pas s'étonner après de la montée du chômage. Enfin, on s'était arrangé autrement. En fouillant dans les greniers, on avait déniché des trésors. Que Christian se rassure, ça n'avait rien coûté, pas un kopeck. Au contraire, les gens avaient été ravis de les donner. Le reste des œuvres, on les avait trouvées à Emmaüs. Des paysages campagnards surtout, pour faire local. Tant qu'on voyait un champ, un clocher, des oiseaux, ça pouvait tout aussi bien être Lassègue. On n'avait pas hésité à mettre de gros chiffres sur les étiquettes, ça faisait plus sérieux. On reconnaît l'artiste au montant de ses toiles. Avec des sommes pareilles, on serait bien obligé de s'attarder devant l'œuvre. À cinq cents euros, une croûte ne pourrait plus être vue du même œil. À partir de mille, on la considérerait longuement. Au-delà, on se l'arracherait.

On attendit que Christian s'exprime, qu'il félicite ou condamne. Il regarda tour à tour les cadres. Il s'arrêta devant une nature morte et souffla avec peine, comme si ses poumons étaient deux poches crevées. Au milieu de la galerie, il remarqua la peinture d'une femme en pagne portant une cruche sur la tête sur fond de savane. Et ça, ça faisait couleur locale peut-être ? Il se sentit fatigué, ce village pompait son énergie. Au lieu de donner son avis, il réclama un autre café.

— Et pour le local ? demanda-t-il d'une voix qu'il voulait ferme mais où perçait l'abattement.

Tout était en règle. Enfin presque. Il restait à se mettre d'accord sur le montant du loyer qu'on verserait à la mairie quand l'activité serait lancée pour de bon. En son absence, ce point-là avait été mis de côté, il n'était pas question de déborder sur ses prérogatives. Christian garda un silence que l'on devina réprobateur. On jugea opportun de passer à un autre sujet. Avait-il fait un tour dans le centre ? Il verrait comme il était changé, même la boulangerie allait rouvrir !

Le désarroi de Christian monta d'un cran. Loin de freiner la folie des habitants, son absence l'avait semble-t-il décuplée. En quittant les lieux, il les avait libérés de leur camisole et ils semaient maintenant le désordre dans la commune entière. Parmi les fous, le sage paraît égaré. On le raccompagna vers la sortie comme on l'aurait ramené vers sa chambre, en prétextant que trop voir les coulisses risquait de lui gâcher le spectacle.

Christian se retrouva sur le trottoir. C'était impossible que la boulangerie rouvre, il en savait quelque chose. Il ne restait rien du four et la colonne en briques de la cheminée s'était écroulée. Aucun boulanger n'avait voulu reprendre, trop d'investissements, pas assez de clients. Il leva le nez. Quelqu'un avait repassé au pinceau le tracé des anciennes lettres de l'enseigne. Elle avait donc rouvert ! Christian en eut presque le tournis. Il vit son reflet dans la vitrine si bien nettoyée qu'on en oubliait la grande zébrure qui la traversait. Derrière, on disposait des étalages en bois encore vides. Il réveilla le carillon en poussant la porte. Cette sonnerie, des lustres qu'il ne l'avait pas entendue. Le son lui fit aussitôt revenir des odeurs de pains frais et de croissants. Une autre époque, presque une autre vie. Quand les boulangers étaient partis à la retraite, c'en avait été fini des petites douceurs, personne n'avait repris. Aujourd'hui, si on ne voulait pas du pain surgelé de la supérette, il ne restait qu'à prendre la voiture. Dix bornes pour une baguette, ça donnait à la mie un goût d'essence.

Christian ne reconnut pas les visages qui se tournèrent vers lui, des jeunes, la vingtaine tout au plus.

— Vous êtes les nouveaux boulangers ?

Ils échangèrent un regard amusé et serrèrent la main qu'il leur tendit. Il ne restait rien de la vilaine infiltration qui avait abîmé le plâtre. Plus trace non plus des moisissures au bas des murs. Tout avait été repeint, le sol récuré. Le vernis faisait briller le bois patiné du comptoir. Les présentoirs avaient pris un coup de vieux, mais ils tenaient encore. Il restait même la soucoupe dans laquelle poser sa monnaie. Plongés dans le passé, les yeux de Christian se posaient partout. Il était ému, pardon, l'endroit ravivait des souvenirs, il perdait le fil de ses pensées. Il allait leur prendre un pain, tiens, n'importe quoi, ce qu'ils avaient. Les boulangers n'avaient rien pour le moment.

— Bien sûr, pardon, vous n'avez pas encore ouvert.

Christian balbutiait presque, c'était si étrange, tout ça.

— Comment vous avez fait pour le four ?

— Le four ? On n'en a pas besoin. On sortira juste les pains le moment venu.

Christian ne comprit pas. Les sortir de quoi sinon du four ? Ses méninges se grippèrent, impossible de réfléchir correctement.

Les sortir de l'emballage, lui expliqua-t-on tranquillement. Le pain était réservé au Lidl de Chaulet, on irait le chercher avant l'ouverture officielle, qu'il soit le plus frais possible. Les visiteurs n'y verraient que du feu. Ce n'était qu'une question de présentation, on le poserait dans des paniers en osier, sur des brins de paille, on ferait même voler une poignée de farine dessus. Les gâteaux, par contre, ils les feraient eux-mêmes. Ils n'avaient besoin que d'un micro-ondes. Ils verseraient du bon lait frais dans des préparations en poudre achetées en lot. Deux euros la boîte pour fabriquer un gâteau dont les parts seraient vendues trois euros l'unité, une affaire. Ils ne s'y connaissaient peut-être pas en pâtisserie, mais ils se débrouillaient en calcul.

D'où sortaient-ils, ces deux zigotos ? Les jeunes tiquèrent. Ils vivaient à côté, chez Évelyne, elle les avait envoyés en soutien. Ils n'étaient pas d'ici et alors ? Ils avaient tellement retapé ce village qu'il était un peu le leur. Ils n'avaient pas compté leurs heures pour tout remettre en état. Ça ne lui plaisait pas ? Christian battit en retraite, il était le maire d'une commune qu'il ne connaissait plus. Il jeta un regard désemparé vers les apprentis boulangers et recula vers la sortie.

Il se retrouva sur le trottoir, indécis, et arracha quelques mauvaises herbes entre les bordures pour se passer les nerfs. Elles s'infiltraient partout. Laisser le naturel prendre ses aises, ce n'est jamais bon. Il fallait arracher, sans relâche, ne jamais se laisser déborder. Ses jointures craquèrent quand il se redressa. Le vent fit claquer une grande banderole fixée de part et d'autre de la rue, *"Lassègue, plus beau village de France"*. Il sentit qu'on l'observait depuis les fenêtres des maisons voisines. Il jeta les herbes arrachées au pied d'un arbre et s'éloigna. Une autre vitrine était en cours d'installation plus loin. Avaient-ils donc fait main basse sur tous les locaux du bourg ? Au moins, celui-ci n'appartenait pas à la commune. Un salon de coiffure où il s'était rendu avant que sa calvitie ne s'étende. Fermé lui aussi. Les habitants avaient appris à manier eux-mêmes les ciseaux. Il se colla à la vitrine en disposant ses mains de part et d'autre des yeux. À l'intérieur, on avait déposé des services à thé en porcelaine sur de petites tables accolées aux anciens fauteuils du salon. Une machine à café trônait sur l'ancien comptoir. Sur les présentoirs, les produits de beauté avaient été remplacés par des rangées de chocolats empilés les uns sur les autres. Christian avisa, entassées dans un coin, les dizaines de boîtes bon marché dont on les avait sortis. Ça suffisait comme ça, il en avait assez vu pour le moment.

Il regagna sa voiture. En approchant de l'église, il osa tout juste un coup d'œil vers le porche. Les cicatrices des ouvertures avaient été cachées sous l'enduit. À la place des lourds vantaux en bois, de grandes portes vitrées renvoyaient le reflet du parvis. Au-dessus, une pancarte annonçait : "Ici, ouverture prochaine d'un hôtel." Christian secoua la tête. Le fantôme de son épouse le tira par la main. Ce n'était rien tout ça, il ne fallait pas tant s'inquiéter. Il ferma les yeux et se laissa aller à l'imaginer blottie contre lui. De la chaleur, c'était tout ce qu'il demandait. Il était temps de rentrer chez lui.

Delphine et Maude étaient ravies, c'était bien qu'il ait pris du temps pour lui, il le méritait largement. Toutes ces années cloîtré à Lassègue, ce n'était pas sain. À trop baigner dans le même jus, n'importe quelle plante croupirait. Il fallait changer l'eau du vase, le vase même parfois, cueillir d'autres fleurs. Leur métaphore les fit rire, vraiment son absence les avait mises en joie. Que s'imaginaient-elles, qu'il avait le cœur à batifoler ? Christian laissa ses filles parler et se servit un verre. Il était un peu tôt, mais il en avait besoin. Où était Martin ? Au lit probablement. En voilà au moins un qui n'avait rien changé à ses habitudes. Dans le salon, ses yeux ne trouvèrent pas le fauteuil dans lequel il avait l'habitude de lire le journal, une antiquité héritée de ses parents. Ses filles eurent un sourire annonciateur de nouveaux désagréments. Elles l'avaient mis en dépôt à la brocante. Il le récupérerait bientôt, ce n'était que l'histoire de quelques jours.

— Quelle brocante ?

On ne voulait pas que, le jour de la visite, Lassègue ressemble à un village fantôme. Peut-être ne l'avait-il pas vu, mais on faisait beaucoup pour soigner la présentation. Christian repensa aux statues antiques dont les bras dépassaient de terre.

— Si, j'ai vu.

On avait transformé un ancien entrepôt en brocante. Les volontaires étaient venus y déposer leurs plus beaux meubles. L'installation n'avait pas pris plus d'une journée. L'illusion était parfaite. Aucun risque que son fauteuil parte, on avait collé dessus une étiquette “Réservé” pour que personne ne s’avise de le prendre. C’était aussi simple que ça. Christian eut un petit rire sec. Après avoir pris son siège de maire, on lui volait son vieux fauteuil, c’était aussi simple que ça. Les filles virent son visage se crisper. Qu’il ne s’inquiète pas, tout était en ordre, Christian pouvait profiter de sa liberté.

— Ma liberté ? Vous en avez de bonnes, je suis encore maire tout de même, vous l’avez oublié ?

On frappa. Il n’avait envie de voir personne, mais elles s’empressèrent d’aller ouvrir. Christian jeta un regard à l’emplacement de son fauteuil et s’assit à regret sur le canapé en faisant tournoyer le fond de son verre. Il reconnut dans l’entrée le bourdonnement de voix de Didier. Ses filles l’accompagnèrent jusqu’au salon et s’éclipsèrent.

— On m’a dit que tu étais de retour.

Christian ne prit pas la peine de se retourner.

— Tu es bien renseigné.

Didier s’assit face à lui sans y avoir été invité. Ils eurent quelques minutes d’une discussion silencieuse. D’un geste, Christian proposa un verre que Didier refusa. Il se resservit tout seul avant de tirer du fond de sa poche un billet froissé de cinq chardons à son effigie. Il le glissa sur la table basse.

— Je suppose qu’il y a d’autres surprises de ce style qui m’attendent ?

Didier écarta les bras :

— Ce n’est pas impossible.

Il sortit de sa sacoche un paquet de cartes postales de Lassègue réalisées en classe et les étala devant Christian.

— Joli, accorda-t-il.

— Tu as manqué le lâcher de ballons.

Christian haussa les sourcils. Cinq cents ballons gonflés à l’hélium, la moitié des parents d’élèves réquisitionnés pour l’opération. Les gonfler n’avait pas été une mince affaire mais le plus long avait été d’attacher à chacun une carte de Lassègue avec l'invitation à rejoindre "le plus beau village de France" à la date du passage de la commission. On espérait la foule des grands jours. Cela avait accéléré les derniers préparatifs.

— Je vois.

La veille, au moment du lancer, le vent s'était tu et on avait craint un moment que les baudruches ne restent sur place. Quelques-unes s'étaient coincées dans les branches alentour, d'autres avaient explosé sans explication avant que la nuée ne se lève d'un coup et se disperse dans toutes les directions. Les enfants avaient observé ce vol en poussant des cris d'encouragement. Didier passa sous silence qu'on avait joint à la carte un billet de dix chardons à venir dépenser sur place. Une idée de Titi, que tout le monde s'était accordé à trouver excellente. Didier avait gardé ses réserves pour lui, il avait déjà suffisamment mis en garde Titi : trente ans de réclusion criminelle, quatre cent cinquante mille euros d'amende. C'était la peine encourue pour les faussaires, la plus lourde du Code pénal, même les trafiquants de drogue et les proxénètes s'en sortaient mieux.

— Tout ceci m'a l'air de promettre un fabuleux bordel, résuma Christian.

Il n'y avait pas de reproche dans sa voix, seulement de l'usure. Il poussa un grand soupir, celui de l'abandon des armes. De là où elle se tenait, Lise lui sourit. Ce village était fou, elle le lui avait toujours dit et le plus fou de tous, c'était celui qui avait voulu en prendre les commandes.

— Je suis passé par le centre en arrivant…

Il laissa planer sa phrase. Une furieuse envie de fumer prit Didier. Christian n'était pas au courant pour le cimetière, sinon il lui en aurait déjà parlé, mais l'allusion le troubla. Il sortit son paquet et se leva.

— Je peux ?

Sans attendre de réponse, il entrebâilla une fenêtre, le bout de sa cigarette grésilla.

— Toutes ces boutiques… poursuivit l'élu.

Didier se tourna vers le jardin pour cracher sa fumée.

— Ce n'est sûrement pas parfait, mais il y a quelques belles réussites. Tu as vu le restaurant d'Aziz ?

Un hochement de tête le lui confirma.

— Il fait une vingtaine de couverts chaque midi, c'est un bon début. Et devine sa spécialité…

Christian haussa les épaules.

— L'omelette.

Le maire tapa du doigt sur le billet.

— Et les gens règlent l'addition avec ça, en se payant ma tête ?

— Personne ne se paie ta tête, Christian. Ce n'est quand même pas donné à tout le monde d'être imprimé sur un billet.

— Si je comprends bien, tout va pour le mieux dans le meilleur des villages.

Didier écrasa son mégot sur le rebord de fenêtre :

— Non, mais on fait bonne figure. C'est comme ça ici, tu le sais bien. Plus les choses foirent, plus les sourires sont larges.

Christian opina, ils ne connaissaient pas d'autre façon de conjurer le sort. Il regarda mieux Didier. Sa peau avait pris la teinte des jours de pluie, son visage s'était creusé. La solitude, ils avaient ça en commun maintenant.

— Tu sais, reprit Didier, on n'a pas gagné un seul match depuis que tu es parti.

Il ne laissa pas Christian l'interrompre :

— Pas un seul, je te dis. Malgré tout ce que tu en penses, on est une équipe, il n'y a qu'en se tenant les uns aux autres qu'on peut espérer avancer.

— Je suis d'accord avec toi au moins sur un point, on se tient si bien les uns aux autres qu'on va s'enfoncer tous ensemble.

Un caquètement ponctua sa phrase. Une poule vint se poser sur le rebord de la fenêtre. Dehors, Didier observa le gigantesque gallinacé peint sur la façade du bâtiment d'élevage.

— La commission vient dans trois jours, on aura besoin de tout le monde, et de toi en particulier.

Étaient-ce les deux verres qu'il venait de s'envoyer dans le cornet ? Christian se sentait étrangement calme. Par précaution, il vaudrait mieux qu'il s'en serve un troisième avant de se diriger vers la mairie. Qui savait ce qui l'attendait là-bas ?

— Pourquoi crois-tu que je suis revenu, Didier ? Je suis marié à cette commune. J'aurais seulement dû lever son voile avant de l'épouser.

26

D'accord, Titi voulait bien le reconnaître, il avait un peu perdu le compte. L'encre des chardons avait à peine le temps de sécher, on lui en réclamait encore et encore. Peut-être parce qu'il glissait toujours un petit billet de rab. Ça ne servait à rien de regarder à la dépense, il en réimprimait en trois clics. Il ne fallait pas que Sandrine s'affole, ce n'était que du papier, tout ça.

À un moment donné, il allait falloir rendre, qu'est-ce qu'il avait dans la tête ? C'était ça qui soulevait le cœur de Sandrine, il avait tout bouffé. Des euros qu'il avait reçus en échange, il ne restait rien. Un chardon contre un euro, un euro contre un chardon, c'était ça la règle de base, pas besoin de sortir la calculette. Est-ce que ça lui brûlait tant les doigts pour qu'il dilapide de pleines liasses ? Titi tempérait, elle se faisait du mauvais sang pour rien. Le chardon avait besoin d'une petite poussée pour décoller, voilà tout, l'atterrissage se ferait en douceur.

Chaque matin, Sandrine se levait avec un sentiment de désastre. Ce serait le crash assuré, il n'y avait qu'à voir le sourire béat de son homme. La règle de trois le laissait pantois. L'argent s'envolait par les fenêtres et il souriait !

— Je ne dépense pas, j'investis.

Qu'il arrête de faire le fanfaron, ça n'amusait plus Sandrine.

C'était vrai pourtant qu'il investissait, tout l'argent récolté repartait aussi sec dans les tuyaux. Pas un jour sans qu'on ne l'appelle pour un emprunt, tout le village s'était découvert la fibre entrepreneuriale. Titi faisait un vague tri dans tout ça avant de distribuer des enveloppes. Du circuit on ne peut plus court. Le bourg commençait à avoir de l'allure. Les choses lui avaient échappé mais c'était bon d'être poussé par l'élan général. Plus moyen de s'arrêter, ses jambes cavalaient toutes seules devant lui sans qu'il n'y puisse rien. Il n'avait qu'à les suivre.

Le seul vrai problème était purement technique : son coffre était vide. Aussitôt troqués pour des chardons, les euros disparaissaient en prêts. Pas question d'intérêts. Tout banquier qu'il était, il n'en avait pas pour autant adapté les mœurs. Se payer sur le dos de la bête, ça ne lui disait rien. L'argent reviendrait, Titi en était persuadé, mais il ne pouvait dans l'intervalle rendre en euros ce qu'on lui ramenait en chardons. Le gérant de l'épicerie avait fait les comptes et ne le lâchait plus. Il avait un plein sac-poubelle de chardons, cinq mille balles au bas mot. Il suffisait de voir ses clients palper les billets pour comprendre qu'ils se demandaient par quel miracle il acceptait encore d'être payé avec du papier pareil.

— Paie tes fournisseurs avec, avait suggéré Titi.

— Et comment ? Tu crois qu'ils sont à Lassègue, mes fournisseurs ?

Pour le calmer, Titi avait fini par piocher dans leur épargne personnelle. Sandrine n'en savait rien, pas la peine, ses nuits étaient déjà bien assez courtes. Il s'était remboursé en chardons, il en avait les poches pleines, impossible de sortir un mouchoir sans en semer sur son passage. Ça ne tiendrait qu'un temps, il était con mais pas assez pour ne pas le savoir.

Et puis, Titi n'était pas dupe : ce n'était pas en achetant trois salades avec une monnaie locale qu'on allait faire la nique aux banques. C'est bien simple, ça n'allait même pas les gratter. Il fallait viser plus haut, changer d'échelle, les concurrencer sur leur propre terrain. Avec de vrais billets. Il fit quelques essais. Il avait l'âme d'un faussaire, mais pas la patte. Cela ne ressemblait à rien. Ses enfants n'en voudraient même pas pour jouer à la marchande.

Ces temps-ci, Titi préférait éviter Didier. L'entraîneur le connaissait trop bien, il humait l'air comme s'il sentait les emmerdes à plein nez. Il s'était renseigné de son côté, la monnaie de Titi circulait en dehors de toute réglementation. Le premier venu pouvait la falsifier. Les fibres sécurisées, les pastilles holographiques, l'encre fluorescente, est-ce que ça parlait seulement à Titi ? Il avait préféré ne pas répondre. La recherche de la perfection l'avait toujours fait soupirer. Il n'était pas loin de penser que si l'homme savait se contenter de sa médiocrité, il serait moins criminel. Les petits génies armaient souvent la main des assassins. L'à-peu-près avait du bon.

Une chance, la visite de la commission mobilisait tout le village, Didier plus encore que les autres. Encore quelques jours et ils seraient donc allés au bout. C'était un peu lui qui avait entraîné tout le monde là-dedans, on le lui rappelait souvent, avec une pointe de reproche. Il avait fait office de locomotive, pas question qu'il saute en marche. Ce n'était pas son intention, au contraire, il enfournait de pleines pelletées de charbon dans le ventre de la machine, elle était si bien partie maintenant qu'elle ne s'arrêterait plus avant d'avoir tout écrasé sur son passage. Le train était lancé sur des rails dont personne ne connaissait la destination.

Quand Titi apprit le retour de Christian, il éprouva des sentiments partagés. Il n'était pas sûr qu'il apprécie à leur juste valeur ses progrès en économie. Adrien n'en menait pas large non plus. Il peinait à calmer les ardeurs des sympathisants du comité Madeleine. Mieux valait mettre la pédale douce, se faire oublier un temps. On l'écoutait distraitement. Julia se désintéressait du retour du maire avec une décontraction qui ne faisait qu'accentuer son inquiétude.

Depuis qu'ils n'occupaient plus l'église, ils avaient pris l'habitude de se retrouver chez les uns ou les autres au sein d'un club informel, Les Bains publics, dont l'aura s'était trop vite étendue. Adrien s'en rendait compte, la représentation qu'il s'était faite de ces amours libérés était loin de la réalité. Dès qu'on dépassait les mots, on était déçu. C'était cruel, cette manière dont la réalité se chargeait d'enlaidir les plus belles idées. La moyenne d'âge tournait autour de la cinquantaine, les plus vieux étaient de loin les plus vicieux. La morale se relâchait avec l'âge, ils ne s'encombraient plus de rien. Plus Adrien en voyait, plus l'envie lui passait. À la longue, toute cette chair encombrait son désir, son cœur s'atrophiait. Deux mois encore de ce régime et il n'aurait plus qu'un raisin sec dans la poitrine. Au fond, il se l'était avoué avec un peu de honte, sa seule raison d'y participer était de garder un œil sur Julia.

La notoriété du club grandissant, on avait réquisitionné la salle des fêtes une fois ou deux, trois tout au plus. Adrien n'était pas sûr que Christian apprécierait qu'elle serve à cet usage. On avait balayé ses réserves d'un revers de main. On opérait dans l'intérêt de Lassègue. L'entrée serait payante, les fonds récoltés iraient dans la caisse du village, c'était à bien y penser une œuvre philanthropique.

Tous les cochons des environs avaient accouru. La soirée à peine terminée, ils réclamaient déjà la prochaine. Qu'on les comprenne, après des nuits pareilles, leurs malheurs leur paraissaient peu de chose. Ils pouvaient regagner leur tapis de caisse, leur écran d'ordinateur, leur cabine de camion ou leur bureau d'administrateur sans perdre le sourire. Certains s'enthousiasmaient, le club était le dernier espace de liberté. On y fraternisait peau contre peau, affranchi des conventions, allégé du poids de la morale. Ceux qui faisaient les discours étaient rarement les mêmes que ceux qui, au petit jour, passaient la serpillière. Adrien lessivait le sol en ruminant, toute cette histoire de bains publics avait tourné les têtes. Donnez aux hommes la moindre occasion de laisser libre cours à leurs vices et ils se rueront dessus. L'ordre moral ne tient pas cinq secondes face à un cul tendu. Où était la poésie là-dedans, la beauté ? Sûrement pas dans les seaux qu'il vidait sur les parterres. L'annonce du retour de Christian le soulagea. Le club des Bains publics n'eut d'autre choix que se mettre en sommeil. Adrien espérait qu'il ne se réveillerait pas.

Le lendemain de son arrivée, Christian rassembla l'équipe municipale, se retenant d'étriller ceux qui lui donnaient l'accolade. L'approche de la visite de la commission semblait les faire frétiller de plaisir. Le saut de joie de la carpe avant d'atterrir aux pieds du pêcheur. La garde rapprochée des vétérans était présente, tout comme les représentants des divers comités. Revoir Adrien déclencha chez Christian des élancements dans la poitrine. Il ne cessa durant ces retrouvailles de se passer la main au col comme s'il peinait à respirer. Ils étaient comme les membres d'une famille dont les liens serrés s'entortillaient tous autour de son cou. Encore un faux mouvement et il serait étranglé.

Christian avait inspecté les lieux avant de les réunir. Le visage de Lassègue avait changé mais il aurait été incapable de dire si l'opération lui avait été profitable. La cicatrisation était incomplète, des bandelettes cachaient encore les marques de scalpel et de bistouri. On les retirerait quelques heures seulement avant la visite de la commission. Au lieu de s'inquiéter de l'état de leur patient, les habitants, ces spécialistes de la suture et de l'amputation, se félicitaient de l'intervention. Ils avaient fait du beau travail, que le cœur tienne ou qu'il lâche, la suite ne leur appartenait pas. Christian se demanda si leur détachement ne servait pas à dissimuler leur fébrilité. Ils avaient largement outrepassé leurs droits. Il aurait facilement pu attaquer la déloyauté des uns, la complicité des autres. Ces comptes-là, il les réglerait plus tard.

Dans l'ordre et la discipline qui précèdent les grandes batailles, ils organisèrent méthodiquement les détails de la visite. Personne ne mentionna que Lassègue pouvait désormais se targuer d'avoir un cimetière à la pointe de la technologie. Martin avait connecté une dizaine de tombes, mais l'élan retombait, les promesses restaient sans suite. Certains parlaient même de se rétracter. Le cimetière leur donnait la chair de poule. Ces voix qui s'élevaient des tombes, ce n'était pas normal. Certains prétendaient avoir vu flotter d'étranges lumières la nuit. On avait aperçu Martin pousser le portail juste après, le nez dans le col, un paquet sous le bras. Ça allait trop loin, beaucoup trop loin, on préférait rebrousser chemin.

On avait expliqué à Martin avec le plus de douceur possible que le cimetière ne pourrait pas faire partie de la visite. On n'était pas convaincu que traîner les membres de la commission des Plus Beaux Villages de France devant des tombes soit le meilleur moyen de leur faire apprécier Lassègue. Martin avait insisté. Il mettait au point un procédé qui frapperait les esprits, quelque chose que l'on n'avait jamais vu ailleurs. L'installation était lourde, coûteuse, mais elle valait le coup. On ne put en savoir davantage. Ne sachant plus quoi lui opposer, on le renvoya vers son père. À Christian de prendre la décision quand il serait de retour.

Quand son père partit en réunion, Martin décida le moment venu. Il le connaissait, les explications ne serviraient à rien. Mieux valait qu'il juge par lui-même. Il installa le matériel dans le salon, régla les éclairages et se posta derrière la fenêtre en attendant son retour.

Trois heures plus tard, les phares de la voiture de Christian balayèrent la façade de la maison. Il se gara dans la cour, coupa le contact et s'adossa au siège en fermant les yeux. Cette réunion l'avait épuisé. Il n'avait qu'une hâte, en finir. Deux jours encore et cette mascarade serait bel et bien terminée. D'ici là, tenir, il n'avait pas d'autre objectif. Christian rouvrit les yeux et se redressa subitement, le cœur affolé par un brusque afflux de sang. Lise se tenait derrière la fenêtre du salon. De la main, elle lui fit signe d'approcher.

27

La journée s'annonçait mal, une vilaine pluie avait tambouriné la nuit durant sur les toits de Lassègue. Dehors, le vent avait fouetté si fort qu'on aurait cru qu'il voulait gifler chacun des habitants. Au saut du lit, les visages avaient l'aspect fripé des peaux restées trop longtemps sous l'eau. Les yeux de Christian avaient tout du noyé. Il fixait le vide depuis un moment déjà quand le réveil se mit à sonner sans qu'il prenne la peine de l'éteindre. Il avait passé la nuit à se préparer au pire. Les cernes sous ses yeux montraient qu'il y était parvenu.

Quand la pluie s'arrêta, Lassègue s'ébroua avec l'air las d'un chien habitué à être jeté à l'eau par son maître. Les dernières gouttes dévalèrent les canalisations, finissant de nettoyer les rues. Le cantonnier était déjà sur le pont, surveillant les dégâts qu'aurait pu occasionner le vent. Le plus triste, c'était de voir pendouiller sur le tronc des arbres les tricots détrempés et effilochés. Ils ressemblaient à des clochards après une nuit sur les cartons.

La pluie arrivait trop tard, une bonne partie des fleurs plantées par le comité Fleurissement avait grillé. Florent avait refusé d'arroser, hors de question de gaspiller l'eau, ces idiots n'avaient qu'à choisir des espèces adaptées au sol. On lui avait foutu un bananier en plein milieu d'un rond-point, aucune logique. Les plantes locales s'en sortaient mieux, c'étaient les seules à supporter le sol pierreux de Lassègue. Braves petites qui trouvaient assez de force pour percer les ténèbres de la terre et pousser entre les interstices.

Le cantonnier remarqua que les volets s'ouvraient plus tôt qu'à l'accoutumée. On le salua avec un entrain inhabituel. Est-ce qu'il voulait venir boire un petit café ? Le stress rendait les gens bavards. L'euphorie des derniers jours était tombée en même temps que la pluie, elle avait fait couler tous les maquillages. Le cantonnier se décida à entrer chez l'un des habitants. Quand il en ressortit, le soleil finissait de sécher les rues vaporeuses. Personne ne s'attarda sur l'inquiétante beauté de la lumière nimbant le village. La couronne solaire qui scintillait sur le front de Lassègue annonçait un présage dont nul n'aurait pu deviner s'il était favorable ou funeste. Le sacre approchait, ou la décapitation.

Le cantonnier chassa les habitants qui désherbaient leur bout de trottoir. Ça leur plaisait donc tant que ça le bitume ? Il leur fallait traquer les dernières survivantes ? Se rendaient-ils compte de l'énergie déployée pour capter un peu de lumière ? Qu'une seule herbe tombe et il s'occuperait de leur cas. Sitôt qu'il tournait le dos, on se remettait à gratter. On s'était donné du mal des mois durant pour que Lassègue ressemble à quelque chose, ce n'était pas pour se présenter au dernier moment la chemise hors du pantalon.

Les jardins étaient beaux, resplendissants même. Ceux qui avaient échoué à faire cracher à la terre roses, tulipes ou jacinthes s'étaient rabattus sur des fleurs synthétiques qui faisaient parfaitement illusion. Plantées au milieu des autres, elles paraissaient plus vraies que nature. Le cantonnier lui-même n'y avait vu que du feu. Pour faire bonne mesure, on raclait le sol à son approche ou on feignait d'arroser, cela suffisait pour qu'il s'éloigne en grognant. Si ça n'avait tenu qu'à certains, on en aurait recouvert le village entier. C'était tout de même bien plus pratique que tous ces parterres qu'il fallait sans cesse entretenir. Après les bourrasques de la nuit, on remit de l'ordre dans les plants artificiels que le vent avait couchés. La bonne humeur régnait, on allait enfin voir le bout de cette folie. Des mois que la candidature de Lassègue était dans toutes les bouches, on l'avait tant mâchée qu'il n'en restait qu'une vilaine bouillie. Plus que quelques heures et tout ceci serait digéré.

L'après-midi, du haut de l'église Sainte-Madeleine, trois coups de cloche sonnèrent l'heure du lever de rideau. Installés à leur poste, les habitants attendaient avec la nervosité des premières. Après des mois de répétition, tout allait se jouer maintenant, devant le plus intraitable des publics. Appuyé contre la carrosserie d'une voiture, Adrien révisait ses notes, apportant çà et là les dernières corrections. À quelques pas de lui, Christian, Didier, Titi et une poignée d'élus faisaient le pied de grue.

— Qu'est-ce qu'ils foutent ?

Christian avait les nerfs en pelote. À l'entrée de Lassègue, le parking sur lequel ils les attendaient était bondé. Encore une initiative dont il se serait bien passé. Jugeant qu'un parking vide ferait mauvais effet, le comité en charge du tourisme y avait stationné les voitures d'une trentaine d'habitants. Leur carrosserie reluisait. On avait écarté les véhicules mal en point pour conserver les modèles plus haut de gamme.

— Il manque juste des étiquettes de prix derrière le pare-brise pour que ça ressemble au parking d'un concessionnaire.

Il valait mieux laisser filer, Christian était d'une humeur effroyable. Il ne cessait de tirer sur les poils de sa barbe, signe d'une évidente contrariété. À sa seule façon de se tenir, on devinait son exaspération. Il allait et venait comme s'il se préparait à ruer sur le premier qui oserait approcher.

Le plus étonnant, c'était que d'autres véhicules étaient à leur tour venus spontanément se garer sur le parking. À partir de midi, leur nombre avait augmenté au point qu'une petite file de voitures avait fini par stationner à cheval sur les trottoirs.

— C'est qui ceux-là ?

Christian avait interrogé quelques personnes au hasard, elles avaient brandi une carte postale de Lassègue et agité sous son nez un billet de dix chardons. D'où sortait ce billet, il préférait ne pas le savoir. Il avait suffisamment à penser pour l'instant. On envoya ces visiteurs vers le centre, à cinq minutes à pied. Des volontaires les y attendaient, un plan de la commune en main. Ils se chargèrent de leur faire découvrir les curiosités alentour. Qu'ils ne manquent pas surtout le *Musée vivant des histoires comptant pour rien*, les vitraux polissons de l'église et l'exposition à ciel ouvert des graffitis sur les murs des maisons. Dans l'après-midi, on inaugurerait le premier cimetière connecté de France. On ne pouvait pas leur en dire plus mais à en croire la rumeur, ce serait un événement.

Jusqu'au dernier moment, Christian avait hésité à ajouter cette étape au parcours. Tout lui criait d'interdire cette obscénité, même les autres élus le lui avaient conseillé. On avait certes besoin de tout le monde pour ranimer le village, mais pas au point de rameuter les défunts. Il y avait là quelque chose de monstrueux. C'était sacrilège de s'opposer ainsi à l'ordre des choses, contre-nature même. Quand quelqu'un s'était aventuré à mentionner Lise, pariant qu'elle ne cautionnerait pas une mise en scène pareille, Christian l'avait fait taire d'un geste.

Ils ignoraient jusqu'où Martin était prêt à aller. Son fils avait perdu les pédales. Qu'avait-il cru, qu'il le féliciterait ? Christian aurait pu ne jamais se remettre d'une telle apparition. La vision de Lise l'avait bouleversé, il avait quitté sa voiture tremblant, sans jamais la quitter des yeux. Elle se tenait là, devant lui, lumineuse et souriante. En marchant dans la cour, il s'était senti vaciller. Sa main s'était levée pour répondre à son geste. Il n'était plus capable de penser, s'il l'avait été il aurait remarqué que l'image se répétait. Alors qu'il approchait, un sourire grimaçant aux lèvres, la lumière s'était allumée d'un coup dans la maison. Martin était apparu dans le cadre de la fenêtre à la place de Lise. Christian s'était figé. Il avait fallu du temps pour que les mots parviennent à nouveau à ses oreilles. De ce que Martin lui avait expliqué, il n'avait d'abord saisi que des bribes. Son esprit à la dérive avait enfin arraisonné un mot. Ce n'était qu'une image. Il se l'était répété sans pouvoir empêcher ses yeux de revenir là où se tenait Lise l'instant d'avant. Une image. Quelque chose dans le regard de son fils avait désamorcé sa colère. Christian n'était plus sûr que Martin soit encore du côté des vivants. Peut-être n'y avait-il pour le ramener qu'à le laisser faire.

Tout le monde attendait l'arrivée imminente de la commission. Lassègue n'avait pas été aussi animé depuis la dernière fête de l'Omelette. Le village entier était dehors. On avait insisté là-dessus, la première impression des membres de la commission serait dé-ter-mi-nante. Pas question qu'ils débarquent dans des rues désertes : de l'animation, de la vie, de la joie ! Certains villageois s'étaient mis en tête de pallier le manque de touristes et, forçant le trait, scrutaient le détail des façades en guettant la venue du jury.

Tassés dans une voiture, les cinq jurés des Plus Beaux Villages de France digéraient un repas copieux. Le maire de Brunois avait tenu à les inviter à la meilleure table de sa commune, un régal. On les y avait particulièrement soignés. Au moment de sortir de table, les torpeurs de l'alcool les avaient passablement amollis. La visite de Lassègue leur pesait. Une corvée dont ils auraient préféré s'affranchir. Aucun d'eux n'ignorait que cette candidature n'aurait jamais dû avoir lieu. Toutes les routes n'étaient pas amenées à se croiser. Lassègue les avait forcés à prendre une déviation, les amenant sur un sentier plein de cahots où ils risquaient de s'embourber. Cela les mettait dans des dispositions exécrables que le maire de Brunois n'avait fait qu'attiser tout au long du repas.

Maintenant qu'ils approchaient du village, plus aucun son ne résonnait dans l'habitacle. Par la vitre, on observait les étendues plates et tristes du paysage, les panneaux publicitaires plantés à intervalles réguliers, le clocher griffant les nuages, on connaissait tout cela. Ce décor avait quelque chose de désolant, il vous mettait le cœur à la bouche. Ils étaient des chercheurs de beauté, des dénicheurs de splendeurs cachées dans des villages immortels. Aucun embaumeur n'aurait pu faire oublier que celui dont ils venaient de franchir la limite était mort depuis longtemps. Ils ne remarquèrent même pas, à l'entrée de Lassègue, le rond-point dont le fleurissement avait réclamé tant d'efforts. À peine arrivés, il leur tardait d'en finir. Seul le maire de Brunois conservait son enthousiasme, réjoui du massacre à venir. Ce fut dans cet esprit qu'ils s'engagèrent sur le parking que les pluies nocturnes avaient rendu boueux au point que, sous leurs roues, une gerbe souilla le tapis rouge déroulé à leur intention.

On avait réservé une place dont on retira la rubalise pour qu'ils y stationnent. Christian afficha le sourire de rigueur et, sur ses traces, on marcha au-devant de la commission, piétinant le tapis déjà maculé de terre. Les portières claquèrent, les jurés se risquèrent à poser les pieds sur le bout de moquette rouge, dévisageant d'un air embarrassé leur comité d'accueil. Plus aucune issue, un demi-cercle d'habitants les entourait. Des gens ordinaires dont la tenue tranchait avec celle, sinon élégante du moins distinguée, des membres du comité. Seul Christian avait enfilé la veste qu'il réservait aux réunions officielles. L'usure du tissu montrait qu'il la portait depuis trop longtemps. Il échangea une poignée de main avec chacun. Il reconnut dans la mollesse de leur poigne les signes du désenchantement. Quiconque l'observait aurait juré que Christian était le plus heureux des maires. Il haussa les bras vers le village avec un air satisfait comme s'il voulait dire : “N'avons-nous pas une chance incroyable de vivre dans un tel paradis ?” Bien entendu, il préféra le geste à la parole, laissant chacun libre de l'interpréter comme il le souhaiterait. On leur servit d'office une *bière de Lassègue* dans un verre en plastique décoré de tiges épineuses.

— Notre cuvée locale !

Les membres de la commission sourirent avec résignation, leur fonction les condamnait à la cirrhose. Après avoir trinqué avec leurs hôtes, ils y goûtèrent du bout des lèvres.

Elle n'était pas mauvaise, quoiqu'un peu acide. Elle leur laissa sur le palais un arrière-goût de métal, comme si on leur avait posé le canon d'un fusil dans la bouche.

Didier poussa devant eux un élève de sa classe et l'encouragea d'un coup de menton.

— *"Je vous dis bienvenue à Lassègue !*
D'après ce que certains allèguent
ses rues fleuries sont pavées d'or,
mais son plus beau, son vrai trésor
ne se voit pas avec les yeux
car bien souvent le merveilleux
réclame pour le voir mieux
de les fermer au moins un peu."

Tout en applaudissant, le maire de Brunois lança à ses voisins :

— Nous voilà prévenus.

Titi remarqua son sourire, un faux cul de première. Ce genre de types l'avait toujours débecté. Il termina sa bière, la troisième de l'après-midi. Il commençait à flotter gentiment. Il se tourna vers Adrien :

— Chapeau bas, l'artiste, très à propos, ce poème.

Le sang se retira d'un coup du visage d'Adrien. Titi suivit son regard, il fixait l'un des membres de la commission.

— Qu'est-ce qu'il y a ?

— Il n'y a rien du tout.

L'autre type croisa le regard d'Adrien et blêmit à son tour.

— Tu le connais ?

Adrien commença à ouvrir la bouche et la referma lentement.

— Je ne suis pas sûr…

Que pouvait-il répondre ? Que la partie de cet homme qu'il connaissait sans doute le mieux n'était pas de celles que l'on découvre en temps normal ? Il ne pouvait pas être sûr. Le caleçon sur les chevilles, on n'est plus tout à fait le même homme. Il reconnut pourtant sa moue gênée, la même qu'à son arrivée dans la salle des fêtes lors de la première soirée du club. Un faux timide, sa retenue s'était rapidement envolée. L'épée n'était pas restée longtemps dans son fourreau. Adrien l'avait surnommé Cyrano, un visage ingrat qu'une singulière protubérance faisait oublier. Engoncé dans un complet-veston, Cyrano se ratatina. Il se dégonfla un peu plus encore quand Julia approcha pour les saluer. Si elle le reconnut, elle n'en laissa rien paraître. Titi le poussa du coude :

— Oh, on se réveille, Christian te fait signe.

Adrien se reprit. Malgré les objections de Christian, on s'était accordé sur le fait que personne d'autre que lui ne pourrait discourir plus de deux minutes sur l'histoire de Lassègue. D'accord, il avait tendance à enjoliver, mais justement, c'était le guide qu'il fallait, capable de transformer un vulgaire caillou en pierre précieuse.

À son signal, ils s'engagèrent dans la rue menant au centre. Tout en marchant, Adrien mit en avant la réfection des façades, l'embellissement de la voirie, la beauté éclatante des jardins. Cyrano gardait l'œil collé au viseur de son appareil photo. "Pour documenter le dossier", expliqua-t-il à Christian. Le maire de Brunois reconnut que les façades colorées donnaient au village un petit air d'Italie, du moins après l'éruption du Vésuve.

Adrien tira des merveilles des rares éléments patrimoniaux coincés entre deux pavillons. Il fit revivre les premiers hommes de Lassègue sans rien céder à la réalité. Stationnant dans les environs, des touristes s'immiscèrent dans le groupe, relançant Adrien avec des questions fort à propos auxquelles il se fit un plaisir de répondre. Ce petit jeu avait été rodé la veille avec des habitants. Pour que tout ait l'air naturel, ils avaient répété jusqu'à ce que le texte sorte sans qu'il ne soit plus besoin d'y penser. Le maire de Brunois observa avec dépit l'énergie déployée pour produire tant de vent. Ce qui le surprenait, c'étaient ces curieux dans les rues. Pourquoi baguenaudaient-ils là ? La chose paraissait impossible. Il se désintéressa de la tirade d'Adrien et prit Christian à part.

— Nous sommes les premiers surpris, répondit l'élu. Tu vois, nous avions un bijou, il n'y a eu qu'à entrouvrir l'écrin. Nos hébergements affichent déjà complet, il est urgent que le chantier de l'hôtel se termine. Mais ne brûlons pas les étapes, nous y viendrons plus tard.

Le maire de Brunois eut un petit rire sec :

— Christian, les villages labellisés accueillent en moyenne plus de deux cent mille visiteurs par an. As-tu idée de ce que ça représente ? Si vous n'arrivez déjà pas à en loger une poignée, qu'en serait-il avec notre label ?

— Aucun problème. Tout le monde y met du sien, des chambres ont été libérées partout. Avec l'hébergement chez l'habitant, notre capacité d'accueil va tripler dans les mois qui viennent.

— Chez l'habitant ?

Le maire se tortilla comme s'il s'imaginait déjà piqué par la vermine cachée dans les matelas. Christian se tourna vers les jurés qui tendaient l'oreille :

— Quelle meilleure façon de découvrir la vie locale ? Les habitants sont nos meilleurs ambassadeurs. Restez pour la nuit, vous verrez !

Le maire de Brunois pensa qu'on essayait surtout de les endormir. Il déclina l'invitation, ce n'était pas prévu au programme, une prochaine fois peut-être.

Alors qu'ils approchaient du centre, on entendit la pétarade d'un avion. Le petit coucou volait trop bas, ce fut ce qui attira leur attention et celle des clients du restaurant d'Aziz où l'on s'attardait en terrasse. Christian scruta le ciel, l'avion se dirigeait vers eux comme s'ils étaient au centre de son viseur. Il bifurqua d'un coup à quatre-vingt-dix degrés, dévoilant la banderole accrochée à sa carlingue : *"Lassègue, plus beau village de France !"* Une clameur partit de la terrasse d'Aziz, les clients se levèrent, secouant leurs bras. Malgré lui,

Christian sourit. Peu importe le ridicule de ce coucou paradant avec sa banderole dans le vide, il se sentit empli d'une bête fierté. Dans la rue, des gamins se mirent à courir à la poursuite de l'avion en poussant des cris.

— Il sort d'où ce con ? demanda le cantonnier.

Cent litres de kérosène gaspillés pour agiter un bout de chiffon, ça le dépassait. Christian haussa les épaules, il n'en avait aucune idée. L'avion revint vers eux et largua une pluie de confettis, les enfants se ruèrent dessous avec un air émerveillé. Titi était ravi, la surprise était totale. Ça ne lui avait pour ainsi dire rien coûté, même pas le prix d'une ramette de papier. Une aubaine, le pilote avait accepté d'être payé en chardons. D'accord, il avait encore creusé le déficit mais ça en valait la peine, ce vol avait laissé son petit rayon de soleil sur la face des gens.

Les membres de la commission étaient perplexes, l'engouement des habitants avait quelque chose d'affligeant. Quant à la méthode, elle était à l'image de la candidature, complètement hors des clous. Un juré les ramena sur terre en pointant du doigt les câbles électriques suspendus au-dessus des rues.

— La mise en discrétion des réseaux électriques et téléphoniques est un critère fondamental de notre sélection…

Adrien saisit la balle au bond :

— Je comprends votre méprise, cette œuvre a de quoi surprendre. C'est le propre de l'art contemporain de nous plonger dans des abîmes qui ne sont finalement que les nôtres. Nous avons commandé cette installation à un artiste qui place au cœur de son travail les rapports humains. On peut interpréter cette œuvre comme une représentation de ce qui relie les hommes. À l'heure du sans-fil, des réseaux virtuels, des communautés numériques, l'artiste évoque ce qui nous unit fondamentalement les uns aux autres. Plutôt que cacher nos liens, nous les rendons visibles.

— Et je suppose que les urinoirs des toilettes publiques ont été conçus par Duchamp ?

Chez les membres de la commission, la plaisanterie fit mouche. Les têtes firent un tour de gyroscope pour observer les alentours. Les peintures des façades étincelaient au soleil, les plates-bandes fleuries achevaient de les habiller. Tout ceci était charmant, un bel effort, mais rien qui ne mérite qu'on s'y éternise. On était loin de l'enchantement recherché. Si le costume de Lassègue était neuf, tout le reste paraissait usé. Le village n'avait aucune envergure. Un quart d'heure suffisait à en faire le tour, rien n'y était notable. Sa singularité ne tenait qu'à ses habitants. Ils étaient parvenus à les traîner jusqu'ici, c'était déjà un exploit. Qu'ils se contentent de ce titre et on pourrait enfin rentrer chez soi.

Par politesse, on se laissa entraîner vers les vitrines. Que le commerce ait repris ici ses droits tenait du miracle. Devant la boulangerie où des clients faisaient la queue, on insista pour qu'ils goûtent les spécialités locales. Le gâteau servi par de jeunes pâtissiers leur bétonna l'estomac. Ils ne s'aventurèrent pas dans la chocolaterie, se contentant de passer devant la vitrine derrière laquelle des clients prenaient le thé. Ils ne s'arrêtèrent pas non plus chez le fleuriste dont les bouquets avaient temporairement été empruntés au cimetière. Tout juste eut-il le temps, lors de leur bref passage, de remettre à chacun un chardon soigneusement emballé d'un film plastique. On voulut leur montrer la brocante, ils déclinèrent. Ils n'étaient pas là pour faire les magasins. La galerie toutefois piqua leur curiosité, ils restèrent prudemment sur le seuil de la porte, commentant les œuvres exposées en vitrine. Quelques magnifiques toiles, il fallait le reconnaître.

— Les artisans, reprit Adrien, sont de plus en plus nombreux à poser leurs valises dans notre commune. Ils parient sur son essor, comme la céramiste chez laquelle je vais maintenant vous conduire. Une perle, ajouta-t-il en faisant sonner son carillon.

Sandrine était assise face à un bloc de terre glaise auquel elle tentait de donner forme. Derrière elle, sur les tables que

Titi avait installées, bols, tasses, assiettes et pichets en céramique brillaient, un service complet qu'on leur avait offert à leur mariage et qu'ils avaient ressorti pour l'occasion. Sandrine essaya de se concentrer sur son tour. Le seul objet qu'elle ait jamais fabriqué, c'était, trente ans plus tôt, un cendrier en terre cuite pour la fête des pères. Il avait terminé à la poubelle. Avec tout ce monde autour d'elle, son cœur battait la chamade. Un membre de la commission lui demanda pourquoi elle s'était installée à Lassègue plutôt qu'ailleurs :

— Un coup de foudre, justifia-t-elle en rougissant.

La boule entre ses doigts se transforma en charpie, elle étouffa un juron. Un touriste s'empressa vers le comptoir pour lui acheter de la vaisselle en montrant ostensiblement des billets de dix chardons.

— Voici donc votre fameuse monnaie ?

Christian acquiesça. Depuis qu'ils l'avaient mise en circulation, c'en était fini de la fuite des capitaux. Les habitants consommaient avant tout localement, nourrissant l'économie du village. Un cercle vertueux qui faisait des émules. Titi sourit en entendant cet exposé : rien de plus admirable que la passion des nouveaux convertis. Des mots que Christian employait, pas un ne sonnait juste. Visiblement, la soupe qu'il essayait de leur faire boire n'était pas à son goût. Titi releva le nez quand il entendit son nom, Christian venait de lui rendre hommage, une première qui risquait de ne pas connaître de suite. Il distribua des coupures à chacun des membres, qu'ils dépensent sans compter, cadeau de la maison.

— Vous n'essayez pas de nous acheter tout de même ? fit semblant de s'offusquer le maire de Brunois.

— Dites un prix pour voir, lança Titi.

La plaisanterie amusa. On partit vers l'église. Les jurés avisèrent la pancarte annonçant l'ouverture prochaine d'un hôtel trois étoiles. Sur un panneau, on avait collé des photos des chambres du futur établissement, pompées sur internet au gré des recherches. Christian admit que les travaux avaient pris un peu de retard.

— La crise, avança-t-il pour tout argument.

Sitôt le seuil franchi, les commentaires admiratifs fusèrent. Les peintures des voûtes et des piliers étaient saisissantes. Impossible de reconnaître la vieille église souffreteuse tant les graffeurs l'avaient métamorphosée. Le village tenait là un atout indéniable. Même le maire de Brunois laissa échapper un compliment. Cette première impression se dissipa rapidement. Passé la nef, une gigantesque bâche dissimulait le transept et le chœur. On entendait derrière, de manière ininterrompue, des coups de marteau et des mouvements de scie. Des habitants étaient à l'œuvre, frappant des caisses en bois et découpant vigoureusement des planches pour donner l'impression que le chantier en souffrance suivait son cours. Pour parfaire l'illusion, on souffla un peu de poussière de plâtre en direction des visiteurs.

Pendant que Julia distribuait des plaquettes présentant le futur établissement, Christian haussa la voix pour se faire entendre.

— Vous êtes certainement impatients de découvrir les vitraux qui ont fait couler tant d'encre. Mais, comme vous le voyez, le chantier bat son plein. Nous ne nous attarderons donc pas ici plus que de nécessaire.

Un couloir avait été aménagé pour pouvoir accéder aux absides. Près de la statue de sainte Madeleine, Adrien les attendait. Ce boucan le déconcentrait. C'était bête, il avait le trac. Ce n'était pas le moment de flancher. Ils s'attroupèrent autour de lui, jetant un œil vers les vitraux qui n'offraient à première vue rien de remarquable. Adrien chercha Julia du regard. Quand il la vit enfin, il se lança :

— Lassègue a toujours eu le cœur gros. Pas assez gros pourtant puisqu'on le regardait sans le voir. Qu'était-il après tout ? Rien. Un coffre à l'abandon, vermoulu, dont personne ne soupçonnait qu'il puisse receler le moindre trésor.

La lumière des vitraux jetait un voile rouge sur le visage d'Adrien. On l'eût dit ensanglanté comme le Christ en croix qui, penché dans sa direction, semblait lui intimer de se taire. Julia planta ses yeux dans les siens, qu'était-il en train de faire ?

— Il s'était si bien accoutumé à cette indifférence qu'il l'avait adoptée vis-à-vis de lui-même. Lassègue ne ressentait plus rien. Ses désirs étaient éteints. Jusqu'à ce que sa route croise celle de Madeleine Sagnant.

Le moment était gênant. Si les allusions d'Adrien avaient échappé à beaucoup, son regard ne trompait personne. Désignant les vitraux, il poursuivit :

— L'esprit de Madeleine n'est ni corseté par les costumes étriqués de la morale, ni amidonné par l'éducation. Pour elle, le mariage est une séquestration. Le paternalisme ? Un cachot. La monogamie ? Une hérésie. À ceux qui voudraient la cueillir, elle répond qu'une fleur cesse de grandir quand on se l'approprie. Grâce à l'ouverture de ses bains publics, la semaine commence avec en tête les promesses du dimanche. On s'y baigne pour trois sous dans une eau si chaude qu'elle vous rougit et que les vapeurs vous embrument. On s'y délasse avec d'autant plus d'abandon que le reste du temps le corps ne connaît pas de repos. La seule religion qu'on y connaisse est celle du plaisir, on s'y consacre pleinement. Si Lassègue a alors un cœur, c'est ici, dans les bains publics, qu'il bat. Hélas, des corbeaux en soutane planent au-dessus du village sur lequel ils rêvent d'installer le perchoir de leur clocher. Bientôt la nuit essuiera ses pieds de géant sur le paillasson de Lassègue.

À la mention des bains publics, Cyrano s'était pétrifié. Des membres de la commission interrompirent Adrien. Le brouhaha s'ajouta au vacarme du chantier. Cela suffisait, on en avait assez entendu. Ce récit était déjà consigné dans le dossier. Les fils blancs qui avaient servi à le coudre menaçaient de rompre. Tout comme probablement les digues de l'esprit de celui qui l'avait inventé. L'évêque, un homme charmant dont la probité ne faisait aucun doute, leur avait raconté une tout autre version dont il n'y avait pas lieu de douter. Trahir l'histoire au profit d'une éphémère renommée était indigne.

— Ce genre de manœuvres disqualifie une candidature déjà bien en peine. Tenons-nous-en aux faits, si vous voulez bien, lança abruptement le maire de Brunois.

Adrien haussa les épaules. L'ignorance devrait être à la base de toutes les convictions. Que l'on invoque la réalité des choses lui paraissait une vaste fumisterie. Les saints Thomas le déprimaient, il préférait croire ce qu'il ne voyait pas. En cela seulement, il était proche des croyants.

Ils n'attendirent pas que le soleil illumine les vitraux. Cyrano quitta l'église en toussant à cause de la poussière de plâtre. Les autres sortirent à sa suite. Christian commençait à en avoir ras la casquette de jouer les tour-opérateurs. L'envie le démangeait de tirer un bon coup sur le tapis rouge qu'ils avaient déroulé sous les pieds de leurs invités. Avant la prochaine étape, ils étaient attendus au cimetière. S'il devait changer d'avis, c'était maintenant ou jamais. Il décida de laisser filer. Après tout, leur candidature étant moribonde, cette destination semblait la plus adaptée. Il prit la tête du cortège. Les membres de la commission allaient de surprise en surprise. On les traînait dans un cimetière à présent. Ils échangèrent des regards entendus. Était-ce là le site d'exception qui achèverait de les convaincre ?

Un attroupement se forma derrière eux. Les rumeurs avaient enflé parmi les habitants, il tardait à chacun de connaître le fin mot de l'histoire. Le portail était resté fermé toute la journée, impossible d'y entrer avant l'heure dite. Des voisins avaient surveillé les allers-retours de Martin. Ils n'avaient rien pu lui arracher.

Les grilles ne s'ouvrirent qu'à l'approche de la commission. Les jurés avancèrent sur les gravillons de l'allée principale, poussés par l'afflux de curieux. Flottant au-dessus de leur tombe, huit spectres les attendaient. Dans la lumière du jour, si l'effet n'était pas aussi saisissant qu'en pleine nuit, il n'en était pas moins troublant. Des murmures stupéfaits parcoururent l'assemblée avant que le silence ne se fasse. On n'entendit plus que les pales des projecteurs posés sur les pierres tombales. Au-dessus, figés dans des poses statiques, se tenaient les défunts. Ils scrutaient les visiteurs avec autant de curiosité qu'on leur en prêtait. On aurait juré qu'ils les attendaient. Martin enclencha le programme. Une musique sortit de nulle part, les hologrammes s'animèrent d'un seul et même élan. Ils se mirent à se dandiner au-dessus de leur tombe. Ils dansaient. Une danse grotesque, qui fit horreur au maire de Brunois. Les familles des défunts, après bien des tergiversations, avaient accepté cette idée d'une chorégraphie. Elles avaient fourni à Martin une séquence dans laquelle leur proche se trémoussait. Sur le moment, l'idée les avait émus mais maintenant qu'elles en voyaient le résultat, elles éprouvaient un terrible doute. L'un des spectres tournait sur lui-même avec grâce, un autre se déhanchait en agitant les bras, l'aïeul de Jean-Marc et Roselyne titubait plus qu'il ne dansait. Quant à Lise, elle se balançait d'un côté à l'autre en roulant des épaules. Au mouvement de ses lèvres, on devinait qu'elle chantait. Christian reconnut cette vidéo, leur dernier anniversaire de mariage, il dut prendre appui sur la croix la plus proche. Quand la musique s'arrêta, les hologrammes reprirent leur pose initiale. Martin s'avança vers les membres de la commission abasourdis.

— Bienvenue dans le premier cimetière connecté de France !

Christian se fraya un chemin à travers les visiteurs et sortit du cimetière. Il avait besoin de se reprendre. Il s'adossa au mur d'enceinte, l'image de Lise encore dans les yeux. Didier le rejoignit. D'un coup de menton, il s'assura que Christian tenait bon. Il acquiesça, oui, ça allait. Didier se posta à ses côtés sans un mot et alluma une cigarette. Ils attendirent tous les deux en silence. Quand des applaudissements sporadiques leur parvinrent, ils surent que la démonstration était terminée.

Christian se tourna vers Didier :

— Qu'on en finisse.

L'enseignant écrasa le bout d'une deuxième cigarette contre sa chaussure. À son tour. Après une expérience pareille, il n'était pas sûr d'obtenir l'attention des jurés. Ils sortirent en ordre dispersé, distraits et bavards comme un groupe d'écoliers. Il les ramena au calme et, sous sa conduite, ils se retrouvèrent en rangs. Plus de vingt ans de métier, il n'avait pas eu à hausser le ton, son regard avait suffi. Pour terminer leur visite, il proposait une déambulation dans les rues de Lassègue à la découverte du *Musée vivant des histoires comptant pour rien*. La tête encore pleine de ces monstrueuses apparitions, les jurés ne prêtèrent qu'une vague attention à ses explications. Ce village semblait disposé à dépasser toutes les limites du mauvais goût. Qui savait ce qu'on leur réservait maintenant ? Il n'y avait alentour rien qui distingue le village. C'était simple, il ne répondait pas même au quart des vingt-sept critères de sélection. La candidature tout entière n'était que de l'air dans une baudruche. Il leur tardait de la percer.

Ils dodelinèrent de la tête devant les portraits d'habitants peints sur les façades des maisons pavillonnaires. L'art à la portée des caniches. Ils n'avaient plus qu'à lever la patte pour signer l'œuvre d'un jet. Quand ils arrivèrent près de la maison du cantonnier, ils entendirent des cris, suivis de pas de course. Des visiteurs sortirent de son jardin en courant. En croisant le petit groupe, ils les avertirent :

— N'y allez pas, c'est un fou !

Didier jugea plus sage de sauter cette étape, il bifurqua vers un autre pâté de maisons. La commission l'avertit : ils lui accordaient une petite heure avant de sauter dans leur voiture, pas plus. Qu'il leur présente donc les pièces les plus remarquables de ce qu'il s'évertuait contre toute évidence à appeler un musée.

Mouss n'était pas prévu dans la visite officielle. Il venait d'accueillir un groupe de curieux et se reposait dans son salon. Ce n'était pas dans ses habitudes de parler autant, et surtout pas de lui. Il était en train de lire un mot laissé dans le cahier d'écolier faisant office de livre d'or quand on frappa.

À la tête de Didier, il comprit que ça ne tournait pas rond. Il vit la petite troupe à sa suite et se redressa. Il leur souhaita la bienvenue et les entraîna jusqu'au salon où il les fit asseoir. Le type avec l'appareil photo paraissait nerveux. Sa tête lui disait quelque chose, mais il ne parvenait pas à le replacer. Le maire de Brunois regarda ostensiblement sa montre avec l'air de se demander ce qu'ils fichaient dans un endroit pareil. Didier fit un moulinet de la main, Mouss réagit au signal. Il montra sur le pan d'un mur un cadre en verre contenant un billet de dix euros :

— Ça ne sera pas long, je sais que vous êtes pressés. Ce billet sera au centre de mon histoire. Elle pourrait s'appeler "le prix de l'intégration". C'est amusant de faire partie d'un musée quand on n'y a soi-même jamais mis les pieds. Il y a des lieux comme ça qu'on passe sans voir tant on est persuadés qu'ils ne sont pas pour nous. L'école, ce n'était pas mon truc non plus. Tout le temps que j'y ai passé n'a servi qu'à me convaincre que je n'y avais pas ma place. Je n'étais pas sûr d'en avoir une quelque part. Partout où j'allais, il manquait un siège. C'était l'impression que j'avais, qu'on retirait les chaises dès mon arrivée pour que je n'aie nulle part où m'asseoir. Mon père s'était fait une place en se tassant dans un coin. C'était déjà bien, il ne fallait pas se plaindre, il me le disait tout le temps. Se faire discret, c'était son leitmotiv. Il l'a appliqué toute sa vie, il me le dit encore aujourd'hui : "Reste tranquille, Mustapha, ne cherche pas les ennuis." C'est le seul à m'appeler encore Mustapha, pour tous les autres c'est Mouss. Je ne pouvais pas changer de tête, j'ai au moins changé de prénom. Là où nous avons vécu avec ma famille, ma tête ne revenait pas à tout le monde. Ç'aurait été plus simple en ville, on nous aurait parqués incognitos dans un HLM avec des gens de notre espèce. Mais mes parents tenaient à vivre à la campagne, ça leur rappelait le bled en Algérie. Ils l'avaient quitté quand je n'étais qu'un marmot de deux ans et ils me voulaient plus français que les Français. C'était pour ça aussi, la campagne, pour que je me fonde dans le paysage. Les champs, les vaches, le fromage, dans leur esprit on ne pouvait pas faire plus français que ça. Surtout, il ne fallait pas faire arabe. Oubliez les mosaïques, la chicha, les tapis, il n'y avait rien de tout ça chez moi. Leur idéal, c'était un pavillon carrelé et des meubles rustiques. Il n'y avait qu'en cuisine qu'on s'autorisait des parfums d'ailleurs.

Les seules fois où on entendait la langue de nos parents, c'était quand ils s'engueulaient. Ça ne vous fait pas aimer une langue. À la maison, ils ne parlaient qu'en français, avec un accent à couper au couteau. Avec l'école, on a commencé mes sœurs et moi à les reprendre sur leur prononciation. Ça ne les gênait pas, au contraire, ça voulait dire qu'on apprenait. On se moquait gentiment d'eux, de leur accent, leurs expressions, leurs croyances aussi. C'est à ça qu'on reconnaît l'intégration. Quand on devient condescendant avec sa propre famille, qu'on méprise sa propre culture, c'est qu'on est bien intégré.

Ça arrivait qu'on s'étonne que je ne mange pas de porc à la cantine, ce reste de culture là, mes parents n'avaient pas pu s'en débarrasser. On me disait : "T'es arabe ?" Dans certaines bouches, c'était de la curiosité, dans d'autres une insulte. Je ne me voyais pas plus arabe qu'un autre. J'étais Mustapha, un petit Français parmi les autres. Le seul Arabe que je connaissais, c'était Abdallah dans *Tintin au pays de l'or noir*, un fils d'émir. J'étais fils d'ouvriers, quel rapport avec moi ? Quand j'en parlais à mon père, il me disait simplement : "N'écoute pas les autres et reste tranquille."

Devant ma maîtresse, mes parents n'osaient quasiment pas parler, ils acquiesçaient à tout bout de champ. Devant le patron, le médecin ou l'employé de mairie, c'était pareil, ils acquiesçaient à en attraper des torticolis. La seule fois où j'ai vu mon père contester, c'était à la boulangerie du village. J'allais sur mes huit ans, je le suivais comme une ombre. La nouvelle patronne, une grande blonde qui aurait pu lui manger sur la tête, ne lui avait pas rendu sa monnaie. Je m'en souviens parfaitement. Il avait pris comme chaque jour un pain de campagne et tendu un billet de vingt euros, elle l'avait remboursé sur dix. Ça pouvait être une erreur, ça arrive, mon père le lui a signalé gentiment avec le sourire qui lui servait à désamorcer les bombes. Quand il souriait, on aurait cru qu'il essayait de briser ses dents les unes contre les autres. Il avait tellement appris à les serrer qu'elles étaient presque soudées. La boulangère n'a rien voulu savoir : c'était lui qui s'était trompé. Mon père est sorti de sa réserve, il m'a pris à témoin : "Dis-lui, toi, tu as bien vu." Mais il m'avait trop appris à me taire, je n'ai rien osé dire. Le ton est monté, mon père a décrété qu'il ne repartirait pas sans sa monnaie. Elle a rétorqué : "Vous êtes arabe et c'est vous qui me traitez de voleuse ?" Mon père en est resté muet, c'est moi qui l'ai tiré vers la sortie. Il n'a pas dit un mot de tout le trajet mais, en revenant à la maison, il a balancé le pain à la poubelle. Il n'a rien dit à ma mère et j'ai compris que je ne devais rien en dire non plus.

Mon père avait une tête de méchant. Je m'en suis rendu compte dans les films. Les gens comme lui n'étaient jamais les héros. Le problème, c'est que j'avais la même tête. À l'adolescence j'ai poussé trop vite, ce n'était plus possible de raser les trottoirs, on ne voyait que moi. Mon père était gêné, pour la discrétion c'était râpé. Sans même que je m'en rende compte, je suis devenu une menace. J'inspirais à certains une terreur qui remontait de je ne sais où. Je n'avais qu'à planter mes yeux dans ceux de n'importe qui pour le faire pisser de trouille. Pour n'effrayer personne, je prenais le visage le plus inexpressif possible, je m'entraînais même à la maison. "C'est quoi cette tête de poisson ?" me demandait ma mère.

Au collège, on devait suivre un stage professionnel de trois jours. J'avais déposé des candidatures un peu partout mais ça ne prenait pas. Finalement, je me suis présenté à la boulangerie, la seule du village. Ça faisait sept ans qu'on ne mangeait que des biscottes à la maison, j'avais envie de pain frais. La patronne était toujours la même, elle avait seulement vieilli, ses cheveux blonds avaient blanchi, son tour de taille s'était épaissi. Contre toute attente, elle a accepté de me prendre. Je n'ai pas compris moi-même ce que je venais faire là avant qu'elle ne me demande quel poste m'intéressait. "La caisse", j'ai répondu. J'avais dû dire ça d'un drôle de ton parce qu'elle m'a jaugé un moment avant d'éclater de rire. "D'accord, si tu veux."

Le premier jour, elle ne m'a pas laissé encaisser un seul client, je suis resté en retrait, debout, en me contentant de mettre le pain en rayon. Le soir, je suis rentré avec une baguette sous le bras. Pour moi, ce n'était pas une petite victoire, c'était un triomphe. "C'est quoi ça ? m'a demandé mon père. – Du pain."

Il a fait claquer sa langue au palais comme chaque fois que je faisais semblant de ne pas comprendre mais il n'a pas insisté. Je n'avais pas parlé du stage à mes parents, ça ne concernait que moi.

Le deuxième jour, la patronne est restée près de moi mais elle m'a laissé rendre la monnaie. "Il faut bien qu'il apprenne", elle le disait à tous les clients qui venaient acheter leur pain. Elle m'avait à la bonne, je crois. Ça m'a déstabilisé. Elle ne la voyait donc pas ma gueule d'Arabe ? C'était bien la seule, il n'y avait qu'à voir la tête des clients quand ils poussaient la porte. Certains devaient craindre de voir la farine blanche remplacée par le sarrasin.

Elle était patiente avec moi. Entre les coups de sonnette, elle me montrait la boulangerie. Elle me laissait même me servir dans les viennoiseries. Des années que j'en étais privé, vous pensez si j'en ai profité ! J'en ai ramené un plein sac à la maison. Cette fois, mon père a insisté pour savoir d'où tout ça venait. Je l'ai laissé s'agacer en opposant un silence têtu.

Le troisième et dernier jour, j'ai enfin pu tenir la caisse seul. La patronne a disparu dans l'arrière-boutique. Je transpirais comme un fou. Les heures passaient et, chaque fois que j'ouvrais le tiroir, je voyais la pile de billets qui ne faisait que monter. Ma main en tremblait presque, je perdais le compte de la monnaie. Il y avait une drôle d'atmosphère dans le magasin. Dès que j'entendais les pas de la patronne, je me crispais. Elle me regardait bizarrement, en me demandant si tout allait bien, ça me rendait fou.

Il y a eu un creux un peu avant la fermeture, j'ai senti que c'était le moment. J'ai ouvert le tiroir, il grinçait comme s'il voulait alerter la patronne. J'ai fait glisser dans ma main un billet de dix euros avant de le fourrer dans ma poche. Pas plus, je voulais seulement rendre à mon père ce qu'elle lui avait volé. Je n'en menais pas large, si la patronne s'était pointée à cet instant-là je serais sûrement parti en courant.

On a fermé le magasin ensemble. Elle m'a demandé si ça m'avait plu. Je lui ai répondu que oui. Elle m'a couvé du regard en me disant : "Ce n'est pas un métier facile, il faudra t'accrocher si c'est ce que tu veux." J'ai acquiescé à la manière de mon père. Elle m'a raconté leurs débuts, à son mari et elle. Rien de glorieux, c'était plein de petites misères. Plus elle parlait, plus je me sentais mal, elle était en train de gâcher ma victoire. Je me suis dérobé. J'ai prétendu qu'on m'attendait et j'ai couru jusque chez moi en riant. Je me suis précipité sur la porte de notre maison comme si je voulais passer au travers, mon père s'est tourné vers moi avec un air ahuri. "Quoi, qu'est-ce qu'il y a Mustapha ?" Je serrais le billet dans ma poche, j'avais envie de le lancer en l'air, vous savez, comme ces gangsters qui vident leur butin après le braquage d'une banque. Mais il n'y a pas eu de pluie de billets, j'ai juste pris le chemin de ma chambre.

Ce billet, je n'ai jamais osé le restituer à mon père. Je le connaissais, il m'aurait traîné par l'oreille jusqu'à la boulangerie pour que je le rende. Je ne pouvais pas le dépenser non plus, ce n'était pas n'importe quel billet, alors je l'ai gardé. Pendant longtemps, je l'ai conservé sur moi. C'était ma médaille, mon trophée, mon porte-bonheur. Je m'accommodais d'avoir trompé la patronne. Elle l'avait mérité, je me le répétais à chaque fois, comme si je n'en étais pas complètement convaincu. Aujourd'hui encore, j'ai beau le retourner dans tous les sens, je ne sais toujours pas quelle face du billet est la bonne.

Mouss arrêta là son récit. Le maire de Brunois s'était tortillé tout du long. Voici donc ce qu'ils appelaient un "Musée", un ramassis d'anecdotes, touchantes si on aimait le genre. Drôle d'idée que de déballer devant des inconnus son petit sac de linge sale et de mettre sous le nez de ses invités le fumet de ses chaussettes. Tout ceci était pour le moins dérangeant. Des applaudissements partirent sur sa gauche, puis sur sa droite, il crut même voir le photographe s'essuyer le coin de l'œil. On ne frisait pas les limites du ridicule, on était bien au-delà de ses frontières. Le maire de Brunois se leva en manifestant tous les signes possibles de l'impatience. Il attendit dehors la fin de l'échange d'amabilités. Le ciel était d'un bleu trompeur, il enrobait le village d'une beauté qui n'était pas la sienne. Un crachin automnal lui aurait davantage rendu justice. C'était sous le jour le plus cruel que l'on jugeait des villages comme des hommes.

Les autres jurés sortirent enfin, un sourire d'endormi aux lèvres. Les idiots, ils avaient croqué un morceau de la pomme empoisonnée. Qu'ils se réveillent donc, la commission n'était pas en promenade, il se chargea de le leur rappeler. L'un des membres posa une main sur son bras en signe d'apaisement :

— Allons, nous ne sommes pas aux pièces, après tout.

Didier se sentait fier du village, fier de ses habitants. Quoi qu'il advienne, ils n'auraient rien à regretter. Peu importe que la mue soit incomplète, des métamorphoses incroyables avaient transformé Lassègue. Lui-même se sentait changé, il se levait depuis peu sans être accablé d'idées sombres. Un beau matin, il avait enfilé ses tennis comme à son habitude. Une fois sur le trottoir, il avait allongé le pas, accéléré sa foulée et s'était retrouvé à courir sur le bitume. Il s'était arrêté au bout de cinq minutes, le souffle coupé, la poitrine sifflante, une torture. Des années qu'il n'avait pas couru. Il avait su qu'il recommencerait et cette conviction l'avait réjoui.

Il n'y avait qu'à observer la démarche tendue du maire de Brunois pour comprendre que tout le monde ne partageait pas sa satisfaction. Il avançait en tête, et Didier pensa que certains ne supportent pas d'autres places. La maison d'Évelyne était toute proche mais il leur fit faire un détour pour éviter les rues qui s'étaient tenues à l'écart de l'opération de séduction. L'enthousiasme n'avait pas gagné toutes les maisons. Des récalcitrants avaient refusé tout changement. Lassègue leur plaisait ainsi. Si d'autres ne partageaient pas leurs goûts, qu'ils passent leur chemin.

Ils arrivèrent en contrebas d'une ruelle menant à la maison d'Évelyne. Peint sur la façade, son visage les dominait de loin. Ce fut sous son regard amusé que la petite troupe arriva, s'entassant au pied du gigantesque portrait. Un des jeunes qui logeaient chez elle les accueillit devant une petite cahute en bois. Le maire de Brunois joua avec le tourniquet contenant des cartes postales racornies. Beaucoup de couchers de soleil, des vues de Paris, des capitales étrangères et quelques chats au milieu de pelotes. Cela n'avait aucun sens. Il retourna une carte par désœuvrement. Un mot était écrit au dos. Il en attrapa une autre, écrite également. On devança sa question :

— Tous les objets que vous trouverez ici sont d'authentiques souvenirs, ils ont été collectés directement chez les habitants.

À l'intérieur du cabanon, le maire de Brunois visa les rayonnages remplis de cochonneries en tout genre. Les habitants de Lassègue étalaient leurs horreurs. Une façon habile de vider les greniers. L'édile souleva une assiette en porcelaine frappée d'un dicton. "Longs discours, grands mensonges." Il n'aurait su mieux dire.

Le jeune homme poussa la porte de la maison :

— Entrez, Évelyne vous attend.

Une agréable odeur de gaufres flottait dans l'entrée. Didier passa devant, ils s'engouffrèrent dans un couloir éclairé par une ampoule qui grésilla un court instant avant de brusquement claquer. Au lieu de s'arrêter dans le salon, comme les membres de la commission s'y attendaient, ils bifurquèrent vers les chambres. L'idée initiale d'Évelyne était que les visiteurs s'allongent à tour de rôle à côté d'elle sur son lit. Elle avait accepté de faire une exception pour la commission tout en reprochant à Didier son manque d'ouverture.

Le maire de Brunois hésita à faire demi-tour, on les traînait maintenant dans la chambre d'une nonagénaire, la comédie avait assez duré. Les autres jurés paraissaient intrigués, ils avaient perdu leur raideur. La maladresse des habitants n'était pas loin de les toucher. Après tout, il n'est pas interdit au maître de ressentir de la tendresse pour ses mauvais élèves.

Didier poussa en grand la porte de chambre restée entrouverte. Allongée sur le lit, Évelyne avait enfilé un chemisier fleuri et un pantalon en soie qui fournirait le prétexte au début de son histoire. Elle ne dessilla pas les yeux quand ils entrèrent. Didier craignit qu'elle ne se soit endormie. La journée avait été longue, il le savait, elle avait veillé à tout mettre en ordre. "Je vais te les soigner, ces petits messieurs, tu vas voir, Didier, ils n'en ressortiront pas indemnes." La promesse qu'elle lui avait faite était en passe de se réaliser. Ils s'assirent en demi-cercle autour du lit sur les chaises disposées à leur intention. Didier comprit soudain que la pâleur d'Évelyne ne devait rien à la fatigue et son appel se transforma en plainte :

— Évelyne ?

Au ton de sa voix, l'atmosphère de la pièce changea radicalement. Des ailes noires venaient de se déployer dans la chambre, ils en sentaient tous le lourd battement. Didier s'agenouilla près du lit et posa sa main sur la sienne. Il n'eut pas besoin de prendre son pouls pour comprendre qu'Évelyne était morte. Il resta ainsi un moment, la tête basse. Personne ne prononça un mot. Quand il se redressa enfin, tout le monde en fit autant. Les jurés se tinrent droit, mains croisées dans le dos, guettant le signe de Didier qui leur permettrait d'enfin quitter cette chambre. Il ne le donna pas tout de suite. Il prolongea l'hommage silencieux et tous se résignèrent à en faire autant. Évelyne était partie en beauté. Oui, elle avait bien fait les choses. Didier était sûr que si elle les observait de là-haut, elle devait rire du tour qu'elle leur avait joué.

Le maire de Brunois se demanda si cette fin n'était pas métaphorique. Ils n'avaient fait que visiter un cadavre habillé de ses plus beaux habits. Ils avaient supporté les discours comme on supporte les éloges des messes d'enterrement. Maintenant, il était temps de rentrer chez soi. Leur place n'était pas ici, elle ne l'avait d'ailleurs jamais été. Il suggéra discrètement de prendre congé. Les autres jurés partageaient son envie, seulement ils ne voulaient pas avoir l'air de fuir dans un moment si grave. Quand enfin Didier posa la main sur la poignée, ils s'empressèrent de sortir.

Dépassés par la tournure des événements, ils attendirent dehors l'arrivée des services de secours. Des grappes d'habitants stationnaient sur les trottoirs et dans les jardins voisins. Christian était livide. Jamais il ne s'habituerait à la mort. La main de Didier se posa dans son dos. Il proposa de raccompagner la commission au parking avant de revenir ici avec lui, veiller Évelyne. Les jurés se tenaient en retrait, n'osant commenter le point d'orgue de cette visite. Ils prirent le chemin du retour sans échanger un mot.

Quand ils traversèrent le bourg, Aziz vint au-devant d'eux. Il était au courant, la nouvelle avait fait le tour. Hors de question que les membres de la commission partent comme ça. Qu'ils viennent boire un verre au moins, c'était lui qui offrait. Alors qu'ils hésitaient, les cloches de l'église de Sainte-Madeleine se mirent à sonner. Il eût été indécent de refuser l'invitation alors que le glas cognait aux oreilles. Le maire de Brunois prit son mal en patience. Un remontant n'était pas de refus. Ils s'installèrent en terrasse sous un ciel radieux. Le premier toast fut pour Évelyne, le deuxième pour la délégation qui avait fait le déplacement jusqu'à Lassègue. Quand on en vint au troisième, la terrasse était bondée. Le maire de

Brunois s'était éclipsé entretemps mais les autres jurés n'étaient pas si pressés. L'émotion avait été vive, il fallait lui laisser le temps de retomber. La mort creuse des plaies que seul l'alcool peut désinfecter.

Quand la nuit tomba, ils se sentaient si légers qu'ils auraient pu d'une poussée rejoindre le ciel. Du parvis à la terrasse, la place bourdonnait de discussions animées. Christian apparut tard dans la nuit, on l'acclama. C'était comme lui rendre l'écharpe qu'on lui avait arrachée. Il tira une chaise pour s'installer à la table où discutaient Julia, Mouss et Adrien.

— Didier reste là-bas ?

— Il n'est pas loin derrière. Les jeunes vont prendre le relais pour la nuit.

Christian se sentait vidé, incapable de la plus élémentaire pensée. La joie alentour ne parvenait pas à percer la carapace qui s'était refermée sur lui. Il participa distraitement à la discussion. La journée avait été éprouvante, il ne ferait pas de vieux os. Didier approcha à son tour. On agrandit le cercle pour qu'il trouve une place. Il désigna d'un coup de menton les membres de la commission en pleine discussion avec des villageois.

— Toujours là ?

— Tu sais bien qu'on ne quitte pas Lassègue si facilement, lui renvoya le maire.

Didier alluma une cigarette sur laquelle il tira longuement avant de parler.

— Vous croyez qu'on a une chance ?

— Aucune, conclut Christian. Mais cela n'a pas d'importance.

Sous la table, Julia serra la main d'Adrien avant de se diriger vers le groupe où se tenait Cyrano. Elle capta sans aucune peine son attention. Adrien grimaça. Il s'apprêtait à se lever à son tour quand Titi les rejoignit, un grand sourire aux lèvres :

— Alors les vétérans, toujours sur le pont ?

Christian s'étira :

— J'allais y aller justement.

— Et eux alors, ils comptent dormir ici ?

— Il leur reste encore quelques trucs à découvrir, je crois.

Adrien fut le seul à comprendre ce à quoi Mouss faisait allusion. Christian se leva :

— Grand bien leur fasse, moi je vais me coucher.

Didier se redressa :

— Attends, je t'accompagne.

La lune baignait Lassègue d'une clarté louche, l'ombre des maisons semblait ramper sur le sol pour s'échapper. Christian ne put s'empêcher de remarquer l'ampoule défaillante d'un lampadaire. Il faudrait la changer.

Didier et lui s'éloignèrent du tumulte du parvis, le bruit de leurs pas leur tint lieu de discussion.

ÉPILOGUE

Les vétérans étaient nerveux. Après la raclée du match aller, il n'était pas question de tendre l'autre joue. Fini d'encaisser en silence en attendant le grand coup de sifflet final. Que la vie se trouve un autre sac de frappe. Ils avaient eu leur dose.

L'équipe de Brunois les attendait sur leur terrain, plantée sur le précieux billard dont les crampons n'allaient plus tarder à déchirer la toile. Didier tira tranquillement une dernière bouffée sur sa cigarette. Il visa la poubelle à côté du banc. S'il l'atteignait, Lassègue gagnerait. Il l'envoya d'une pichenette, le mégot tomba à côté. Il tapa dans ses mains.

— Allez les gars, à vous de jouer !

Les vétérans se tenaient le long de la ligne de touche, sautillant sur place, remontant une chaussette, resserrant le nœud d'un short. Titi s'était trompé dans les tailles, ils flottaient dans leurs tenues. Leurs nouveaux maillots ressemblaient à des drapeaux en berne. Imprimé au dos, un chardon épineux s'enroulait autour du numéro des joueurs. Il ne restait qu'à en semer sur toute la pelouse.

Des encouragements montèrent des gradins. Une quarantaine d'habitants de Lassègue avait fait le déplacement à Brunois, une première. Pour la prochaine rencontre, il faudrait penser à louer un bus. Mais il y avait fort à parier que leurs bruyants supporters n'avaient fait le voyage que pour ce seul duel.

Même à cette distance, Titi reconnut la voix de Sandrine.

— Allez Lassègue !

Ses enfants étaient dans les gradins eux aussi. Timéo s'était grimé aux couleurs des Chardons, il agita la main vers lui.

Titi lui rendit son salut. Cette fois, l'excuse du ballon télécommandé ne suffirait pas.

Mouss réajusta son brassard. Le capitaine s'élança en courant sur la pelouse et Titi en fit autant. Il reconnut l'attaquant dont il avait fauché la jambe au match aller et lui adressa un geste amical. Il espérait que le type boitait encore. Chacun son handicap, il fallait bien rééquilibrer un peu la balance. Il gagna au petit trot son poste d'arrière central et se tourna vers son gardien :

— C'est bon, tu n'as pas besoin d'aller pisser ?

Adrien en avait marre, Titi était le troisième à lui faire la réflexion. On s'évertue à rendre sa vie un peu plus présentable, à parer sa pâle existence de fragiles ornements et la première remarque triviale vous dévoile sous les traits les plus grossiers. Voir la beauté n'est pas donné à tout le monde, Adrien l'avait compris bien avant l'annonce du verdict de la commission. Curieusement, cette pensée lui donna envie d'uriner. Il se retint de se trémousser pour éviter de nouveaux sarcasmes.

Debout dans les tribunes, les supporters s'agitèrent, prêts à déployer ce qui ressemblait à une immense banderole. Julia n'était pas avec eux. Adrien l'avait découragée de venir. Elle s'y ennuierait, l'air serait glacial, les bancs humides. En vérité, il ne sentait pas du tout ce match. Les vétérans étaient trop fébriles. Il prévoyait une débâcle dont il serait encore l'un des principaux artisans. La surface de réparation deviendrait un champ de tir, on le canarderait de toutes parts. Seul sous le feu des balles, il en serait réduit à agiter son short comme un drapeau blanc. Hors de question qu'elle assiste à sa capitulation.

La cage lui paraissait plus grande que d'habitude. Il leva la main vers la barre transversale pour vérifier la hauteur des buts, découvrant son large ventre blanc. Le sifflet de l'arbitre le surprit. Il se mit en position. Le premier coup de pied dans le ballon le crispa comme s'il l'avait reçu lui-même. Il mit sa main en visière pour observer l'engagement. Aziz passa prudemment la balle en retrait à Christian dont le jeu de jambes n'avait pas varié, il tourna plusieurs fois sur lui-même avant de se décider à l'envoyer vers la défense. De reculade en reculade, le ballon roula jusqu'à Titi :

— Qu'est-ce que vous foutez, bordel, ce n'est pas dans notre camp qu'il faut marquer !

Cette entame ne lui disait rien qui vaille. Il sentait comme Adrien un vent mauvais dans l'air. Ils n'avaient quasi pas dit un mot de tout le trajet. La tension n'avait fait que monter d'un cran dans les vestiaires. "C'est un match comme les autres", leur avait servi Didier. Une fable à laquelle l'entraîneur ne croyait pas lui-même.

Titi envoya une longue balle en profondeur vers l'ailier gauche de Lassègue. Des cris accompagnèrent sa frappe, il tourna la tête vers les tribunes et vit la banderole déployée par leurs supporters : *"Lassègue, (presque) le plus beau village de France !"* Titi sourit. Peu importe qu'on ne les y ait pas invités, ils étaient montés malgré tout sur le podium. Maintenant, ils n'en redescendraient plus. Titi courut jusqu'au rond central. Devant, Mouss et Aziz tentèrent une percée, un une-deux précipité qui finit en touche.

— C'est bien, encouragea Didier, continuez !

Les joueurs de Brunois engagèrent. En quelques touches de balle, ils approchèrent de la surface de réparation de Lassègue. Dans ses buts, Adrien se prépara à recevoir la frappe. Il écarta les bras comme s'il espérait que ce geste suffirait à faire rebrousser chemin à ses assaillants. Titi lorgna la cheville de l'attaquant avec envie, une belle cheville, bien grosse, c'était tentant. Il le déstabilisa d'une légère bourrade et lui retira le ballon des pieds. Les supporters de Lassègue exultèrent comme s'il avait marqué un but. Un ballon volé à l'adversaire, c'était déjà une victoire. Titi se sentit pousser des ailes, il remonta la première moitié du terrain. Ses jambes étaient légères, il aurait pu cavaler comme ça pendant des heures. Il s'aventura à dribbler un joueur adverse.

— N'en fais pas trop, supplia Adrien entre ses dents.

Si Titi perdait le ballon, il ne resterait que lui sur le chemin de l'attaquant adverse, il paierait pour deux son excès de confiance. Payer pour les autres, le lot commun des gardiens, et leur grandeur. Titi déborda le joueur de Brunois avec un culot inouï et lança le ballon en profondeur. Christian réussit un amorti impeccable et Didier eut aussitôt la conviction que tout était possible. Ses joueurs ne venaient pas seulement de se réveiller, ils semblaient galvanisés. La peur changea instantanément de camp, les Brunois se replièrent en vitesse. Didier lança les bras vers les tribunes pour encourager les supporters à les soutenir plus bruyamment encore. Ce combat-ci, ils pouvaient le gagner. Mouss envoya la balle vers le centre, Aziz décocha un tir puissant qui partit un bon mètre au-dessus de la barre transversale, déclenchant des cris déçus dans les tribunes. Les joueurs de Brunois se mobilisèrent, il fallait se reprendre, en cinq minutes on avait perdu toutes les positions. Ils avaient pensé contrôler facilement le jeu et voilà qu'ils reculaient déjà en défense, retranchés devant leur surface de réparation qu'ils gardaient comme un bunker.

Christian jeta un œil vers les gradins. Il ne vit nulle part le maire de Brunois. Cela ne le surprit pas. Son homologue ne voulait plus entendre parler de Lassègue. Il n'avait même pas daigné répondre quand Christian l'avait appelé pour obtenir des explications. La réponse de la commission des Plus Beaux Villages de France leur était arrivée par courrier. Cette fois-ci, Julia n'avait pas décacheté l'enveloppe. Elle la lui avait apportée dans son bureau et s'était postée sans rien dire derrière son épaule. Christian l'avait ouverte sans plus d'émotion que s'il s'était agi d'une simple facture. La réponse ne faisait pas un pli.

La candidature de Lassègue au titre des Plus Beaux Villages de France était rejetée. Pourtant, la défaite n'était pas totale. Le village n'avait pas fait l'unanimité contre lui. Sur cinq voix, une s'était exprimée en sa faveur, une hérésie qui avait provoqué une violente dispute au sein de la commission. Le maire de Brunois avait qualifié ce vote d'irrationnel, un qualificatif que Christian n'aurait pas renié. Des mois que les habitants de Lassègue déraisonnaient, il n'était pas impensable qu'ils aient entraîné un membre de la commission dans leur délire. À moins que cette voix n'ait été donnée pour les consoler de la perte d'Évelyne, dont la rue portait désormais le nom. Ils avaient été nombreux à assister à ses funérailles, poussés peut-être par la curiosité de voir si son spectre viendrait danser sur sa tombe.

Alors que Christian était convaincu que la fièvre de ses administrés retomberait enfin à l'annonce des résultats, elle était repartie de plus belle. Certes, ils n'avaient pas décroché le label, mais une voix, c'était un début ! Ils avaient su convaincre un juré, c'était bien le signe qu'ils tenaient quelque chose. Certains s'aventuraient à évoquer une nouvelle candidature, là où Christian rêvait d'apporter une conclusion définitive. Lâcher maintenant ? Mais il n'y pensait pas ? Il suffisait de deux autres voix pour que tout bascule. Encore un effort et on y serait !

Adrien était l'un des seuls à ne pas s'être étonné du résultat, Titi l'avait remarqué à son air impassible. Avec une tête pareille, il ne pouvait que cacher des choses inavouables.

— Qu'est-ce que vous avez trafiqué ?

Adrien avait gardé sa tête de parfait innocent avant de changer de sujet. C'était bien à Titi de poser des questions pareilles... S'il ne l'avait pas renfloué en lui confiant les recettes du club des Bains publics, rien n'aurait empêché la banqueroute. Christian s'était inquiété de la monnaie locale lui aussi. Titi ne tenait aucun compte, voulait-il mener tous les villageois à la faillite ? Il fallait tout reprendre à zéro, quitte à y mettre au besoin les deniers de la commune. On trancherait cette question lors du prochain comité général.

Quant à ce qui s'était déroulé durant la nuit qui avait suivi la visite de la commission, cela ne regardait que la nuit elle-même. Chaque fois qu'Adrien y repensait, le sang lui battait aux tempes. Mieux valait chasser les images qui lui vinrent à l'esprit. Ce n'était pas le moment, il devait se concentrer sur le match.

Les joueurs de Lassègue manquèrent une nouvelle occasion, l'équipe de Brunois en profita pour mener une contre-attaque rapide. La défense n'était pas suffisamment en place, à deux contre un, Titi fut facilement battu. Adrien s'arc-bouta au sol, fixant le ballon dans les jambes de l'adversaire, prêt à bondir. Dans les tribunes, les supporters de Lassègue se levèrent. Le pied de l'attaquant de Brunois mordit la surface de réparation. Au lieu de tirer comme Adrien l'avait supposé, il le prit à contrepied en passant la balle au dernier moment à son coéquipier. Adrien dérapa et se jeta du côté opposé au moment même où l'autre frappait. Le corps du gardien décrivit un arc de cercle impeccable avant que sa tête ne cogne violemment le poteau. Sa main repoussa du bout des doigts le ballon avant qu'il ne s'effondre. En un instant, Titi fut à ses côtés, il le tira par les bras pour le relever :

— Bravo, quelle parade !

Il l'avait eu, vraiment ? Adrien ne parvenait pas à faire le point, il tenait uniquement debout parce que ses coéquipiers le soutenaient. Didier accourut avec la trousse à pharmacie.

— Ça va, rien de cassé ?

Adrien se frotta le crâne, une grosse bosse poussait.

— Qu'est-ce qui t'a pris d'arrêter ce ballon ? coupa Titi.

— Je ne sais pas. Un excès de confiance.

Didier lui aspergea le crâne avec la bombe de froid. Les autres joueurs en profitèrent pour boire à la bouteille qu'il avait rapportée. Seulement un quart d'heure de jeu et déjà une soif de chameau. À ce rythme, ils termineraient le match sur une civière.

— Bon, on s'y remet ? lança Titi. La victoire est là, de l'autre côté du terrain, il n'y a qu'à aller la chercher.

Dans le fond de la poche de son short, il soupesa les graines qu'il lui restait à semer. Il n'en restait qu'une pincée, il faudrait qu'il refasse le plein à la mi-temps. Des chardons, c'était la saison idéale pour en faire pousser. Dans l'herbe grasse, abondante et bien nourrie du stade de Brunois, ils ne manqueraient de rien. Leur éclosion sur cette surface lisse serait un vrai petit miracle. C'était la force des parasites de réussir malgré tout à pousser là où on leur était le plus hostile.

L'arbitre siffla la reprise, les supporters des tribunes agitèrent leur banderole. Derrière la bordure du terrain, Didier alluma une cigarette dont les volutes lui piquèrent le nez. Au lieu de regarder le match, il tourna le visage vers le ciel et laissa le soleil lui chauffer la peau. Il ferma les yeux, l'oreille attentive aux frappes dans le ballon, à la course des joueurs, aux éclats de voix. Il se sentait tellement apaisé qu'il ne les rouvrit pas.

Merci à Charlotte Augereau, Jenny Buord et Olivier Espaze de m'avoir accompagné jusqu'en salle de naissance.

OUVRAGE RÉALISÉ
PAR L'ATELIER GRAPHIQUE ACTES SUD
REPRODUIT ET ACHEVÉ D'IMPRIMER
EN FÉVRIER 2024
PAR NORMANDIE ROTO IMPRESSION S.A.S.
À LONRAI
POUR LE COMPTE DES ÉDITIONS
ACTES SUD
LE MÉJAN
PLACE NINA-BERBEROVA
13200 ARLES

DÉPÔT LÉGAL
1re ÉDITION : AVRIL 2024

N° impr. : 2400221
(Imprimé en France)